이런 사실이 성경에 있습니까?

이런 사실이 성경에 있습니까?

찰스 프란시스 포터 지음

폴 · 임 옮김

신교횃불

불교 신자라는 분이 성경을 읽고 있어서 몹시 의아해 하며 물어보았다. "불교를 믿으시는 분이 어떻게 성경을 읽습니까?" 하지만 그는 오히려 당연하다는 얼굴로 "성경은 보편적인 것입니다. 제가 불교 신자라고 해서 성경을 읽어서는 안되나요" 하고 말했다. 영문판과 한글판을 대조해가며 진지하게 읽고 있는 모습에 나는 몹시 감동했다. 대부분의 사람들은 성경을 지나치게 종교적으로 받아들여서 신학의 기본이거나 계시의 안내서로서, 또는 주일학교 수업을 위한 황금 본문의 모음집으로 생각한다. 또 어떤 사람들은 J.E.D.P와 Q문서들을 모아놓은 것으로 생각하기도 한다.

「이런 사실이 성경에 있습니까?」는 신앙보다는 인간의 삶에 깊은 관심을 갖고 그것을 솔직하게 쓴 책이다. 성경은 가장 풍부한 인간사의 모음일 뿐 아니라 인생에 대한 솔직한 관찰들로 가득차 있다. 마치 대하 드라마 같이 피와 폭력이 난무하고 흑백인종의 마찰처럼 갈등과 폭동이 일어나는 이야기들이 여러 인간들의 탐욕과 정욕, 음모와 미움에 뒤엉켜 가득차 있다. 또 성경은 섹스에 대해 어떤 책에서도 보지 못했을 만큼 솔직하게 표현하고 있고, 생생하고 기이하며 아름답고, 또 장엄하고도 어처구니없는 이야기들로 우리를 뒤흔들어 놓는다. 히브리어로 구약을 처음 읽는 사람들은 그 난폭함과 신랄함, 노골적인 유머에 놀라게 되는데, 영어 번역에서는 이런 것들이 잘 감추어져 있다.

이 책을 쓴 찰스 프란시스 포터 박사는 성경이 'universal' 하다고 말한다. 다시 한번 교회가 성경을 독점해서는 안된다고 주장하는 시대가 되었다. 성경은 너무나 위대해서 혼자 읽기엔 아깝고 크리스찬들만 소유하기엔 터질 듯 벅차서 빅뱅처럼 막을 수가 없다.

그렇다. 성경은 우주적인 호소력을 갖고 있어서 기독교인이 아니며 교회 근처에는 얼신도 않을 것 같은 사람들까지도 심취하여 구원에 이르는 지혜를 발견하게 되리라. 또 성경은 어떤 것을 입증하고자 시도하지 않는다. 우리는 많은 인용으로 무뎌진 많은 에피소드의 신선함을 느끼고 이해해야 한다. 오늘날 어디로 가야 할지 모르는 채 제 멋대로 내달리는 젊은이들에게 이 위대한 책을 권하고 싶다. 그리하여 삶의 새로운 방향(New Lifestyle)을 찾기 바란다.

여러 세기 전에는 성경을 라틴어로만 번역하여 카톨릭 성직자들만 읽었다. 그래서 일반인들에게는 널리 알려지지 않았다. 또 1962년 케네디 대통령이 미국 초중고등학교에서 가르치던 성경과목을 없애버려 말씀이 젊은이들의 마음 속에서 떠나자 '마약' 이 대신 자리잡았다. 그러나 지금 미국 성서공회에서는 200,000,000부 이상의 성경을 1,800개 언어로 번역하여 배포하고 있다.

오늘날 성경은 사람들의 삶의 한 부분이 되어, 사람들은 그 속에서 울고 웃으며 여러 다양한 인간상들을 만난다. 또 성경에 나오는 위대한 인물들의 이름을 따서 아이들의 이름을 짓고 성경 구절들을 인용해 일상생활을 꾸려간다.

「이런 사실이 성경에 있습니까?」는 목회를 하시는 목사님, 전도사님 그리고 신학생들은 물론 모든 신도들과 비신도들에게도 훌륭한 읽을거리가 될 것이다. 여태까지 생각해 왔던 것과는 좀 다른 방향에서 성경을 이해하며, 그 의미를 느껴볼 수 있으리라 생각한다.

무한한 황금이 묻혀 있는 광맥같고, 수많은 물고기들이 있는 어장같은 이 책 속에서 훌륭한 광부가 되고 어부가 되어 볼 생각이 없으십니까?

독자 여러분의 행복을 진심으로 기원합니다.

브로드웨이에서 폴. 임

Contents

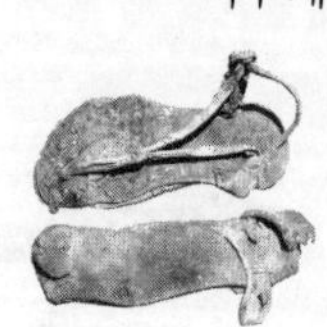

17. 왕 210

1. 짐승 · 새 · 곤충

1. 성경의 어느 부분에 들소를 길들이는 어려움이 묘사되어 있는가?

욥기 39:9-12. — "들소(unicorn)가 어찌 네게 복종하며 네 외양간에 머물겠느냐? 네가 능히 줄로 들소를 매어 이랑을 갈게 하겠느냐? 그것이 어찌 골짜기에서 너를 따라 쓰레를 끌겠느냐? 그것이 힘이 많다고 네가 그것을 의지하겠느냐? 네 수고를 그것에게 맡기겠느냐? 그것이 네 곡식을 집으로 실어 오며 네 타작 마당에 곡식 모으기를 그것에게 의탁하겠느냐?"

RV에서는 들소를 'unicorn(일각수, 들소)' 대신 'wild ox' 로 표현했는데 이것이 히브리어에서 'rem' 을 뜻하는 동물에 해당하는 지는 불확실하다.

이것을 영양(antelope)으로 생각한 사람들도 있었는데 오늘날 생각해 보면 이것은 예전에 유럽과 아시아에 많았던 유럽 들소(aurach)에 해당하는 듯싶다. 이 동물은 크고 힘이 세며 길고 강한 뿔을 가졌었다.

그런데 AV 번역가들은 'unicorn' 이 칠십 명이 번역한 그리스어 구약성경 번역의 'monokeros' 에 해당하기 때문에 이 단어를 사용한 듯싶다. 그러나 그들은 신명기 33장 17절이 '들소의 뿔들(the horns of a rem)' 을 언급했다는 것과 한 마리의 unicorn은 하나의 뿔만을 가질 수 있다는 것을 알았어야 했다.

물론 AV 번역가들은 이것을 '들소들의 뿔들(the horns of unicorns)' 이라고 번역함으로써 문제를 해결했지만 그들은 또한 '한 마리의 들소(an unicorn)' 에 논란의 여지를 남겼다. 전설적인 unicorn에 대한 믿음은 제임스왕 때까지 지속되었음이 분명하다.

2. 악어가 재채기하는 것은 어느 부분에 묘사되어 있는가?

욥기 41:18.—"그(악어)가 재채기를 한즉 광채가 발하고 그 눈은 새벽 눈꺼풀이 열림 같으며 [By his(the crocodile's) neesings a light doth shine, and his eyes are like the eyelids of the morning]" RV에는 "그의 재채기로 빛이 나타내며(His sneezings flash forth light,…)"로 되어 있다. 단어 'neesing' 은 'sneezing' 의 원어에 해당하는 것으로 히브리어 'atishah' 를 적절히 번역하기 위해 사용되었다.

3. 말벌로부터 달아난 두 명의 왕은 누구인가?

아모리의 두 왕, 여호수아 24:12.—"내가 왕벌을 너희 앞에 보내어 아모리 사람의 두 왕을 너희 앞에서 쫓아내게 하였나니; …(And I sent the hornet before you, which drave them out from before you, even the kings of the Amorites ;…)." 이 두 왕은 시혼(Sihon)과 옥(Og)으로 그들의 패배는 민수기 21:21-35에 기록되어 있으나 여기에는 왕벌(hornet)에 대한 언급이 없다. 그러나 하나님께서는 이스라엘의 적을 쫓기 위해 왕벌을 보내겠다고 약속하였는데 이에 대하여는 출애굽기 23:28과 신명기 7:20을 보라.

4. 당아(pelican: 거대한 부리가 있고 아랫부리의 밑바닥이 주머니처럼 부풀어 있는 큰 물새)와 고슴도치(porcupine: 호저과의 동물, 남유럽 · 북아프리카의 삼림 · 초원에 삶. 몸에는 부드러운 털과 꿋꿋한 털, 또 가시털이 밀생하며 위험이 닥치면 몸을 둥글게 움추림)가 함께 노래하리라고 예언한 사람은 누구인가?

스바냐, 스바냐 2:14, RV.—"…당아와 고슴도치가 그 기둥 꼭대기에 깃들일 것이며;창에서 울 것이며;…(both the pelican and porcupine shall lodge in the capitals thereof ; their voice shall sing in the windows ;…)." AV에는 가마우지(cormorant)와 알락 해오라기(bittern)로 되어 있다.

5. 공작이 언급된 세 부분은 각각 어느 부분인가?

열왕기상 10:22.—"왕(솔로몬)이 바다에 다시스 배들을 두어 히람의 배와 함께 있게 하고 그 다시스 배로 삼 년에 한 번씩 금과 은과 상아와 잔나비와 공작을 실어 왔음이더라 (For the King[Solomon] had at sea a navy of Tharshish with the navy of Hifam:once in three years came the navy of Tharshish, bringing gold, and silver, ivory, and apes, and peacoks)."

역대하 9:21은 열왕기상 10:22를 반복해서 말하고 있다.

욥기 39:13.—"네가 공작에게 아름다운 날개를 주었느냐? 아니면 타조에게 날개와 깃을 주었느냐? (Gavest thou the goodly wings unto the peacocks? or wings and feathers unto the ostrich?)." RV에서는 아주 다르게 표현되어 있다: "타조의 날개는 거만스러이 퍼덕이지만 그 깃과 털이 인자(仁慈)를 베풀겠느냐? (The wings of the ostrich wave proudly;but are they the pinions and plumage of love?)"

6. 누가 다섯 마리의 황금쥐를 만들었나?

블레셋 사람들, 사무엘상 6:1-18. 특히 4-5절을 주의하여 보라. —"그들이 가로되, 무엇으로 그에게 드릴 속건제를 삼을꼬? 가로되, 블레셋 사람의 통치자의 수효대로 금독종(金毒腫) 다섯과 금쥐 다섯이라야 하리니; 이것은 너희와 통치자들에게 내린 재앙이 똑같기 때문이라. 그러므로 너희는 너희 독종의 형상과 땅을 해롭게 하는 쥐의 형상을 만들어;…"

7. 새끼들에게 젖을 먹이는 바다 괴물은 어느 부분에 묘사되어 있나?

예레미야 애가 4:3. —"바다괴물은 오히려 젖을 내어 새끼를 먹이나 (Even the sea-monsters draw out the breast, they give suck to their young ones:…)." RV에는 재칼(jackals)로 나와 있다.(한글 개역 개정판에는 '들개' 로 번역됨)

8. 열 개의 뿔을 가진 동물은?

계시록 13:1에 나오는 계시적인 짐승 —"내가 바닷가에 서서 보니 한 짐승이 나오는데 머리가 일곱에 뿔이 열이라,…"

9. 네 발을 가진 새가 언급된 부분은?

레위기 11:20. —"네 발로 기어다니는 새는 너희에게 가증하니."

10. 철이빨과 놋발톱을 가진 짐승은?

다니엘의 꿈에 나타난 계시적인 '넷째 짐승' , 다니엘 7:7, 19. —"내가 밤 이상 가운데 그 다음에 본 넷째 짐승은,…모든 다른 짐승과 달라서 심히 무섭고, 그 이는 철이요, 그 발톱은 놋이며 먹고 부숴뜨리고 나머지는 발로 밟았으며;…"

11. 사자의 것과 같은 모습의 얼굴을 지녔던 사람들은?

갓 지파의 용사들(the mighty men of the Gadites), 역대상 12:8. —"갓 사람 중에서 거친 땅 견고한 곳에 이르러 다윗에게 돌아온 자가 있었으니 다 용사요 싸움에 익숙하여 방패와 창을 능히 쓰는 자라 그 얼굴은 사자 같고 빠르기는 산의 사슴 같으니;"

12. 유대인들이 바빌론에서 데려온 말의 수는?

736, 느헤미야 7:68. —"말이 칠백삼십육이요;"

13. 부엉이와 까마귀와 당아와 고슴도치가 거(居)할 곳으로 이야기된 땅은?

에돔, 이사야 34:11, RV. —"당아와 고슴도치가 그 땅(에돔)을 차지하며 부엉이와 까마귀가 거기 거할 것이라;…"

앗시리아에 관한 유사한 예언을 스바냐 2:13-15에서 찾아볼 수 있다.

14. 고기를 먹는 동물이 짚을 먹게 될 것이라고 예언한 사람은 누구인가?

이사야, 이사야 65:25. —"이리와 어린 양이 함께 먹을 것이며 사자가 소처럼 짚을 먹을 것이며;…"

15. 자신들이 저지른 악을 짐승의 탓으로 돌린 사람들은?

요셉의 형제들, 창세기 37:12-36, 특히 31-33을 주의해서 보라. —"그들이 요셉의 옷을 취하고 숫염소를 죽여 그 옷을 피에 적시고;…그것을 그 아비에게로 가져다가 이르기를 우리가 이것을 얻었으니 아버지의 아들의 옷이 아닌가 보소서 하매, 아비가 그것을 알아보고 내 아들의 옷이라 악한 짐승이 그를 먹었도다. 요셉이 정녕 찢겼도다 하고."

16. 솔로몬은 그가 구입한 말들의 값으로 얼마를 지불했는가?

각각 은 150세겔씩, 역대하 1:16-17, ―"솔로몬의 말들은 이집트에서 내어왔으니,…이집트에서 가져온 전차는 한 대당 은 육백 세겔이요. 말은 한 필당 은 일백오십 세겔이라:…" 은 일 세겔은 약 육십오 센트의 가치를 지녔으므로 솔로몬은 그의 말 한 필당 약 백달러의 값을 치뤘다는 것을 알 수 있다.

17. 동물에 대해 규정한 벌은 어느 부분에 묘사되어 있는가?

출애굽기 21:28.―"소가 남자나 여자를 받아서 죽이면 그 소는 반드시 돌에 맞아 죽을 것이요. 그 고기는 먹지 말 것이며 임자는 형벌을 면하려니와." 출애굽기 19:12-13 또한 참조하라.

18. 짐승이나 새의 피를 먹는 것에 대해 히브리인들에게 내려진 형벌은 어떤 것이었나?

추방, 레위기 7:26-27.―"너희의 사는 모든 곳에서 무슨 피든지 새나 짐승의 피를 먹지 마라. 무슨 피든지 먹는 사람이 있으면 그 사람은 다 자기 백성 중에서 끊쳐지리라."

19. 짐승이나 새나 곤충이나 물고기를 우상으로 새기는 것에 대해 히브리인들에게 정해졌던 형벌은?

민족의 파멸, 신명기 4:14-31, 특히 25-26을 잘 살펴 보라.―"네가 그 땅에서 아들을 낳고 손자를 얻으며 오래 살 때에 만일 스스로 부패하여 무슨 형상의 우상이든지 조각하여 네 하나님 여호와 앞에 악을 행함으로

그의 노를 격발하면:내가 오늘날 천지를 불러 증거를 삼노니 너희가 요단을 건너가서 얻는 땅에서 속히 망할 것이라 너희가 거기서 너희 날이 길지 못하고 전멸될 것이니라." 이 구절 이하의 뒷부분에는 이 극단적인 형벌이 다소 완화되어 나타난다.

20. 새를 잡는 다섯 가지 방법이 나와 있는 장은?

욥기18:8 -10 RV. — "그는 제발로 그물에 들어가 발이 걸리고 발뒤꿈치가 덫에 치여 잡힐 것이다. 땅에는 그를 잡아 묶을 올가미가 숨겨져 있으며, 그의 길에는 함정이 기다리고 있고."

21. 한 장 전체가 악어에 대해 묘사되어 있는 장은?

욥기 41장, RV에는 레비이단(leviathan: 수중에 사는 거대한 괴물, 파충동물 또는 고래라고도 생각된다), 악어(crocodile)로 나타나고, AV에서는 레비이단(leviathan), 고래(a whale) 또는 소용돌이(whirlpool)로 나타난다. 그러나 악어 외에 다른 것으로 묘사되었다 해도 실수라 할 수 없다.

22. 마태복음에서 예수는 누구에게 뱀처럼 지혜롭고 비둘기처럼 순결하라고 했는가?

열두 사도, 마태복음 10:5,16— "예수께서 이 열둘을 내어 보내시며 명하여 가라사대,…보라 내가 너희를 보냄이 양을 이리 가운데 보냄과 같도다:그러므로 너희는 뱀같이 지혜롭고 비둘기같이 순결하라."

23. 어떤 동물이 일곱 개의 뿔과 일곱 개의 눈을 가졌는가?

요한계시록 5:6에 나오는 계시적인 '어린양' — "내가 또 보니 보좌와 네 생물과 장로들 사이에 어린 양이 섰는데 일찍 죽임을 당한 것 같더라.

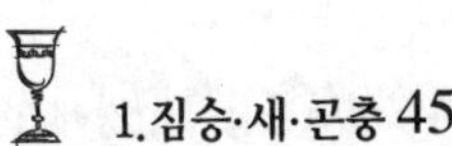

일곱 뿔과 일곱 눈이 있으니 이 눈은 온 땅에 보내심을 입은 하나님의 일곱 영이더라."

24. 서른 필의 어린 나귀를 탄 서른 명의 아들을 두었던 사람은?

야일(Jair), 사사기 10:3-4. — "그 후에 길르앗 사람 야일이 일어나서 이십이 년 동안 이스라엘의 사사(士師)가 되니라. 그에게 아들 삼십이 있어 어린 나귀 삼십을 탔고 성읍 삼십을 두었었는데…"

25. 칠십 필의 어린 나귀를 탄 칠십 명의 아들과 손자를 가졌던 사람은?

압돈, 사사기 12:13-14. — "그의 뒤에는 비라돈 사람 힐렐의 아들 압돈이 이스라엘의 사사가 되었도다. 그에게 아들 사십과 조카 삼십(margin과 RV에는 '손자' 로 나와 있음)이 있어서 어린 나귀 칠십 필을 탔었더라:압돈이 이스라엘의 사사가 된지 팔 년이라."

26. 하나님이 짐승들과 새들에 대해 약속한 때는 언제인가?

홍수 이후, 창세기 9:8-11. — "하나님이 노아와 그와 함께 한 아들들에게 일러 가라사대, 내가 내 언약을 너희와 너희 후손과; 너희와 함께 한 새와 육축과 땅의 모든 생물에게 세우리니; 다시는 모든 생물을 홍수로 멸하지 아니 할 것이라; 땅을 침몰할 홍수가 다시 있지 아니하리라."

27. 황새가 언급되어 있는 부분은?

레위기 11:19. — "황새와, 왜가리 종류와 오디새,…" 이런 것들은 먹어서는 안 되는 종류들이다. 신명기 14:18, 욥 39:13(RV margin), 시편 104:17, 예레미야 8:7, 스가랴 5:9 또한 참조해 보라.

28. 군마(軍馬)에 대해 생생히 묘사되어 있는 부분은?

욥기 39:19-25.

29. 낙타가 목걸이를 건 때는 언제였는가?

기드온의 시대, 사사기 8:21, 26.—"…기드온이 일어나서 세바와 살문나를 죽이고 그들의 낙타 목에 달려 있던 장식품을 취하니라… 그 사슬은 그들의 낙타 목에 둘렀던 것이더라."

30. 히브리인들에게서 우상으로 섬겨진 금송아지는 몇 마리나 되었는가?

세 마리, 출애굽기 32:1-8, 특히 8절을 살펴 보라.—"…그들이 자기를 위하여 금송아지를 부어 만들고 그것을 숭배하며 그것에게 희생을 드리며,…" 이것은 모세의 시대에 있었던 일이었다. 이런 일이 여로보암왕 때에 다시 일어나는데 열왕기상 12:28-33에 나온다. 특히 28절을 주의해 보라: "…이에 왕이 계획하고 두 금송아지를 만들고 무리(그의 백성들)에게 말하기를 너희가 다시는 예루살렘에 올라갈 것이 없도다. 이스라엘아 이는 너희를 이집트 땅에서 인도하여 올린 너희 신이라 하고."

• A.V(the Authorized Version) : 흠정역(킹 제임스)

• R.V(the Revised Version) : 개역성경

31. 누가 암탉과 병아리에 관해 말하였는가?

예수, 마태복음 23:37.—"예루살렘아, 예루살렘아, 선지자들을 돌로 치는 자여, …암탉이 그 새끼를 날개 아래 모음같이 내가 네 자녀를 모으려 한 일이 몇 번이냐. 그러나 너희가 원치 아니하였도다!" 누가복음 13:34를 참조해 보라.

32. 숫염소가 양을 뿔로 받아 죽게 한 때는?

다니엘의 예언적인 꿈에서, 다니엘 8:1-12, 특히 5절과 7절을 주의해 보라.—"내가 생각할 때에 한 숫염소가 서편에서부터 와서…내가 본즉 그것이 숫양에게로 가까이 나아가서는 더욱 성내어 그 숫양을 쳐서 그 두 뿔을 꺾으나:숫양에게는 그것을 대적할 힘이 없으므로 그것이 숫양을 땅에 엎드러뜨리고 짓밟았으나 능히 숫양을 그 손에서 벗어나게 할 이가 없었더라."

여기서 숫염소는 알렉산더 대왕을 암시하고 숫양은 메대-페르시아 제국을 암시한다.

33. 나귀머리 하나가 은 80세겔에 팔린 때는?

사마리아가 포위되었던 때, 열왕기하 6:25.—"그리하여 사마리아에 큰 기근이 들었고;포위되어서 나귀머리 하나가 은 80세겔에 팔렸더라,…" 은 80세겔은 50달러 이상의 값에 해당한다.

34. 박쥐가 새(鳥)로 분류되어 있는 두 장은?

레위기 11:13, 19.—"새 중에 너희가 가증히 여길 것은 이것이라; ㄴ이것들이 가증한즉 먹지 말지니,…(그 종류에 해당하는 것들이 기록된 후)…황새 종류와 대승과 박쥐니라." 그 종류는 신명기 14:11-18에도 반복되어 기록되어 있다.

35. 타조가 관개(灌漑)를 판단할 것이 예언되어 있는 부분은?

이사야 43:19-20, RV.—"보라 내가(여호와) 새 일을 행하리니;이제 나타낼 것이라;너희가 그것을 알지 못하겠느냐? 정녕히 내가 광야에 길과 사막에 강을 내리니, 장차 들짐승 곧 시랑과 타조도 나를 존경할 것은 내가 광야에 물들을, 사막에 강들을 내어 내 백성, 나의 택한 자로 마시게 할 것임이라."

36. 어떤 동물의 턱뼈가 있는 곳에서 샘물이 터졌는가?

나귀, 사사기 15:15-19.—"그리고 그(삼손)가 나귀의 새 턱뼈를 보고 손을 내밀어 취하고 그것으로 일천 명을 죽이고…삼손이 심히 목마르므로,…하나님이 한 우묵한 곳을 터치시니 물이 거기서 솟아 나오는지라; 삼손이 그것을 마시고 정신이 회복되어 소생하니: …"

37. 숫양 어미 자고새가 언급된 부분은?

예레미야 17:11, RV.—"불의로 치부하는 자는 자고새가 낳지 아니한 알을 품음 같아서 그 중년에 그것이 떠나겠고 필경은 어리석은 자가 되리라."

38. 거의 대부분의 내용이 메뚜기의 재앙에 대해 쓰여진 책은?

요엘, 요엘은 메뚜기떼를 적군을 상징하기 위해 사용했다.

39. '별들 사이의 둥지'가 언급된 부분은?

오바다 1:4.—"네가 독수리처럼 높이 오르며 별 사이에 깃들일지라도 내가 거기서 너를 끌어내리라. 나 여호와가 말하였느니라."

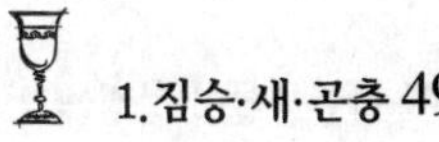

40. 누구의 말들이 표범보다 빨랐는가?

갈대아 사람들, 하박국 1:6, 8. —"보라, 내가 사납고 성급한 백성 갈대아 사람을 일으켰나니,…그들의 말은 표범보다 빠르고 저녁 이리보다 사나우며:…"

41. 누가 먼지를 이로 바꾸었는가?

아론, 출애굽기 8:17에 따르면—"…아론이 지팡이를 잡고 손을 들어 땅을 치매 애굽 온 땅의 티끌이 다 이가 되어 사람과 생축에게 오르니."

42. 비둘기의 발바닥에 대해 언급되어 있는 부분은?

노아의 방주 이야기에, 창세기 8:9. —"그러나 비둘기는 발바닥 디딜 곳을 찾지 못하고,…"

43. 모든 종류의 짐승과 새가 사람에 의해 길들여진다고 말한 사람은 누구인가?

야고보, 야고보서 3:7—"여러 종류의 짐승과 새며 벌레와 해물(海物)은 다 길들이므로 사람에게 길들었거니와:…"

44. 동물의 몸이 닿으면 그 동물이 죽을 정도로 신성했던 산은?

시내산, 출애굽기 19:11-13. —"…이는 제 삼일에 나 여호와가 온 백성의 목전에 시내산에 강림할 것임이니 너는 백성을 위하여 사면으로 경계를 정하고 이르기를 너희는 삼가 산에 오르거나 그 경계를 범하지 말지니 산을 범하는 자는 정녕 죽음을 당할 것이라:손 하나 대지 않아도 그런 자는 돌에 맞아 죽임을 당하거나 화살에 맞아 죽임을 당하리니;짐승이나 사람을 무론(無論)하고 살지 못하리라:…."

45. 노아는 각 종류대로 몇 마리의 동물들을 방주에 실었는가?

창세기 6:19, 7:8-9, 그리고 7:15는 모두 각 종류대로 두 마리씩을 언급하고 있지만 창세기 7:2-5은 '정결한' 것은 종류대로 일곱 마리씩 '부정한' 것은 각 종류대로 두 마리씩이라고 말한다.

창세기 7:2-5. — "너는 모든 정결한 짐승은 암수 일곱씩 부정한 것은 암수 둘씩을 네게로 취하며…노아가 여호와께서 자기에게 명하신 것을 다 준행하였더라."

창세기 7:8-9. — "정결한 짐승과 부정한 짐승 중에서,…하나님이 노아에게 명하신 대로 암수 둘씩 노아에게 나아와 방주로 들어갔더니."

46. '거북이(turtle)의 소리'는 어떻게 나타났는가?

'꾸르르르' 하고 우는 비둘기 소리로, 왜냐하면 고어에서 'turtle' (현대에서는 거북을 의미)은 '산비둘기(turtle-dove)' 를 의미했기 때문이다. AV에는 'turtle' 로 되어 있고 RV에는 'turtle-dove' 로 나와 있다.

솔로몬의 아가 2:12. — "지면에는 꽃이 피고 새가 노래할 때가 이르렀는데 산비둘기 소리가 우리 땅에 들리는구나;"

47. 어떤 말들에게 여왕의 피가 뿌려졌는가?

예후의 말, 여왕 이세벨의 피, 열왕기하 9:30, 33. — "예후가 이스르엘에 이르니 이세벨이 그것을 듣고; 화장을 하고 머리를 꾸미고 창에서 바라보다가…예후가 그들에게 이세벨을 내어 던지라 하니 내려 던지매 그 피가 담과 말에게 튀더라 예후가 그 시체를 밟으니라."

48. 어떤 동물이 강물을 마신 것으로 기록되었는가?

'하마', AV에서는 'elephant(코끼리)' 로 해석했지만 RV에서 'behemoth'

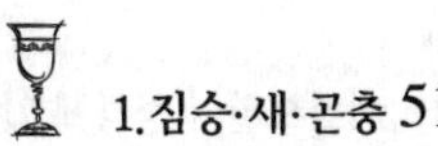

로 번역한 이 동물은 하마였다. 욥기 40:15,23.—"이제 소같이 풀을 먹는 하마를 볼지어다…그 괴물은 홍수가 밀어닥쳐도 놀라지 않으며 요단 강물이 넘쳐 그 입에까지 와 닿아도 태연하리니."

49. 예수와 마귀 모두에게 비유된 동물은?

사자, 요한계시록 5:5.—"장로 중에 하나가 내게 말하되 울지말라 유대 지파의 사자,다윗의 뿌리가 이기었으니 이 책을 펴고, 일곱 군데의 봉한 곳을 떼시리라 하더라."

여기서 예수가 의미되었다는 것은 히브리서 7:14.—"…우리 주는 유다에서 나셨으니;" 와 요한계시록 22:16.—"나 예수는 교회들을 위하여 내 천사를 보내어 이것들을 너희에게 증거하게 하였노라. 나는 다윗의 뿌리요 자손이니 곧 광명한 새벽별이라 하시더라" 를 증거로 들 수 있다. 그러나 베드로전서 5:8은 천사를 마귀에 비유하고 있다:"근신하라, 깨어라;너희 대적 마귀가 우는 사자같이 두루 다니며 삼킬 자를 찾나니:"

50. 산양이 언급된 구절은?

신명기 14:5는 먹어도 되는 동물 중에 산양을 포함시키고 있다.—"…그리고 들소와 산양이니."

51. 처음으로 말에 관해 언급한 부분은?

창세기 47:17.—"그들이 가축을 요셉에게 가져 오는지라:요셉이 그 말과…을 받고 대신 그들에게 양식을 주되."

52. 누가 타조의 벗이라고 했는가?

욥, 욥기 30:29. RV.—" 나는 이리의 형제요, 타조의 벗이로구나."

53. 누가 붉은말과 자색말과 백마를 보았는가?

스가랴, 스가랴 1:8, RV.—"내가 밤에 보니 한 사람이 붉은 말을 타고 골짜기의 화석류 나무 사이에 섰고 그 뒤에는 붉은 말과 자색 말과 백마가 있기로." 자색(sorrel) 말 대신, AV에서는 '얼룩(speckled)말'로 되어 있지만 AV margin에는 '밤색(bay)말'로 나와 있다.

54. 누가 침상과 화덕에서 개구리떼를 발견했는가?

이집트인들, 출애굽기 8:3, 6.—"개구리가 강에 득실거려 네 궁에와 네 침실에와 네 침상 위에와…네 화덕에와 네 떡반죽 그릇에 들어갈지며:…그리하여 아론이 팔을 애굽 물들 위에 펴매 개구리가 올라와서 애굽 땅에 덮이니."

55. 독사가 언급되어 있는 부분은?

이사야 11:8, 14:29, 59:5, 예레미야 8:17, 그리고 잠언 23:32[여기에는 '살무사(adder)'로 나와 있다]. 이 중 가장 자주 인용되는 것은 이사야 11:8이다: "…젖뗀 아이가 독사(cockatrice)의 굴에 손을 넣을 것이라."

RV의 이들 구절들은 '바실리스크'(basilisk:역주; 아프리카 사막에 살고 있었다는 도마뱀 비슷한 전설상의 동물, 수탉의 알을 뱀이 품어서 깬 것이며, 그것이 토해내는 입김을 쐬거나 눈길에 닿으면 즉사했다고 한다; cockatrice라고도 한다)로 나와 있다. cockatrice와 basilisk는 모두 전설적인 뱀의 이름이다.

56. 어떤 곤충이 사람의 것과 같은 얼굴과 여자의 것과 같은 머리털과 사자의 것과 같은 이에 꼬리에는 쏘는 살을 가졌는가?

요한계시록 9:7-10에 나오는 메뚜기들 —"그 메뚜기들의 모양은 전쟁을 위하여 예비한 말들 같고; 머리에는 금관같은 것을 썼으며 얼굴은 사람의 얼굴같더라. 또 여자의 것과 같은 머리털이 있고 그 이는 사자의 것 같으며…또 전갈의 것과 같은 꼬리와 꼬리에는 쏘는 살이 있어…"

57. '산 개가 죽은 사자보다 낫다'로 말한 사람은 누구인가?

전도서 1:1. —"다윗의 아들, 예루살렘의 왕, 전도자의 말" 이라는 구절에 따라 일반적으로 솔로몬으로 이해되는 전도서의 저자인 전도자 전도서 9:4,—"그래도 살아있는 자가 희망이 있는 것은 살아 있는 개가 죽은 사자보다 낫기 때문이라:…"

58. 카멜레온(사막 도마뱀)이 언급된 부분은?

레위기 11:30. 먹어서는 안 되는 기어다니는 부정한 것들 중에 들어간다: "흰 담비와 카멜레온 과 도마뱀과 달팽이와 두더지라."

59. 언제 하나님이 개를 짖지 못하게 했는가?

이집트에 마지막 재앙, 즉, 장자들이 죽임을 당하는 재앙이 내릴 때, 출애굽기 11:7. —"그러나 이스라엘 자손에게는 사람에게나 짐승에게나 개도 그 혀를 움직이지 않으리니 여호와가 애굽 사람과 이스라엘 사이에 구별하는 줄을 너희가 알리라."

Moffatt는 구절을 이렇게 번역하고 있다: "그러나 이스라엘 자손에게는 사람에게나 짐승에게나 개도 짖지 않으리니,…"

60. 원숭이가 언급되어 있는 부분은?

열왕기상 10:22, 역대하 9:21. —"…은과 상아와 원숭이와 공작들."

61. 삼백 마리의 여우 꼬리에 불을 붙인 사람은?

삼손, 사사기 15:4-5. — "삼손이 가서 여우 삼백을 붙들어서 그 꼬리와 꼬리를 매고 그 매듭에 홰를 단 다음 거기에 불을 붙여 그것을 블레셋 사람의 곡식 밭으로 몰아 들여서 곡식단과 아직 베지 아니한 곡식과 포도원과 감람원을 사른지라."

62. Pygarg(노루)란 무엇이며 어디에 언급되어 있는가?

영양의 일종으로 생각됨. 신명기 14:4-5에 먹을 수 있는 동물의 종류로 기록되어 있다. — "너희의 먹을 만한 짐승은 곧 이러하니: 곧 소와 양과 염소와 사슴과 노루와 산(山)염소와 볼기 흰 노루와 뿔 긴 사슴과 신앙들." AV와 RV의 주(註)에는 노루(pygarg) 대신 '아메리카 들소(bison)'로 기록해 놓았는데 이것은 히브리어의 'dishon' 이라는 것에 주의하라. 단어 pygarg는 70인역(七十人譯) 그리스어 성경의 'Pygargos' 를 번역한 것으로 이것은 문자 그대로 '흰 엉덩이(white rump)' 를 뜻하는 말로 리비아 영양의 이름이었다. 히브리어의 'dishon' 은 학자들에 의해 아프리카 근동 지방 산(産)의 우아하고 몸집이 작은 영양의 일종으로 해석되었다.

63. 날개로 새끼를 업는 것으로 알려진 새는?

독수리, 신명기 32:11. — "마치 독수리가 그 보금자리를 어지럽게 하며 그 새끼 위에 너풀거리며 그 날개를 펴서 새끼를 받으며 그 날개 위에 그것을 업는 것 같이:" 출애굽기 19:4 또한 살펴 보라.

64. 누가 악어고기를 동물들과 새들에게 주었는가?

하나님, 에스겔 29:5. — "…내가 너(3절에서 강의 중간에 누워 있는 큰 악

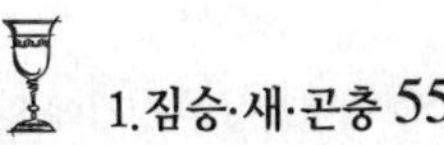

어로 나와 있는)를 들짐승과 공중의 새에게 주었음이라." 여기서 악어는 이집트의 왕 바로를 비유하는 말로 쓰였다. 2절과 3절을 참조하라.

2. 음식에 관하여

1. 누가 비자(榧子:pistachio nuts)를 왕에게 보냈는가?

이스라엘, 창세기 43:11 RVm.—"그들의 아비 이스라엘이 그들에게 이르되,…그 사람에게 예물을 삼을지니 곧 유황 조금과 꿀 조금과 향품과 몰약과 비자와 파단행이니라." 주(註)에는 '피스타치오 비자(pistachio nuts)' 로 나와 있는데 이것은 이에 사용된 히브리어 단어를 정확히 번역한 것이다.

2. 무당이 요리한 송아지 고기를 먹은 사람은?

사울, 사무엘상 28.—이 장은 시종 엔돌의 무당과 대화하는 사무엘의 이야기를 담고 있는데 이와 같이 끝이 난다: "여인의 집에 살진 송아지가 있으므로 그것을 급히 잡고 가루를 취하여 뭉쳐 무교병을 만들고 구워서:사울의 앞에와 그 신하들의 앞에 드리니; 그들이 먹고…."

3. 누구의 상 아래서 70왕이 먹었는가?

아도니 베섹, 사사기 1:7.―"아도니 베섹이 가로되 옛적에 칠십 왕이… 내 상 아래서 먹을 것을 줍더니…."

4. 위장에 대해 언급한 유일한 성경 기자는?

바울, 디모데전서 5:23.―"네 위장(stomach)과 자주 나는 병을 위하여 포도주를 조금식 쓰라."

유사하게 보이는 단어 '삼각형 가슴장식(stomacher)' 은 이사야 3:24에서 장식 옷을 사용하는 말로 표현되었고 위를 뜻하는 말로는 'belly' 가 여러 번 사용되었다.

5. 과자가 언급된 부분은?

열왕기상 14:3.―"그대의 손에 빵 열 덩이와 과자(cracknel)와 꿀 한 병을 가지고 그에게로 가라:…." RV에는 'cake' 로 나와 있다.

6. 마늘과 부추와 참외와 파 등이 언급된 부분은?

민수기 11:5.―"…참외와 수박과 부추와 파와 그리고 마늘:"

7. 급히 만든 음식을 나무 아래에서 제공한 사람은?

아브라함, 창세기 18:6-8.―"아브라함이 급히 장막에 들어가 사라에게 이르러 속히 고운 가루 세 스아를 가져다가 반죽하여 떡을 만들라 하고 아브라함이 또 짐승떼에 달려가서 기름지고 좋은 송아지를 취하여 하인에게 주니; 그가 급히 요리한지라. 아브라함이 버터와 우유와 하인이 요리한 송아지를 가져다가 그들의 앞에 진설(陳設)하고 나무 아래 모셔 서매 그들이 먹으니라."

여기서 '그들' 은 2절에서의 세 명의 낯선 사람을 가리킨다.

8. 누가 자기 자신의 아들을 먹었는가?

사마리아의 여인, 열왕기하 6:29.—"그리하여 우리가 드디어 내 아들을 삶아 먹었더니(So we boiled my son and did eat him):…"

예레미야 애가 4:10 또한 보라.—"자비(慈悲)한 부녀가 손으로 자기 자녀를 삶아:식물(食物)을 삼았도다(The hands of the pitiful women have sodden their own children:they were their meat)…" 단어 'sodden' 은 삶다(boil)를 뜻하는 동사 'seethe' 의 과거분사형이다.

9. 하나님께서는 왜 코에서 넘쳐나도록 이스라엘 사람들에게 고기를 먹이겠다고 하셨는가?

그들이 만나에 싫증을 내고 고기를 인해 울었기 때문에, 민수기 11:18-20. —"…너희가 울며 이르기를 누가 우리에게 고기를 주어 먹게 할꼬? 애굽에 있을 때가 우리에게 재미있었다 하는 말이 여호와께 들렸으므로:여호와께서 너희에게 고기를 주어 먹게 하실 것이라. 하루나 이틀이나 닷새나 열흘이나 이십일만 먹을 뿐 아니라; 코에서 넘쳐서 싫어하기까지 일 개월 간을 먹게 하시리니: …"

10. 누가 여호와 앞에 '더운 떡'을 내놓았는가?

아히멜렉, 사무엘상 21:6.—"제사장(1절에서 보면 아히멜렉)이 그 거룩한 떡을 주었으니 거기는 진설병(陳設餠) 곧 여호와 앞에서 물려 낸 떡밖에 없음이라. 이 떡은 더운 떡을 드리는 날에 물려 낸 것이더라."

11. 어떤 여인이 다윗에게 100송이의 건포도를 제공했는가?

아비가일, 사무엘상 25:18.—"아비가일이 급히 떡 이백 덩이와 포도주 두 가죽 부대와 잡아 준비한 양 다섯과 볶은 곡식 다섯 세아와 건포도 백 송이와 무화과 뭉치 이백을 취하여 나귀들에게 싣고." 그녀는 그것들을 다윗에게 주었다. 35절에서 보면 그는 건포도와 다른 선물도 받았다. "다윗이 그녀가 가져온 것을 받고 그에게 이르되 네 집으로 평안히 올라가라; 내가 네 말을 듣고 네 청을 허락하노라." 다윗이 그녀의 선물뿐 아니라 그녀 자신까지 받아들인 것은 38절의 "여호와께서 나발을 치시매 그가 죽느니라." 이후에 나오는 그녀를 자신의 아내로 삼은 것으로 알 수 있다. 여기에는 또한 다윗의 아내 미갈의 문제도 있지만 44절에서 보면 사울은 다윗의 아내인 그의 딸 미갈을 이미 다른 사람에게 주었다는 것이 언급되어 있다. 반면 감수성이 강한 다윗은 43절의 내용에서 볼 때 또 다른 젊은 여자 '아히노암' 역시 아내로 삼았다.

12. 사랑으로 인한 병을 치유키 위해 건포도와 사과가 처방으로 나타난 부분은?

아가 2:5.—"포도주 병을 내곁에 두고 사과로 나를 위로하라:내가 사랑하므로 병이 났음이니라(stay me with flagons, comfort me with apples:for I am sick of love)"라고 AV에 나와 있지만 RV에는 "너희는 건포도로 내 힘을 돕고 사과로 나를 시원케 하라; 내가 사랑하므로 병이 났음이니라(stay you me with raisins, refresh me with apples; for I am sick from love)"로 되어 있다.

건포도가 사랑병의 치료제로 가정되었다 해도 이것이 다윗의 경우에 잘 듣지 않았음이 분명하다.

13. 건포도 빵을 좋아한 민족은?

이스라엘 사람들, 호세아 3:1, RV.—"여호와께서 내게 이르시되 이스라엘 자손이 다른 신을 섬기고 건포도 빵을 즐길지라도 여호와가 저희를 사랑하나니 너희는 또 가서 타인에게 연애를 받아 음부(淫婦)된 그 여인을 사랑하라 하시기로."

14. "달걀 흰자위가 무슨 맛이 있겠느냐?" 라고 말한 사람은?

욥, 욥기 6:6. — "싱거운 것이 소금없이 먹히겠느냐? 달걀의 흰자위가 맛이 있겠느냐?"

15. 음식을 먹고 그 힘으로 40일을 걸어간 사람은?

엘리야, 열왕기상 19:7-8. — "여호와 사자(使者)가 또 다시 와서 어루만지며 이르되 일어나서 먹으라; 네가 길을 이기지 못할까 하노라 하는지라. 이에 일어나 먹고 마시고 그 식물의 힘을 의지하여 사십주 사십야를 행하여 하나님의 산 호렙에 이르니라."

16. 향기름을 만든 히브리인들은 어떤 사람들이었는가?

제사장의 아들 중 어떤 자, 역대상 9:30. — "또 제사장의 아들 중에 어떤 자는 향품으로 향기름을 만들었으며."

17. 백성들에게 삶은 소고기를 제공한 사람은?

엘리사, 열왕기상 19:21. — "이에 그(엘리사)가 저(엘리야)를 떠나 돌아가서, 소 한 겨리를 취하여 잡고 소의 기구(器具)를 불살라 그 고기를 삶아 백성에게 주어 먹게 하고……"

여기에서 '기구' 란 그가 연료로 사용한 멍에를 의미한 것 같다.

18. '호도나무 숲'에 대해 말한 사람은?

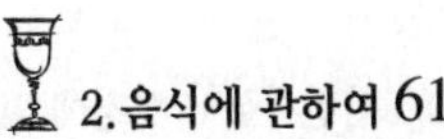

솔로몬, 아가 6:11. ― "나는 계곡의 과일을 보려고 호두나무 숲(the garden of nuts)으로 내려갔고,…" 여기서 사용된 히브리어 단어는 '호도나무(walnuts)' 를 의미한다.

19. 일생 동안 양식을 지급받은 왕은?

여호와긴, 예레미야 52:34. ― "그의 쓸 것은 날마다 바벨론왕에게서 받는 정수(定數)가 있어서 죽는 날까지 종신토록 끊이지 아니하였더라."

20. 굴 안에서 100명의 선지자들을 먹인 사람은?

오바댜, 열왕기상 18:4. ― "이세벨의 여호와의 선지자들을 멸할 때에 오바댜가 선지자 일백 인을 데려오다가 오십 인씩 굴에 숨기고 떡과 물을 먹였었더라."

21. 선지자가 먹을 것을 청했을 때 그녀의 마지막 음식을 준비하고 있었던 여인은?

사르밧의 과부, 열왕기상 17:10-12. ― "그(엘리야)가 일어나 사르밧으로 가서 성문에 이를 때에 한 과부가 그 곳에서 나뭇가지를 줍는지라. 이에 불러 가로되 청컨대 그릇에 물을 조금 가져다가 나로 마시게 하라. 그녀가 가지러 갈 때에 엘리야가 불러 가로되 청컨대 네 손에 떡 한 조각을 내게로 가져오라. 그녀가 가로되 당신의 하나님 여호와의 사심을 가리켜 맹세하노니 나는 떡이 없고 다만 통에 가루 한 움큼과 병에 기름 조금 뿐이라. 내가 나뭇가지 두엇을 주워다가 나와 내 아들을 위하여 음식을 만들어 먹고 그 후에는 죽으리라."

22. 옥외에서 생선을 요리해 먹은 사람은?

예수, 요한복음 21:9-15. —“그들이 육지에 올라 보니 숯불이 있는데 그 위에 생선이 놓였고 떡도 있더라.…예수께서 가라사대 와서 조반을 먹으라 하시니…그리하여 그들이 조반을 먹었을 때에….”

23. 4인의 채식주의자들이 젊은 남성들의 미(美)의 경연대회에서 우승한 때는?

다니엘 1:11-16. —“환관장이 세워 다니엘과 하나냐와 미사엘과 아사랴를 감독하게 한 자에게 다니엘이 말하되 청하오니 당신의 종들을 열흘 동안 시험하여; 채식(pulse)을 주어 먹게 하고 물을 주어 마시게 한 후에 당신 앞에서 우리의 얼굴과 왕의 진미를 먹는 소년들의 얼굴을 비교하여 보아서:보이는 대로 종들에게 처분하소서 하매…열흘 후에 그들의 얼굴이 더욱 아름답고 살이 더욱 윤택하여 왕의 진미를 먹는 모든 소년보다 나아 보인지라. 이러므로 감독하는 자가 그들에게 배당된 진미와 마실 포도주를 제하고; 채식(pulse)을 주니라.”

Moffatt는 채식을 ‘pulse’ 대신 ‘vegetables’로 번역하였다.

24. 열매맺지 못한 무화과나무를 저주한, 배고팠던 사람은 누구였는가?

예수, 마가복음 11:12-14. —“이튿날 저희가 베다니에서 나왔을 때에 그(예수)가 시장하신지라:멀리서 잎사귀 있는 한 무화과나무를 보시고 혹 그 나무에 무엇이 있을까 하여 가셨더니:가서 보신즉 잎사귀 외에 아무것도 없더라; 이는 아직 무화과의 때가 되지 않았음이라 예수께서 나무에게 일러 가라사대 이제부터 영원토록 사람이 네게서 열매를 따 먹지 못하리라 하시니 제자들이 이를 듣더라.” 마태도(마태복음 21:19에서)이 이야기를 삽입했다:“무화과나무가 곧 마른지라.”

25. 메추라기 식사 때문에 재앙을 만난 민족은?

이스라엘 민족, 민수기 11:32-33. — "백성이…메추라기를 모으니:…고기가 아직 이 사이에 있어 씹히기 전에 여호와께서 백성에게 대하여 진노하사 심히 큰 재앙으로 치셨으므로."

26. 강변에서 있었던 8인의 저녁식사에 대해 언급한 부분은?

요한복음 21:2, 13. — "시몬 베드로와 디두모라 하는 도마와 갈릴리 가나 사람 나다나엘과 세베대의 아들들과 또 다른 제자 둘이 함께 있더니…예수께서 가셔서 떡을 가져다가 저희에게 주시고 생선도 그렇게 하시니라." 8인(八人)에는 예수님과 세베대의 두 아들이 포함되어 계산된 것이다. 이 식사는 9절에서 보이는 것처럼 강변에서 행해졌다.

27. 바람을 먹은 사람은?

에브라임(히브리인을 상징), 호세아 12:1. — "에브라임은 바람을 먹으며 동풍을 따라가서 날마다 거짓과 포학을 더하며;…" 바람을 먹는다는 뜻은 속어 '허풍(hot air)' 에 해당된다.

28. 히브리인들이 먹는 것은 허용되지 않았으나 이방인들에게 파는 것은 허용되었던 음식은?

스스로 죽은 것, 신명기 14:21. — "너희는 스스로 죽은 것은 먹지 말지니: 그것을 성중에 우거하는 객에게 주어 먹게 하거나 이방인에게 팔아도 가하니라:이는 너희가 하나님 여호와의 거룩한 백성이기 때문이라…"

29. 하늘에서 내려온 음식을 받고도 좋아하지 않은 사람들은?

이스라엘 사람들, 민수기 11:9, 4, 6. — "밤에 이슬이 진에 내릴 때에 만나도 같이 내렸더라…이스라엘 자손도 다시 울며 가로되 누가 우리에게 고기를 주어 먹게 할꼬?…이제는 우리 정력이 쇠약하되 이 만나 외에는 보이는 것이 아무 것도 없도다 하니."

30. 사람들이 각각 자기 팔의 고기를 먹게 될 것이라고 예언한 사람은?

이사야, 이사야 9:20.—"…그들 각자가 자기 팔의 고기를 먹을 것이며."

31. 오이가 언급된 두 부분은?

민수기 11:5.—"…오이, 그리고 참외,…"
이사야 1:8.—"…오이밭의 원두막같이,…"

32. 누가 누구에게 '껍질있는 곡식 이삭을 자루에 가득 담아' 가지고 왔는가?

바알살리사에서부터 온 어떤 사람이 엘리사에게 가져왔다. 열왕기하 4:42.—"한 사람이 바알살리사에서부터 와서 처음 익은 식물 곧 보리떡 이십과 또 껍질있는 곡식(corn in the husk)을 한 자루 가득 하나님의 사람에게 드린지라…"

여기에 나온 '껍질있는 곡식(corn in the husk)'은 미국에서는 옥수수(Indian corn 또는 maize)로 이것은 그 당시 팔레스타인에는 없었다. corn은 성경에 여러 번 언급되어 있지만 분명 일종의 곡식을 의미한 것으로 여겨진다. Moffatt는 이 구절을 '신선한 채소 한 바구니(fresh vegetables in a basket)'로 번역했다.

33. 성경에는 몇 종류의 치즈가 기록되어 있는가?

세 종류, 사무엘상 17:18, 사무엘하 17:29, 욥기 10:10.—이것들은 세 가지의 다른 히브리어 단어로 되어 있는데 '치즈', '치즈 덩이', '응고된

치즈' 로 번역되었다.

34. 물고기 두 마리로 몇 사람이 식사할 수 있었는가?

이것은 오천 명을 먹인 기적으로 잘 알려졌지만 본문은 여기에 여자와 아이들은 포함되지 않았다는 것을 분명히 언급하고 있다.

마태복음 14:15-21. — "그들이 그에게 가로되, 여기 우리에게 있는 것은 떡 다섯 개와 물고기 두 마리 뿐이니이다.…그들이 모두 배불리 먹고… 먹은 사람은 여자와 아이 외에 오천 명이나 되었더라."

35. 신선한 생선을 자주 자유로이 먹은 사람들은?

애굽에서의 이스라엘 사람들, 민수기 11:5. — "우리가 애굽에서 자유로이 먹었던 생선이 생각나거늘;…"

36. 금식의 가치에 관한 의견이 서로 달랐던 아버지와 아들은?

사울과 요나단, 사무엘상 14:24, 29, 30. — "…사울이 백성에게 맹세시켜 경계하여 이르기를 저녁, 곧 내가 내 원수에게 복수하는 때까지 어떤 음식이든지 먹는 사람은 저주를 받을지어다…요나단이 가로되 내 부친이 이 땅으로 곤란케 하셨도다:보라 내가 이 꿀 조금을 맛보고도 내 눈이 이렇게 밝았거든 하물며 백성이 오늘 그 대적에게서 탈취하여 얻은 것을 임의로 먹었더면 블레셋 사람을 살륙함이 더욱 많지 아니하였겠느냐?…"

37. 우상 숭배를 위한 과자가 만들어졌던 곳은?

유다의 도시들과 예루살렘의 거리에서, 예레미야 7:17, 18. — "너는 그들이 유다 성읍들과 예루살렘 거리에서 행하는 일을 보지 못하느냐 자식들은 나무를 줍고 아비들은 불을 피우며 부녀들은 가루를 반죽하여 하늘 왕후를 위하여 과자를 만들며 그들이 또 다른 신들에게 전제를 부음으로 나의 노를 격동하느니라."

38. 어떤 왕이 풀을 먹게 되었는가?

느부갓네살, 다니엘 4:33. — "그 동시에 이 일이 느부갓네살에게 응하므로:그가 사람에게 쫓겨나서 소처럼 풀을 먹으며,…"

39. 깨끗한 이가 기근의 상징이 되었던 때는?

아모스 4:6. — "또 내가 너희 모든 성읍에서 너희 이를 한가하게 하며(청결함을 주며) 너희 각처에서 양식이 떨어지게 하였으나:…"

40. 어떤 곤충을 먹는 사람에 대해서 이전에 이보다 큰 자(者)가 없었다는 이야기가 언급되었는가?

세례 요한, 마태복음 3:4. — "이 요한은 약대(낙타) 털옷을 입고,…그의 음식은 메뚜기와 석청이었더라."

마태복음 11:11. — "내가 진실로 너희에게 말하노니 여자가 낳은 자 중에 세례 요한보다 큰 이가 일어남이 없도다:…"

41. 히브리인들에게 낙타고기 먹는 것이 금지되었던 이유는?

히브리인들에게는 굽이 갈라지고 새김질하는 동물들만 먹는 것이 허용되었다. 레위기 11:4, — "…낙타는 새김질은 하되 굽이 갈라지지 아니하였으므로; 너희에게 부정하고."

42. 히브리인들에게 돼지고기 먹는 것이 금지되었던 이유는?

돼지고기 먹는 것은(레위기 11:7 때문에) 금지되었다. "…돼지는 굽이 갈라졌으되; …새김질을 못하므로;…" 이것은 낙타의 경우에서와 마찬가지로 고대의 금기사항에 관한 설명에 해당한다.

43. 뱀이 여자를 유혹할 때 사용한 식물은?

선악과, 창세기 2:17; 3:4, 6.—"선악을 알게 하는 나무의 실과는 먹지 말라: 네가 먹는 날에는 정녕 죽으리라…뱀이 여자에게 이르되, 너희가 결코 죽지 아니하리라:…여자가 그 나무를 본즉 먹음직도 하고 보암직도 하고 지혜롭게 할 만큼 탐스럽기도 한 나무인지라. 여자가 그 실과를 따 먹고 자기와 함께 한 남편에게도 주매 그도 먹은지라." 이 과일은 일반적으로 사과(apple)로 해석되어 왔지만 7절을 단서로 볼 때 무화과 열매(fig)가 아닌가 생각된다. 왜냐하면 그들이 이 과일을 먹은 즉시 눈이 밝아져서; 벗은 것을 의식하고 무화과 나뭇잎을 엮어 치마를 만들어 입었기 때문이다.

44. 새를 통해 음식을 공급받은 선지자는?

엘리야. 열왕기상 17:6.—"까마귀들이 그(엘리야)에게 아침에도 떡과 고기를, 저녁에도 떡과 고기를 가져왔고;…"

45. '비둘기 똥'이 음식으로 팔렸던 때는?

기근이 들었을 때, 열왕기하 6:25.—"사마리아에 큰 기근이 들었고:그들(아람 사람들)이 성을 에워 쌓을 때, 성중이 크게 주려서 나귀 머리 하나에 은 80세겔이요. 비둘기 똥 사분 일갑에 은 5세겔이라." 구운 작은 완두콩이 일반적으로 '비둘기 똥(dove's dung)' 으로 불리었다.

46. 어떤 과부가 볶은 곡식을 먹었는가?

룻, 룻기 2:14.—"그녀(룻)가 곡식 베는 자 곁에 앉으니:그(보아스)가 볶은 곡식을 주매 그녀가 배불리 먹고 남았더라."
룻기 1:1-5은 룻이 과부라는 것을 알게 해준다.

47. 작은 책을 먹고 소화한 사람은?

요한계시록 10:10의 저자.—"내가 천사의 손에서 작은 책을 갖다 먹어 버리니; …먹은 후에 내 배에서는 쓰게 되더라."

48. 책을 먹고 그것이 달다는 것을 알았던 사람은?

에스겔, 에스겔 2:9과 3:3.—"내가 보니 한 손이 나를 향하여 펴지고 그 손에 두루마리 책이 있더라;…내가 그것을 먹으니; 그것이 내 입에서 달기가 꿀같더라."

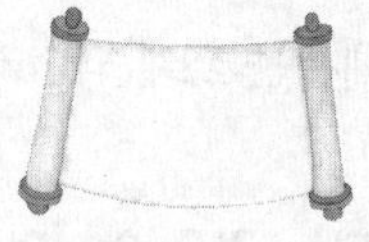

3. 성(性)에 관련하여

1. 78명의 여인들에게서 88명의 아이들을 낳은 사람은?

르호보암, 역대하 11:21. — "르호보암이…아내 십팔과 첩 육십을 취하여 아들 이십팔과 딸 육십을 낳았고."

2. 여자가 남자의 옷을 입는 것과 남자가 여자의 옷을 입는 것을 금지시킨 계명이 나와 있는 부분은?

신명기 22:5. — "여자는 남자의 의복을 입지 말 것이요. 남자는 여자의 의복을 입지 말 것이라:이같이 하는 자는 네 하나님 여호와께 가증한 자니라."

3. 피임을 행한 일로 죽임을 당한 사람은?

오난, 창세기 38:8-10. — "유다가 오난에게 이르되 네 형수에게로 들어가서 그녀와 결혼하고 네 형을 위하여 씨가 있게 하라. 오난이 그 씨가 자기 것이 되지 않을 줄 알았으므로; 형수에게 들어갔을 때에 형에게 아들을 얻게 아니 하려고 땅에 설정하매 그 일이 여호와의 목전에 악하므로: 여호와께서 그도 죽이시니."

4. 히브리인들이 남근 숭배를 한 것은 어떤 왕들의 치하에서인가?

솔로몬과 르호보암, 열왕기하 23:13-14, 열왕기상 14:21-24(둘다 Moffatt의 번역본).—"왕(요시아)은 솔로몬왕이 시돈의 여신 아스다롯과 모압의 신 그모스와 암몬의 신 밀곰을 숭배하기 위해 예루살렘 동쪽 감람산에 세운 산당을 더럽히고 또 돌기둥의 우상을 깨뜨리며 아세라 여신상을 찍고 그 우상들이 있던 곳에 사람의 해골을 채웠더라."

"솔로몬의 아들 르호보암이 유다의 왕이 되었더라.…유다가 여호와의 보시기에 악을 행하되,…그들도 역시 높은 산 언덕과 푸른 나무 아래에 산당과 돌기둥의 우상과 아세라 여신상을 세웠으며; 또 그 땅의 우상 신전에는 남창들이 득실거렸고…"

이 구절에는 종교사를 공부하는 학생들에게 남근 숭배를 지적해 주는 네 단어 즉 산당(obelisks), 돌기둥의 우상(sacred poles), 사원의 창기(temple-prostitutes), 아세라 여신상(Astarte)이 나온다.

5. 간음을 하도록 가르친 여자 예언자는?

두아디라의 여자 예언자 이세벨, 요한계시록 2:18-20.—"두아디라 교회의 사자(使者)에게 편지하기를;…그러나 네게 책망할 일이 있노라. 자칭 선지자라 하는 여자 이세벨을 네가 용납함이니 그가 내 종들을 가르쳐 꾀어 행음하게 하고 우상의 제물을 먹게 하는도다."

아마도 이 여자의 원래 이름은 이세벨이 아니었는데 그녀의 성격이 아합의 아내와 비슷했기 때문에 기자가 붙인 것인지도 모른다. 열왕기하 21:25와 열왕기하 9:22을 참고해 보라.

6. 금으로 남자들의 상을 만들고 그것들과 사랑을 나눈 사람은 누구인가?

의인화된 예루살렘, 에스겔 16:17. — "네가 또 내가 준 금, 은 장식품으로 너를 위하여 남자 우상을 만들어 행음하며."

7. 여인의 눈꺼풀을 경계하라고 한 사람은?

솔로몬, 잠언 6:25. — "네 마음에 그녀의 미모를 탐하지 말며; 그녀의 눈꺼풀에 홀리지 말라."

8. 어떤 왕의 여인들이 왕에게 나아가기 전에 향수로 몸단장을 하였는가?

아하수에로왕, 에스더 2:12. — "처녀마다 차례대로 아하수에로 왕에게 나아가기 전에 여자에 대하여 정한 규례대로 열두 달 동안을 행하되(여섯 달은 몰약과 기름을 쓰고 여섯 달은 향품과 여자에게 쓰는 다른 물품을 써서 정결케 하는 기한을 마치며) 그 후에 모든 처녀들이 왕에게 나아가니; …"

9. 매춘부의 수입이 '주께 거룩히 바쳐지게'되고 주의 백성들의 음식과 의복 구입에 사용되리라고 말한 선지자는?

이사야, 이사야 23:17-18. — "그 기간이 지나면…여호와께서 두로를 다시 일으켜 이전처럼 무역을 하게 하실 것이나 두로는 온 세계와 음란을 행할 것이다. 그러나 두로가 무역한 것과 그 이익은 여호와께 거룩히 바쳐질 것이고:간직하거나 쌓아두지 아니할 것이니; 그 무역한 것이 여호와 앞에 거하는 자의 배불리 먹을 자료, 잘 입을 자료가 될 것이라."

10. 아름다운 젊은 처녀에게 입맞추고 운 사람은?

야곱, 창세기 29:11, 17.—“야곱이 라헬에게 입맞추고 소리내어 울며… 라헬은 곱고 아리따웠다(Rachel was beautiful and well favoured).” Moffatt는 ‘라헬은 사랑스럽고 아름다웠다(Rachel was lovely and handsome)’ 이라고 번역했다. 여기서 우는 행동은 아마도 슬픔이나 기쁨 때문이 아니라 단순히 인사의 형식인 듯하다. 참고로 창세기 45:2, 14, 15와 46:29, 사무엘상 20:41을 살펴 보라. 다른 나라들에서 나타난 유사한 풍습의 예로는 프레이저(Frazer)의 구약의 민속학(Folklore in the Old Testament) 2편 82-93쪽에서 찾아볼 수 있다.

11. 한 처녀를 심히 사랑하였다가 그녀를 얻게 되자 훨씬 더 미워한 자는?

암논, 사무엘하 13:2, 14, 15.—“암논은 누이 다말을 사모하다가 병이 들고 말았더라.—왜냐하면 그녀는 처녀였으므로 소유할 수 없는 듯 여겨졌으므로…그러나…다말보다 힘이 더 세므로 억지로 동침하니라. 그리하고 암논이 그녀를 심히 미워하니; 이제 미워하는 미움이 이전에 그녀에게서 느꼈던 사랑보다 더한지라”(이것은 Moffatt의 번역이다).

12. 기생에게 수금을 뜯고 도시를 돌며 노래하라고 한 사람은?

이사야, 이사야 23:16.—“잊어버린 바 되었던 기생 너여 수금을 가지고 성읍에 두루 행하며 기묘한 곡조로 많은 노래를 불러서 너를 다시 기억케 하라 하였느니라.”

13. 누이를 욕되게 한 형을 죽인 사람은?

압살롬, 사무엘하 13:1, 22, 28, 29.—“…다윗의 아들 압살롬에게 아름다운 누이가 있으니 이름은 다말이라 다윗의 아들 암논이 그녀를 사랑하였으나…압살롬이 그 누이 다말을 암논이 욕되게 하였으므로 저를 미워하여…압살롬이 이미 사환들에게 분부하여 이르기를…내가 너희에게 암논을 치라 하거든 저를 죽이라. 두려워 말라…압살롬의 사환들이 그 분부대로 암논에게 행하매…"

14. 천사들과 성교를 하려 하였기 때문에 소경이 된 사람들은 어느 도시의 사람들인가?

소돔, 창세기 19:1-11.—요약된 Moffatt 번역본을 읽으라; "그날 저녁 그 두 천사가 소돔에 도착했을 때 롯이 소돔 성문에 앉았다가…롯이 간청하매 그제야 돌이켜서 그 집으로 들어오는지라, …그들이 눕기 전에 그 성사람 곧 소돔 백성들이 사방에서 다 모여 그 집을 에워싸고, …롯을 부르며 '오늘 저녁 네 집에 온 사람들이 어디 있느냐? 그들을 끌어내라. 우리가 강간하겠다.' 하고 외쳤더라…그리하여 그들이 롯을 밀치며 가까이 나아와서 그 문을 부수려 하는지라. 그때 안에 있던 그 사람들이 손을 내밀어 롯을 집안으로 끌어들이고 문을 닫은 다음 문밖의 무리로 그 눈을 어둡게 하니 그들이 문을 찾느라고 곤비하였더라,…"

15. 매춘부의 세일즈맨쉽을 묘사한 장은?

잠언 7장.

16. 남자들과 여자들의 성적 부도덕성이 변호되어 있는 '유일한 규정'이 나와 있는 부분은?

호세아 4:14.—"너희 딸들이 행음하며 너희 며느리들이 간음하여도 내가 벌하지 아니하리니 이는 남자들도 이방 신전의 창녀들과 함께 놀아

나고 그들과 함께 희생 제물을 드리기 때문이라."…(Moffatt)

17. 자기 남편의 노출한 모습을 질책하다가 불임의 벌을 받은 사람은?

미갈, 사무엘상 18:27, 사무엘하 6:14, 20, 23.―"…사울이 자기의 딸 미갈을 그(다윗)에게 아내로 주었더라…" "다윗이 여호와 앞에서 힘을 다하여 춤을 추는데; 모시 에봇을 입었더라…다윗이 자기의 가족들을 축복하러 들어오매 사울의 딸 미갈이 나와서 다윗을 맞으며 가로되 이스라엘왕이 오늘날 어떻게 영화로우신지 방탕한 자가 염치없이 자기의 몸을 드러내는 것처럼 오늘 신하들의 하녀들 앞에서 몸을 드러내셨도다! 하고 빈정거렸도다…그러므로 사울의 딸 미갈이 죽는 날까지 자식이 없느니라."

18. 누가 이웃의 아내를 찾아 부르짖었는가?

이스라엘 사람들, 예레미야 5:8.―"그들은 잘 먹고 정욕이 왕성한 수말처럼 각기 이웃의 아내를 따라 부르짖는도다."

19. 젊은 남자들의 초상화를 본 뒤 그들고 연애에 빠진 여인은?

오홀리바, 에스겔 23:11-17.―"그의 동생 오홀리바는 이것을 보고,…그도 앗시리아 사람을 연모하였는데 그들은 지방 장관들과 군 지휘관들과 용사들과 기병들로서 모두 잘생긴 젊은 청년들이었더라…붉은 것으로 벽에 그린 사람의 형상 곧 갈대아 사람의 형상을 보았음이니,…그가 보고 곧 연애하여 사자(使者)를 갈대아 그들에게로 보내매 바벨론 사람이 나아와 사랑의 침상에 올라,…"

오홀리바는 예루살렘을 의인화한 것이고, 이 이야기는 에스겔에 의해 비유로 말해졌다.

20 은과 곡식으로 간음한 여인을 산 사람은?

호세아, 호세아 3:1-2.—"…간음한 여인…그리하여 내가 은 15개와 보리 한 호멜 반으로 나를 위하여 저를 사고!" 은 하나는 1세겔로 약 75센트의 가치를 지녔다. 한 호멜의 용량은 정확히는 알 수 없지만 8-11부쉘되(bushel)로 견적된다. 보리 한 호멜 반의 가치는 15세겔로 평가된다. 그러므로 그는 그녀를 데려오는 값으로 30세겔(약 $22.50)을 지불했다. 출애굽기 21:32을 참조하라.

21. 잘 생긴 젊은 종을 유혹하려 한 여자는?

보디발의 아내, 창세기 39:6-7.—"…요셉은 용모가 준수하고 아담하였더라. 그 후에…그 주인의 처가 요셉에게 눈짓하다가 동침하기를 청하니."

22. 간음하여 불태워져 죽임을 당한 두 선지자는?

아합과 시드기야, 예레미야 29:22-23.—"…여호와께서 너로 바벨론왕이 불살라 죽인 시드기야와 아합 같게 하시기를 원하노라 하리니; 이는 그들이 이스라엘 중에서 망령되이 행하여, 그 이웃의 아내와 행음하며,…"

23. 성(性)적인 우상을 폐기시킨 히브리의 왕은?

요시아, 열왕기하 23:4-7. Moffatt의 번역.—"그런 다음 왕(요시아)은 대제사장 힐기야와 그 밑에 있는 다른 제사장들과 성전의 문지기들에게 바알과 아세라 여신과 별들을 숭배하는 데 사용된 모든 기구를 성전 안에서 끄집어내라고 명령하였다; 그리고 왕은 그 모든 것을 예루살렘 성 밖에 있는 기드론 골짜기에서 불태우고…그리고 그는 아세라 여신상을 끌어내어 기드론 골짜기로 가지고 가 거기서 불태우고 그것을 빻아서 가루로 만들어 그 재를 공동묘지에 뿌렸다. 그는 또 성전 안에 있는 남창들의 숙소를 헐어 버렸는데 이곳을 여자들이 아세라 여신을 위해 휘장을 짜는 곳이기도 했다." 아세라 여신의 숭배는 성행위를 포함하였다.

24. 목욕중인 이웃 여자를 보고 사랑에 빠지게 되었던 사람은?

다윗, 사무엘하 11:2, 4. — "저녁 때에 다윗이 그 침상에서 일어나 왕궁 지붕 위에서 거닐다가 그곳에서 보니 한 여인이 목욕을 하는데 심히 아름다워 보이는지라…다윗이 사자(使者)를 보내어 저를 자기에게로 데려오게 하고 더불어 동침하매 …"

25. 변장한 자신의 며느리에게 유혹받은 사람은?

유다(다말에 의해), 창세기 38:13-18. — "이때 다말은 자기 시아버지가 양털을 깎으려고 딤나로 올라오고 있다는 말을 듣게 되었더라. 그래서 그녀가 과부의 옷을 벗고 베일로 얼굴을 가리고 몸을 휩싸고 딤나 길 곁 에나임 문에 앉으니;…그녀가 얼굴을 가리었으므로 유다가 보고 창녀로 여겨 길 곁으로 그녀에게 나아가 가로되 청컨대 나로 네게 들어가게 하라 하니(그 자부인 줄 알지 못하였음이라)…그리하여 그가…그녀에게 들어가니, 그녀가 그로 말미암아 잉태하였더라."

26. 이방인들과 사랑했기 때문에 귀와 코를 자르겠다고 위협을 받은 자매들은?

오홀라와 오홀리바, 에스겔 23:2-4, 25. — "인자야, 두 여인이 있었으니 한 어미의 딸이라:그들이 애굽에서 행음하되; 어렸을 때에 행음하여:그들의 유방이 눌리며 그 처녀의 가슴이 어루만진 바 되었었나니 그 이름이 형은 오홀라요 아우는 오홀리바라:…오홀라는 사마리아요 오홀리바는 예루살렘이라…내가 너를 향하여 투기를 발하리니 그들이 분노로 네게 향하여:네 코와 귀를 깎아 버리고 남은 자를 칼로 엎드러 뜨리며;…"

(이러한 운명은 특히 오홀리바에 대한 것이었다. 그러나 이 장 전체를 통해 에스겔은 이 자매 국가들을 기다리고 있는 벌을 묘사하기 위해 그의 어휘를 사용하고 있다.)

27. 공개적으로 10여 명의 여인들과 성교를 행한 사람은?

압살롬, 사무엘하 15:16; 16:21-23.—"왕이 후궁 열 명을 남겨 두어 궁을 지키게 하니라…아히도벨이 압사롬에게 이르되 당신의 아버지가 남겨 두어 궁을 지키게 한 후궁들로 더불어 동침하소서; 그리하면 당신께서 당신의 부친의 미워하는 바 됨을 온 이스라엘이 들으리니:당신과 함께 있는 모든 사람의 힘이 더욱 강하여 지리이다. 이에 사람들이 압살롬을 위하여 지붕에 장막을 치니; 압살롬이 온 이스라엘 무리의 눈 앞에서 그 부친의 후궁들로 더불어 동침하니라. 당시 아히도벨의 조언은 마치 하나님의 말씀과도 같아서…"

이 장면은 문맥이 보여주는 바와 같이 정치적인 의미를 지니고 있다. 왕의 아들이나 왕위 계승자는 왕의 후궁이나 애첩을 먼저 인수받을 때 상속권을 주장할 수 있는 권리가 강화되었다. 솔로몬은 아도니야가 다윗의 아름다운 후궁이었던 아비삭을 요구했기 때문에 아도니야를 처형했다. 그 이유는 솔로몬이 그러한 요구를 죽은 지 얼마 되지 않은 다윗을 계승하려는 아도니야의 계교라고 생각했기 때문이다.

열왕기상 2:10-25을 참조하라.

28. 하나님의 명령에 따라 매춘부와 결혼한 선지자는?

호세아, 호세아 1:2-3.—"…여호와께서 비로소 호세아에게 말씀하시니라. 여호와께서 호세아에게 이르시되 너는 가서 창녀를 아내로 맞아 음란한 자녀를 낳으라:이 나라가 여호와를 떠나 크게 행음(行淫)함이니라. 이에 저가 가서 디블라임의 딸 고멜을 취하였더니; 저가 잉태하여 아들을 낳으매."

29. 300명의 후궁을 가졌던 사람은?

솔로몬, 열왕기상 11:1, 3.—"그러나 솔로몬왕은 많은 이방 여인을 사랑하였으니…그는 삼백 명의 후궁을 거느렸으니…"

30. 죽는 날까지 풍부한 젖을 소유한 사람을 묘사한 부분은?

욥기 21:23-24.—"어떤 사람은 죽도록 기운이 충실하여…그 유방(breast)에는 젖이 가득하며 그 골수는 윤택하였고." RV에는 "그의 들통(pail)에는 젖이 가득하였고"라고 되어 있다. 이사야 60:16 또한 비교하여 보아라.—"네가 열방의 젖을 빨며 열왕의 유방을 빨고:…"

31. 간음의 혐의가 있는 여자를 조사하기 위해 어떤 방법이 사용되었나?

그 여자는 거룩한 티끌이 담긴 거룩한 물을 마시도록 되어 있었다. 민수기 5:14-22을 보라.—"…만일 그 남편이 의심이 생겨서 그 아내를 의심하거든,…그 아내를 데리고 제사장에게로 가서,…제사장은 토기에 거룩한 물을 담고; 성막 바닥의 티끌을 물에 넣고:여인을 여호와 앞에 세우고,…그녀에게 맹세시켜 그에게 이르기를 네가 네 남편을 두고 다른 사람과 동침하여 더럽힌 일이 없으면 저주가 되게 하는 이 쓴 물의 해독을 면하리라:그러나 네가 네 남편을 두고 더럽혀서 다른 사람과 동침하였으면,…저주가 되게 하는 이 물이 네 창자에 들어가서 네 배를 붓게 하고 네 넓적다리를 떨어지게 하리라 할 것이요:여인은 아멘 아멘 할지니라."

32. 어떤 아비가 자기의 딸을 난봉꾼들에게 넘겨 주었으며 또 왜 그렇게 하였는가?

기브아의 노인, 사사기 19:16-24. —"이미 저물매 한 노인이 밭에서 일하다가 돌아오니 그 사람은 본래 에브라임 산지 사람으로서; 기브아에 우거(寓居)하는 자요:그곳 사람들은 베냐민 사람이더라. 노인이 눈을 들어 성읍 거리에 행객(行客)이 있는 것을 본지라:…그를 데리고 자기 집에 들어가서…그들이 마음을 즐겁게 할 때에 그 성읍의 못된 사람들 벨리야알의 아들들이 그 집을 에워싸고 문을 두들기며 집 주인 노인에게 말하여 가로되 네 집에 들어온 사람을 끌어내라 우리가 그를 강간하리라. 집주인 그 사람이 그들에게로 나와서 이르되 아니라 내 형제들아 청하노니 악을 행치 말라; 이 사람이 내 집에 들었으니 이런 망령된 일을 행치 말라. 보라 여기 내 처녀 딸과 이 사람의 첩이 있은 즉; 내가 그들을 끌어 내리니 너희가 그들을 욕보이든지 어찌하든지 임의로 하되:오직 이 사람에게는 이런 망령된 일을 행치 말라 하나." 유사한 이야기로 창세기 19:1-11을 참조 하라.

33. 매춘부에게 담보물로 도장과 끈과 지팡이를 준 사람은?

유다, 창세기 38:18 RV. —" 그가 가로되 무슨 약조물을 네게 주랴? 그녀가 가로되 당신의 도장(thy signet)과 그 끈(thy cord)과 당신의 손에 있는 지팡이(thy staff)로 하라. 유다가 그것들을 그녀에게 주고 그녀에게로 들어갔더니 그녀가 그로 말리암아 잉태하였더라. "

Moffatt는 " '당신의 도장(Your signet-ring: 역주; 보통 반지에 새겼음)' 과 '당신의 끈(your cord)' 과 '지팡이(the stick)' " 로 번역했다.

34. 성경에는 어떤 종류의 근친상간이 기록되어 있는가?

다음과 같은 여덟 종류의 19사건

1. 롯과 그의 큰 딸, 창세기 19:33.
2. 롯과 그의 작은 딸, 창세기 19:35.

3. 아브라함과 그의 이복누이, 창세기 20:12.
4. 나홀과 그의 질녀, 창세기 11:27, 29.
5. 르우벤과 그의 아버지의 후궁들, 창세기 35:22; 49:4.
6. 아브라함과 그의 고모, 출애굽기 6:20.
7. 유다와 그의 며느리, 창세기 38:16-18.
8. 암논과 그의 누이, 사무엘하 13:2, 14.
9-18. 압살롬과 그의 아버지의 열 명의 후궁들, 사무엘하 15:16; 16:21-22.
19. 헤롯과 그의 동생의 아내, 마가복음 6:17-18.
아모스 2:7과 고린도전서 5:1 또한 살펴 보라. 가인(창세기 4:17)과 셋(창세기 4:26)에 관해서는 어떠한가?

35. 남창에 대한 성경의 완곡어법(노골적인 표현을 피하기 위한)은 무엇인가?

개(dog), 신명기 23:18. — "창기의 번 돈과 개(dog)같은 자의 소득은 아무 서원하는 일로든지 네 하나님 여호와의 전에 가져 오지 말라:이 둘은 다 네 하나님 여호와께 가증한 것임이니라." Moffatt는 개(dog)대신 '미동(美童:catamite)' 을 사용하고 있다.
신명기의 계명 중에 나오는 이 단어 '개(dog)' 는 AV에서 '호모(sodomite)' 라고 한 17절의 남자 창기(male kedeshim)의 불명예스런 표현에 해당한다.

36. 성교에 대한 성경의 완곡어법은 무엇인가?

간음을 범하는 것은 아내있는 남자의 옷을 벗기거나 발견하는 것이었다. 신명기 22:30에 대해 AV와 RV를 비교해 보라:AV에는 "사람이 그 아비의 후실을 취하거나, 아비의 하체를 드러내지 말지니라(A man shall not take his father' s wife, nor discover his father' s skirt)" 라고 되어 있고 같은 것에 대해 Moffatt의 번역본에는 "어느 누구도 아비의 후실과 결혼하거나 그녀와 성교를 가져서는 안된다(No man shall marry a wife of his father or have intercourse with her)." 에스겔 16:8과 룻기 3:9의 '옷자락으로 덮다(spread the skirt over)' 는 여자를 아내로 삼는 것을 의미하거나 그것을 뜻하는 것임을 알게 해 준다. 성교를 뜻하는 일반적인 어구로는 '들어가다(go in unto)', '동침하다(lie with)', '알다(know)' 등이 있다.

37. 처녀의 명예를 훼손한 사람에게 얼마나 벌금이 과해졌나?

100세겔(어떤 기준에 의하면 $65, 그리고 다른 기준에 의하면 $75로 산정), 신명기 22:16-19—"처녀의 아비가 장로들에게 말하기를 내 딸을 이 사람에게 아내로 주었더니 그가 비방거리를 만들어 말하기를 내가 네 딸의 처녀인 표적을 보지 못하였노라 하나; 보라 내 딸의 처녀인 표적이 이것이라 하고 그 부모가 그 자리옷을 그 성읍 장로들에게 펼 것이요. 그 성읍 장로들은 그 사람을 잡아 때리고; 그에게서 은 일백 세겔을 벌금으로 받아 여자의 아비에 주고,…"

38. 왜 히브리인들은 성행위를 불결한 것으로 간주하였나?

레위기의 율법에서 이러한 행위를 한 두 사람은 해 질 때까지 의식적으로 불결하다고 하였기 때문에, 레위기 15:18.—"남녀가 동침하여 설정하였거든 둘 다 물로 몸을 씻을 것이며 저녁까지 부정하리라."

39. 여호와의 칭찬을 받은 두 명의 환관은 누구인가?

에벳멜렉과 간다게의 내시, 예레미야 38:7, 39:15, 16, 18.—"궁중 내시인 이디오피아 사람 에벳멜렉은,…여호와의 말씀이 예레미야에게 임하니라,…가라사대, 너는 가서 이디오피아인 에벳멜렉에게 이르기를 만군의 하나님 이스라엘의 하나님의 말씀에; 내가 단정코 너를 구원할 것인즉,…이는 네가 나를 신뢰함이니라, 여호와의 말이니라."

사도행전 8:27.—"…이디오피아 사람 곧 이디오피아 여왕 간다게의 모든 국고를 맡은 큰 권세가 있는 내시가 예배하러 예루살렘에 왔다가."

40. 성도덕에 문제가 있어서 신약성경의 네 구절에 연속적으로 기록되어 있는 네 명의 여인은?

다말, 라합, 룻, 밧세바, 마태복음 1:3-6.—"유다는 다말에게서 베레스와 세라를 낳고,…살몬은 라합에게서 보아스를 낳고; 보아스는 룻에게서 오벳을 낳고,…다윗은 우리아의 아내에게서 솔로몬을 낳고;" 이것은 예수의 가계에 관한 RV의 설명이다.

다말은 시아버지 유다와 비정상적인 관계를 통해 그 결과로 베레스(예수의 혈통이 됨)와 그 쌍둥이 형제 세라를 낳았다. 이 내용은 창세기 38장에 상세히 묘사되어 있다.

라합은 기생 라합으로 잘 알려져 있는 바로 그 인물로 여호수아 2:1; 6:25, 히브리서 11:31과 야고보서 2:25에서 기생으로 언급되었다.

룻의 부도덕성은 AV판에는 일반 독자들이 분명히 알 수 있도록 나타나 있지 않다. 왜냐하면 여기서는 그 행위가 완곡어법으로 가리워져 있기 때문이다. Moffatt는 룻기 3:7을 다음과 같이 다소 더 솔직하게 번역하였다.:"보아스가 먹고 마시고 기분이 좋아 곡식 낟가리 곁에 자리를 깔고 누웠을 때에 그녀(룻)는 소리없이 기어들어가서 그의 허리께 이불을 걷고 거기에 누웠다." 만일 룻이 전적으로 정숙하였다면 혈통을 정리한 편집자가 다말, 라합, 밧세바와 함께 그녀를 포함시키고 서른 세 명의 다른 정숙한 예수의 조상들의 아내들은 왜 성경의 기록에서 생략했겠는가?

사무엘하 11:2-5에 기록된 다윗과 밧세바의 사건은 여기서 새삼 강조할 필요도 없을 만큼 너무나 잘 알려져 있다.

알렌(Allen)은 마태복음에 관한 그의 주석(국제 비평 주석:International Critical Commentary)에서 예수의 가계에 이들 여성들이 포함된 것에 관해 다음과 같이 흥미있는 종교적인 설명을 했다: "이 이름들은 여성의 이름들인데 이 경우에 이들은 메시야의 혈통에서 배제되어야 하는 듯 보이지만 신의 섭리에 의해 다스려졌다."

41. 성경에는 어떤 최음제(성욕을 일으키는 약제)가 언급되어 있는가?

백화채나무 열매(caper-berry), 전도서 12:5 RVm.—"…살구나무가 꽃이 필것이며 메뚜기도 짐이 될 것이며 욕망이 그치리니; 이는 사람이 자기의 영원한 집으로 돌아가고(…and the almond-tree shall blossom, and the grasshopper shall a burden, and desire shall fail:because man goeth to his everlasting home,…)" 주(註)에는 욕망(desire)대신 '백화채나무 열매(caper-berry)' 가 쓰여 있다. 바르통(Barton)은 전도서에 관한 그의 주석서에서 이 구절을: '백화채나무 열매가 소용없어졌다(The caper-berry is made ineffectual)' 로 번역했고 계속해서 '백화채나무 열매는 성욕을 증진시키기 위해 사용된 식물(食物)이었다. 여기서 사용된 히브리어 단어가 이것을 뜻한다는 것에는 거의 의심의 여지가 없다. 왜냐하면 이것은 탈무드에서 같은 제품을 의미하는 단어의 단수형이기 때문이다.' 라고 설명하고 있다.

이 장(chapter)은 전체가 노인의 쇠약해지는 기력을 생생히 묘사해 주고 있다. 70인역 그리스어 구약성서에는 'kapparis' 라고 기록되어 있는데 이 식물은 식물학상으로 cappares spinosa로 표시된다.

4. 의상과 패션

1. 성경 속의 어떤 인물들이 나체주의를 실행했는가?

아담, 이브, 사울, 이사야, 시몬 베드로.

아담과 이브, 창세기 2:25. — "아담과 그 아내 두 사람이 벌거벗었으나 부끄러워 아니하니라."

사울, 사무엘상 19:24. — "그가 또 자기 옷을 벗고 사무엘 앞에서 예언을 하며 하루 종일 밤낮 벌거벗은 채 누웠었더라. 그러므로 사울도 예언자란 말인가? 하는 유행어까지 생기게 되었더라."

이사야, 이사야 20:3-4. — "여호와께서 가라사대, 내 종 이사야는 지난 3년 동안 벌거벗고 맨발로 다녔는데 이것은 앞으로 애굽과 이디오피아가 당할 일의 상징이니라; 이와 같이 애굽의 포로와 이디오피아의 사로잡힌 자가 앗시리아왕에게 끌려 갈 때에 젊은 자나 늙은 자가 다 벗은 몸 벗은 발로 볼기까지 드러내어 애굽의 수치를 보이리니."

시몬 베드로, 요한복음 21:7. — "…시몬 베드로가 그것이 주님이었다는 말을 듣고 어부의 겉옷을 두른 후에(왜냐하면 그는 벗고 있었으므로) 바다로 뛰어내리니라."

부분적이거나 일시적인 노출의 관련 사건에 관해서는 창세기 9:21-23, 출애굽기 32:25, 사무엘하 6:14-23, 고린도후서 28:15-19, 욥기 24:7-10, 호세아 2:3, 미가 1:8, 마가복음 14:52를 참조 하라.

2. 신부에게 손톱 손질을 하도록 요구하고 있는 부분은?

신명기 21:11-12.—"네가 만일 그 포로 중에 아름다운 여자를 보고 좋아하여 아내를 삼고자 하거든; 그 여자를 네 집으로 데려 갈 것이요; 그 여자는 자기 머리를 밀고 손톱을 깎고(and she shall shave her head, and pare her nails);" 'pare' 로 번역된 이 단어는 히브리어로 'make' 나 'dress' 를 의미한다.

3. 진주로 장식하는 것을 금지하고 있는 부분은?

디모데전서 2:9,—"…여자들은 자기 자신을…진주로…장식하지 말고…."

4. 머릿 수건은 어떤 미신적인 용도로 사용되었는가?

점(占)의 형식으로서 '영혼 사냥' 을 위해, 에스겔 13:18.—"…영혼을 사냥하기 위해…머리에 쓸 온갖 수건을 만드는…여자들에게 화 있을진저…" 수건은 영혼을 사로잡는 일종의 그물이나 올가미로 가정되었다. 신약성경에도 어느 정도 유사한 사용법이 기록되어 있는데 사도행전 19:11-12에서는 악령을 쫓아냄으로써 질병을 치료하는 수단으로 손수건이 사용된다.—"하나님이 바울의 손으로 희한한 능을 행하게 하시니:심지어 사람들이 바울의 몸에서 손수건이나 앞치마를 가져다가 병든 사람에게 얹으면 그 병이 떠나고 악귀도 나가더라."

5. 어떤 사람들이 '세마포로 된 두건'을 썼는가?

아론과 그의 아들들, 출애굽기 39:27-29 RV. — "그들이 또 직조한 가는 베로 아론과 그 아들들을 위하여 속옷을 짓고 세마포로 두건(RV에서는 'mitre' 로, 'margin' 에는 'turban' 으로 나와 있음)을 짓고, 세마포로 빛난 관을 만들고 가는 베실로 짜서 세마포 고의들을 만들고 가는 베실과 청색, 자색, 홍색 실로 수놓아 띠를 만들었으니; 여호와께서 모세에게 명하신 대로 하였더라."

6. 같은 옷을 만드는 것이 금지되었던 두 가지 물질은 무엇인가?

양털과 베실, 신명기 22:11. — "너희는 양털과 베실로 섞어 짠 것을 입지 말지니라." 아메리카의 개척자들은 '삼과 양털의 교직물(linsey-woolsey)' 을 입음으로써 이 계명을 어겼다.

7. 턱수염 자르는 것을 금지하고 있는 부분은?

레위기 19:27. — "너희는 머리 가를 둥글게 깎지 말며 수염 끝을 손상치 말라."

8. 낙타의 털옷을 입었던 사람은?

세례 요한, 마태복음 3:4. — "이 요한은 낙타 털옷을 입고,…"

9. 여자들에게 머리를 땋지 말도록 경고한 두 사도는?

바울과 베드로, 디모데전서 2:9 RV, — "또 이와 같이 여자들도 아담한 옷을 입으며 염치와 정절로 자기를 단장하고; 땋은 머리와,…로 하지 말고…" 베드로전서 3:3 RV. — "너희 단장은 머리를 꾸미고,…하는 외모로 하지 말고, "

10. 대제사장의 의복에 수놓아졌던 과일은?

석류, 출애굽기 28:33.—“그 옷 가장자리로 돌아가며 청색, 자색, 홍색실로 석류를 수놓고;…”

11. 엘리야의 겉옷을 물려받은 사람은?

엘리사, 열왕기하 2:12-13.—“이에 엘리사가 자기의 옷을 두 조각으로 찢고, 엘리야의 몸에서 떨어진 겉옷을 주워 가지고,…”

열왕기상 19:19 또한 살펴 보라.

12. 팔찌를 찼던 사람은?

사울, 사무엘하 1:10.—“…그(사울)의 머리에 면류관과 팔에 있는 팔찌를 벗겨서 내 주께로 가져 왔나이다.”

13. 몸에 털이 많았고 허리에 가죽띠를 띠었던 사람은?

엘리야, 열왕기하 1:8.—“저희가 대답하되 그는 털이 많은 사람인데 허리에 가죽띠를 띠었더이다. 왕이 가로되 그는 디셉 사람 엘리야로다.”

14. 자신의 새 옷을 열두 조각으로 찢은 사람은?

아히야, 열왕기상 11:30.—“아히야가 그 입은 새 옷을 잡아 열두 조각으로 찢고:”

15. 제사장에게 매년 한 벌의 의복을 준 사람은?

미가, 사사기 17:10.—“미가가 그에게 이르되 네가 나와 함께 거하여 나를 위하여 아비와 제사장이 되라. 내가 해마다 은 열 세겔과 의복 한 벌과 식물(食物)을 주리라 하므로 레위인이 들어갔더니”

16. 신발을 신은 귀공녀의 발을 찬양한 사람은?

솔로몬, 아가 7:1 RV. — "귀한 자의 딸아, 신을 신은 네 발이 어찌 그리 아름다운가!…"

17. 물개 가죽 신발이 언급되어 있는 부분은?

에스겔, 16:10 RV. — "내가 네게 수놓은 옷을 입히고 물개 가죽(sealskin) 신을 신기고,…"

Margin에는 '돌고래 가죽(porpoise-skin)'으로 나와 있고, AV에는 '오소리 가죽(badgers' skin)'으로 나와 있다.

18. 성경에 모자가 언급되어 있는 부분은?

다니엘 3:21. — "이 사람들을 겉옷과 속옷을 입히고 모자(hat)를 씌운 채,…"

Margin에는 '두건(turban)'으로 나와 있다.

19. 양편에 수놓은 채색옷이 묘사되어 있는 부분은?

사사기 5:30 RV. — "…그들이 어찌 노략물을 나누지 못하였으랴? …시스라는 채색옷을 노략하였으리니 그것은 수놓은 채색옷이리로다. 곧 양편에 수놓은 채색옷이리니 노략한 자의 목에 꾸미지 않았으랴?"

20. 알록달록한 채색옷을 입었던 소년은?

요셉, 창세기 37:3. — "이스라엘이 여러 아들보다 그를 깊이 사랑하여,… 그를 위하여 채색옷(a coat of many colours)을 지었더니."

AV margin에는 '채색(colours)' 대신 '조각(pieces)'으로 나와 있고, RV margin에는 '채색옷(a coat of many colours)' 대신 '소매달린 긴 옷(a long garment with sleeves)' 으로 나와 있다.

21. 체크무늬로 된 옷을 입었던 사람은?

아론, 출애굽기 28:2, 4 RV. — "네 형 아론을 위하여 거룩한 옷을 지어서 영호롭고 아름답게 할지니…그들이 지을 옷은 이러하니:곧 흉패와 에봇과 겉옷과 체크무늬 웃옷(a coat of checker work)과 관(冠)과 따라:…"

29절에서는 웃옷(coat)이 '체크무늬 세마포(in checker work of fine linen)' 였다고 말하지만 번역가들은 margin에서 '또는 비단(or silk)' 으로 번역하고 있다. 기이하게도 의복은 의료인으로부터 성직자에 이르기까지 제사장의 특징이 되어 왔다.

22. 이어붙이지 않은 통옷을 입었던 사람은?

예수, 요한복음 19:23.… "군병들이 예수를 십자가에 못박고 그의 옷을 취하여 네 조각으로 나눠 각각 한 조각씩 갖고; 속옷도 취하니; 이 속옷은 호지 아니하고 위에서부터 통으로 짠 것이라."

23. 어린 아들에게 매년 옷을 만들어 준 여인은?

한나, 사무엘상 2:19. — "그 어미가 매년제(每年祭)를 드리러 그 남편과 함께 올라갈 때마다 작은 겉옷을 지어다가 그에게 주었더니."

24. 아들을 위해 염소새끼 가죽 장갑을 만든 여인은?

리브가, 창세기 27:15-16 RV. — "리브가가 집안 자기 처소에 있는 맏아들에서의 좋은 의복을 취하여 작은 아들 야곱에게 입히고; 또 염소새끼의 가죽으로 그 손을 꾸미고,…"

25. 잎을 엮어 치마를 만든 사람은?

아담과 하와, 창세기 3:7.—"이에 그들의 눈이 밝아 자기들의 몸이 벗은 줄을 알고; 무화과 나뭇잎을 엮어 치마를 하였더라."

26. 예수가 잡혔을 때 벌거벗은 채 도망친 사람은?

'어떤 젊은 사람' 아마도 마가 자신일 것으로 추측됨, 마가복음 14:51-52.—"한 청년이 벗은 몸에 베 홑이불을 두르고 예수를 따라오다가; 무리에게 잡히매; 베 홑이불을 버리고 벗은 몸으로 도망하니라."

27. 하루 종일 낮과 밤 동안 벌거벗은 채 누워있었던 사람은?

사울, 사무엘상 19:24.—"그(사울)가 또 옷을 벗고…종일 종야(終日終夜)에 벌거벗은 몸으로 누웠었더라."

28. 여인들의 긴 머리에 찬사를 보내고 있는 부분은?

고린도전서 11:15.—"만일 여자가 긴 머리가 있으면 자기에게 영광이 되나니:…"

29. 옷을 수입한 것을 나무란 사람은?

스바냐, 스바냐 1:8 RV.—"여호와의 희생의 날에…내가 방백들과 왕자들과 이방의 의복을 입은 자들을 벌할 것이며,"

30, 계약을 하기 위해 신발을 벗은 사람은?

보아스, 룻기 4:7-9.—"옛적 이스라엘 중에 모든 것을 무르거나 교환하는 일을 확정하기 위하여 사람이 그 신을 벗어 그 이웃에게 주더니 이것이 이스라엘의 증명하는 전례가 된지라. 이에 그 기업 무를 자가 보아스에게 이르되 네가 너를 위하여 사라 하고 그 신을 벗는지라. 보아스가 장로들과 모든 백성에게 이르되 내가 엘리멜렉과 기룐과 말론에게 있던 모든 것을 나오미의 손에서 산 일이 너희가 오늘날 증인이 되었고."

31. 산호가 언급되어 있는 부분은?

욥기 28:18. — "산호나 수정으로도 말할 수 없나니:지혜의 값은 홍보석보다 귀하구나."

에스겔 27:16. — "너의 제조품이 풍부하므로 아람은 너와 통상하였음이여. 남보석과 자색 베와 수놓은 것과 가는 베와 산호와 홍보석을 가지고 네 물품을 무역하였도다."

32. 성경에서 가장 짧은 치마가 언급되어 있는 부분은?

역대상 19:4. — "하눈이 이에 다윗의 신복들을 잡아 그 수염을 깎고 그 의복의 중동 볼기까지 자르고 돌려 보내매."

33. 어떤 사람들의 신발이 40년 동안 닳지 않았는가?

광야에서의 이스라엘 자손들, 신명기 29:5. — "내가 사십 년 동안 너희를 인도하여 광야를 통행케 하셨거니와 너희 몸의 옷이 낡지 아니하였고 너희 발의 신이 헤어지지 아니하였으며."

34. '번쩍이는 자수장식 옷'을 입었던 여인들은?

시온의 딸들, 이사야 3:16-22. — "여호와께서 또 말씀하시되 시온의 딸들이 교만하여 늘인 목. 정을 통하는 눈으로 다니며 아기죽거려 행하며 발로는 쟁쟁한 소리를 낸다 하시도다…주께서 그날에 번쩍이는 자수장식 옷과 겉옷과 목도리와 손주머니와…를 제하시리니…"

35. 신 한 켤레를 받고 궁핍한 자를 판 사람들은?

이스라엘(의인화된 히브리 민족, 북왕국), 아모스 2:6.—"여화와께서 가라사대 이스라엘의 서너 가지 죄로 인하여 내가 그 벌을 돌이키지 아니하리니; 이는 저희가 은을 받고 의인을 팔며 신 한 켤레를 받고 궁핍한 자를 팔며;"

36. 바다풀이 머리를 둘러쌌던 사람은?

요나, 요나 2:5.—"물이 나를 둘렀으되 영혼까지 하였사오며: 깊음이 나를 에웠고 바다풀이 내 머리를 쌌나이다."

37. 의상 스타일의 첫 번째 변화는 어떻게 이루어졌나?

치마(apron)에서 외투(coat)로, 창세기 3:7과 3:21.—"…그들이 무화과 나뭇잎을 엮어 치마를 하였더라."

"여호와 하나님이 아담과 그 아내를 위하여 가죽옷을 지어 입히시니라."

38. 세마포(린넨) 앙상블을 완벽하게 입었던 사람은?

아론, 레위기 16:3-4.—"아론이 성소에 들어오려면:…거룩한 세마포 속옷을 입으며 세마포 고의를 살에 입고 세마포 띠를 띠며 세마포 관(linen mitre)을 쓸지니 이것들은 거룩한 옷이라;…"

RV margin에는 '관(mitre)' 대신 '두건(turban)' 으로 나와 있다.

39. 곱슬곱슬하게 하는 핀(crisping pin)이란 무엇인가?

이것은 이사야 시대 유행을 따르는 여성들의 의상 액세서리로 특히 이사야 3:22에 나타나 있다.

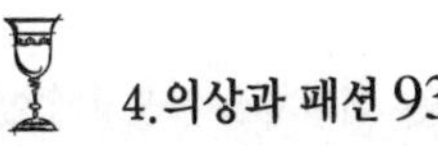

히브리어로는 'charitim' 인데 AV에서 곱슬곱슬하게 하는 핀(crisping-pins)으로 번역했다. crisping-pin은 머리에 컬(curl)을 지게 하는 crimping-pin(웨이브-핀)으로 일종의 원시적인 퍼머 기구였다.

그러나 RV에는 'satchels(작은 가방)' 으로 번역되어 있는데 이것은 '가방(bags)' 을 의미하는 것으로 'charitim' 의 의미와 훨씬 가까운 것으로 AV에서도 열왕기하 5:23에는 이렇게 나와 있다.

40. 베일(wimple)은 어떤 것인가?

쓰개(wimple)는 이사야 3:22에서 위의 항목과 같은 품목에 들어있다. 히브리어로 'mitpachath' 는 머리에 쓰거나 목에 두르게 되어있는 무명 또는 레이스로 된 베일을 의미했다. 같은 단어가 룻기 3:15에도 사용되었는데 이것은 '베일(vail)' 로 번역되었다.

41. 남자가 머리를 기르는 것이 부끄러운 말은 어느 부분에 언급되어 있는가?

고린도전서 11:14. ─ "만일 남자가 긴 머리를 하고 다니면 그것이 자기에게 수치가 된다는 것을 본성이 너희에게 가르치지 아니하느냐?"

42. 누구의 앞치마가 병든 사람을 치료하는 데 사용되었는가?

바울의 앞치마, 사도행전 18:11-12. ─ "하나님이 바울의 손으로 희한한 능을 행하게 하시니:심지어 사람들이 바울의 몸에서 손수건이나 앞치마를 가져다가 병든 사람에게 얹으면 그 병이 떠나고,…"

43. 땀나게 하는 의복의 착용이 허용되지 않았던 사람들은?

제사장들, 에스겔 44:15-18. ─ "그러나 사독의 자손 레위 사람제사장들은,…그들이 안뜰 문에 들어올 때나 안뜰 문과 전 안에서 수종들 때에는 양털 옷을 입지 말고 가는 베옷을 입을것이니 가는 베관(冠)을 머리에 쓰며 가는 베바지를 입고 땀나게 하는 것으로 허리를 동이지 말 것이며." 땀은 불결한 것의 상징으로 생각되었다.

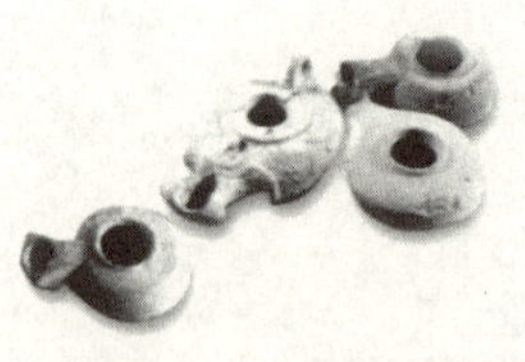

5. 가정에 관하여

1. 성경에서 그릇을 씻는 것에 관해 언급한 부분은?

열왕기하 21:13.—"…내가 사람이 그릇을 씻어 엎음같이 예루살렘을 씻어 버릴지니라(…and I will wipe Jerusalem as a man wipeth a dish, wiping it, and turning it upside down)." Margin에서는 히브리어의 문학적인 의미를 나타내어 "그가 그 얼굴을 씻어 엎었다(he wipeth and turneth it upon the face there of)"라고 표현했다.

2. 어떤 여자들이 영혼 사냥을 위해 팔뚝에 방석을 꿰어 매었는가?

에스겔 시대에 미신을 행하던 여인들, 에스겔 13:8-23 RV.—"…사람의 영혼을 사냥하고자 하여 방석(pillows)을 모든 팔뚝(elbows)에 꿰어 매는 여인들에게 화있을진저! 너희가 어찌하여 내 백성의 영혼을 사냥하면서 자기를 위하여 영혼을 살리려 하느냐…그러므로 나 주 여호와가 말하노라 너희가 새를 사냥하듯 영혼들을 사냥하는 그 방석(pillows)을 내가 너희 팔에서 떼어 버리고 너희가 새처럼 사냥한 그 영혼들을 놓으며,…그러므로 너희가 다시는 허탄한 묵시를 보지 못하고 점복(占卜)도 못할지라. 내가 내 백성을 너희 손에서 건져 내리니;…"

어떤 역자들은 '방석(pillows)' 대신 '머리띠(fillets)' 를 '팔뚝(elbows)' 대신 '겨드랑이(armholes)' 를 사용했다. 프레이저(Frazer)는 구약의 민속(Folk-lore in the Old Testament) 권 2, 511쪽에서 이 구절에 관해 다음과 같은 주석을 달았다.: "선지자가 비난한 이 여인들의 극악무도한 행동은 머리띠(fillets)와 의복으로 길잃은 영혼을 사로잡으려는 시도로 나타나는데 이렇게 함으로써 어떤 사람들은 그 영혼을 감금함으로써 죽이고 다른 어떤 사람들, 아마도 병든 사람들은 그 헤매는 영혼을 사로잡아 몸을 회복시킴으로써 자신을 구원하려는 것이다. 이와 유사한 계략들이 세계의 도처에서 마법사들과 마녀들에 의해 같은 목적으로 자행되어 왔다."

프레이져는 이외에도 흥미있는 사례들을 많이 제시했다.

3. 발자국이 버터로 씻겨진 사람은?

욥, 욥기 29:6.—"버터가 내 발자취를 씻기며 반석이 나를 위하여 기름 시내를 흘려 내었으며;" 이것은 부(富)의 상징이다.

4. 남자들을 위한 목욕통을 만드는 데에 여인들의 놋거울이 사용되었던 때는?

회막에 설비를 갖추던 때, 출애굽기 38:8과 40:30-31 RV.—" 그가 놋으로 목욕통을 만들고 그 받침도 놋으로 하였으되 곧 회막문에서 수종드는 여인들의 거울로 만들었더라.…그가 또 목욕통을 회막과 단(壇) 사이에 두고 거기 씻을 물을 담고 자기와 아론과 그 아들들이 거기서 수족을 씻되;"

5. 어떤 여인이 "우유 부대를 열었는가?"

야엘, 사사기 4:19.—"…그러자 그녀(야엘)가 우유 부대를 열어 그에게 마시우고 그를 덮으니." 그 당시의 부대는 짐승의 가죽으로 만들어진 것이었다.

6. 열 명의 아내를 일생 동안 별실에 가두어 둔 사람은?

다윗, 사무엘하 20:3.—"다윗이 예루살렘 본궁(本宮)에 이르러 전에 머물러 궁을 지키게 한 후궁 열 명을 잡아 별실에 가두고 먹을 것만 주고 더불어 동침치 아니하니 저희가 죽는 날까지 갇혀서 생과부로 지내니라." 그가 이와 같은 행동을 한 이유는 16:20-23에 잘 나타나 있다.

7. 전부 금으로 된 그릇들을 소유했던 사람은?

솔로몬, 열왕기상 10:21.—"솔로몬왕의 마시는 그릇은 다 금이요. 레바논 숲 궁전의 그릇들도 다 정금이라;…"

8. 화덕, 후라이팬, 번철이 언급되어 있는 부분은?

레위기 7:9.—"무릇 화덕(oven)에 구운 소제물과 솥(covered pan)에나 번철(pan)에 만든 소제물은 그 드린 제사장에게로 돌아갈 것이니." 위에 언급된 주방 기구 중 마지막 것에 대해 marginal note는 '평평한 팬 또는 판에(on the flat plate, or slice)' ; RV에서는 '굽는 팬(baking pan)' 으로 나와 있고, Moffatt에는 '번철(griddle)' 로 기록했는데 아마도 이것이 히브리어로 '얇은 판(thin plate)' 을 뜻하는 'machabath' 의 의미에 가장 가까울 것 같다.

9. 누구에게 너무 악해서 잿물이나 비누로도 깨끗이 씻겨질 수 없다

고 했는가?

이스라엘, 예레미야 2:22 RV.—"주 여호와 내가 말하노라. 네가 잿물로 스스로 씻으며 수다(數多)한 비누를 쓸지라도(For though thou wash thee with lye, and take thee much soap), 네 죄악이 오히려 내 앞에 그저 있으리니." AV에는 "네가 초석(질산칼슘)으로 스스로 씻으며 수다한 비누를 쓸지라도(wash thee with nitre, and take thee much soap)"으로 쓰여 있다. 예레미야는 여기서 이스라엘 민족의 우상숭배와 사악함에 대해 말하고 있는 것이다.

10. 반만 구워진 케이크라고 불리운 사람은?

에브라임, 즉 의인화된 히브리 사람들, 호세아 7:8.—"…에브라임은 뒤집지 않은 케이크로다"

11. '적은 누룩이 온 덩어리에 퍼진다'라고 말한 사람은?

바울, 고린도전서 5:6과 갈라디아서 5:9.

12. 독을 없애기 위해 가루를 사용한 사람은?

엘리사, 열왕기하 4:40-41,—"…이에 퍼다가 무리에게 주어 먹게 하였더니 무리가 국을 먹다가 외쳐 가로되 하나님의 사람이여 솥에 사망의 독이 있나이다 하고 능히 먹지 못하는지라. 엘리사가 가로되 그렇다면 가루를 가져 오라 하여 솥에 던지고 가로되 퍼다가 무리에게 주어 먹게 하라 하매 이에 솥 가운데 해독이 없어지니라."

13. 히브리인들에게서 부삽과 숟가락을 훔쳐간 사람은?

갈대아 사람들, 열왕기하 25:13-14.—"갈대아 사람이 또 여화와의 전의

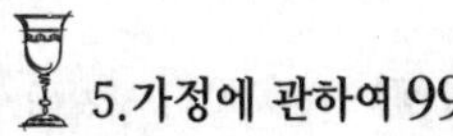

두 놋기둥과…대야를 깨뜨려 그 놋을 바벨론으로 가져가고 또 가마들과 부삽들과 부집게들과 숟가락들과,…다 가져 갔으며."

14. 눈 녹은 물로 목욕을 계획했던 사람은?

욥, 욥기 9:30.—"내가 눈 녹은 물로 몸을 씻고 잿물로 손을 깨끗이 할지라도;"

15. 병든 자를 위해 어떤 치료법이 신약에서 추천되었는가?

기름을 바르고 기도하는 것, 야고보서 5:14-15.—"너희 중에 병든 자가 있느냐? 저는 교회의 장로들을 청할 것이요; 그들은 주의 이름으로 기름을 바르며 위하여 기도할 지니라:믿음의 기도는 병든 자를 구원하리니 주께서 저를 일으키시리라;…"

16. 마시는 물을 소금으로 정화시킨 사람은?

엘리사, 열왕기하 2:20-22.—"그(엘리사)가 가로되 새 그릇에 소금을 담아 내게 가져오라 하매 곧 가져온지라. 엘리사를 물 근원으로 나아가서 소금을 그 가운데 던지며,…그리하여 그 물이 고쳐져서…"

17. 하나님이 가구용 기름 만드는 법을 알려준 사람은?

모세, 출애굽기 30:22-28.—"여호와께서 모세에게 또 일러 가라사대 너는 상등향품을 취하되 유질 몰약 500세겔과 그 반수의 향기로운 육계(肉桂) 250세겔과…향기로운 창포 250세겔과…감람 기름 한 힌을 취하여 그것으로 거룩한 관유를 만들되 향을 제조하는 법대로 향기름을 만들지니:…너는 그것으로 회막과 증거궤에 바르고 상과 그 모든 기구며 등대와 그 기구며 분향단과 및 번제단과 그 모든 기구와 물두멍과 그 받침에 발라.…”

18. 성경에 동물의 지방(grease)이 언급되어 있는 유일한 부분은?

시편 119:70.—“저희 마음은 살쪄 지방 같으나 나는 주의 법을 즐거워하나이다.”

19. 성경에 언급된 첫 곳간은 무엇을 보관하는 데 사용되었는가?

포도주, 열왕기상 27:27.—“…스빔 사람 삽디는 포도원의 소산 포도주 곳간을 맡았고.”

20. 침상이 너무 짧고 이불이 너무 좁다고 묘사되어 있는 부분은?

이사야 28:20.—“침상이 짧아서 능히 몸을 펴지 못하며 이불이 좁아서 능히 몸을 싸지 못함 같으리라 하셨나니.”

21. 응접실에서 삼십 인을 위해 파티를 연 사람은?

사무엘, 사무엘상 9:22-24.—“사물엘이 사울과 그 사환을 인도하여 객실로 들어가서 청한 자 중 수석(首席)에 앉게 하였는데 객은 삼십 명 가량이었더라. 사무엘이 요리인에게 이르되 내가 네게 주며 네게 두라고 말한 그 부분을 가져오라. 요리인이 넓적다리와 그것에 붙은 것을 가져다가 사울 앞에 놓는지라 사울이 가로되 보라 이는 두었던 것이니 네 앞에 놓고 먹으라:내가 백성을 청할 때부터 너를 위하여 이것을 두어서 이때를 기다리게 하였느니라…”

22. 누구의 침실이 붉은색, 흰색, 푸른색, 검은색 대리석으로 깔려 있었는가?

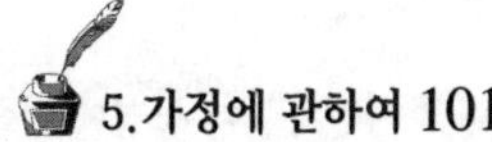

아하수에로(크셀크세스), 에스더 1:6.—“금과 은으로 만든 침상을 붉은 색, 푸른색, 흰색, 검은색 대리석을 깐 땅에 진설하고.”

23. 비누가 언급되어 있는 부분은?

예레미야 2:22과 말라기 3:2 RV.—“…네가 수많은 비누를 쓸지라도”, “…그는 금을 연단하는 자의 불과 표백하는 자의 비누와 같을 것이라.”

24. 자신을 방문한 선지자에게 거짓말하지 말 것을 요구한 사람은?

수넴여인, 열왕기상 4:8-17.—“하루는 엘리사가 수넴에 이르렀더니 거기 한 귀한 여인이; 저를 강권하여 음식을 먹게 한고로 엘리사가 그 곳을 지날 때마다 음식을 먹으러 그리고 들어 갔더라…엘리사가 가로되 돌이 되면 네가 아들을 안으리라. 여인이 가로되 아니로소이다. 내 주 하나님의 사람이여 당신의 계집종을 속이지 마옵소서 하니라. 여인이 과연 잉태하여 돌이 돌아오매 엘리사의 말한 대로 아들을 낳았더라,…”

25. 경건한 사람들이 안식일에 찬 음식을 먹어야 했던 이유는?

모세의 율법이 안식일에 불을 붙이는 것을 금했기 때문에, 출애굽기 35:3.—“안식에는 너희의 모든 처소에서 불도 피우지 말지니라.”

26. 삼백 개의 항아리를 깨뜨린 사람들은?

기드온과 그의 부하들, 사사기 7:16, 19.—“기드온과 그들을 좇은 일백 명이 이경(二更) 초에 진 가에 이른즉…나팔을 불며 손에 가졌던 항아리를 부수니라.”

27. 식사 전에 손을 씻지 않은 것 때문에 비난을 받은 사람들은?

예수의 제자들, 마태복음 15:1-2. — "그때에 바리새인과 서기관들이 예루살렘으로부터 예수께 나아와 가로되 당신의 제자들이 어찌하여 유전(遺傳)을 범하나이까? 떡 먹을 때 손을 씻지 아니하나이다."

마가복음 7:5. — "…부정한 손으로 떡을 먹나이까?"

28. 삼십 피트 이상 되는 길이의 철 침대에 누워 잠을 잔 사람은?

바산왕 옥, 신명기 3:11. — "르바임족속의 남은 자는 바산왕 옥 뿐이었으며; 그의 침상은 철 침상이라; 지금 오히려 암몬족속의 랍바에 있지 아니하냐? 그것을 사람의 보통 큐빗으로 재면 그 장이 아홉 큐빗이요 광이 네 큐빗이니라."

초기 유대인들이 가장 일반적으로 사용했던 측정 수단은 사람의 손과 팔뚝을 사용한 것으로 기억하기 쉽고 가장 편리한 측정 방법이었다. 네 손가락은 1 palm(장뼘:길이의 단위로서 폭은 약 7.6-10cm)이 되었고; 3palm은 1 span(한뼘:엄지손가락과 새끼손가락을 편 길이, 약 23cm)이었으며 2span은 1cubit(큐빗)이었다.

한뼘(span)은 손을 최대한도로 벌렸을 때 엄지손가락 끝에서부터 새끼손가락 끝까지의 간격이고, 큐빗(cubit: 라틴어로 팔꿈치를 뜻하는 cubitus)은 팔꿈치로부터 가운데 손가락 끝에 이르는 간격이다. 그러므로 아홉 큐빗되는 침상은 삼십오 피트의 길이가 된다.

29. 매우 큰 향료 가게를 가지고 있었던 여인은 누구인가?

스바여왕, 열왕기상 10:10. — "이리하여 그녀가 심히 많은 향품(香品)을…왕께 드렸으니…스바여왕이 솔로몬왕께 드린 것처럼 많은 향품이 다시 오지 아니하였더라."

30. 자신이 만든 요리로 인해 함정에 빠진 소녀는?

다말, 사무엘하 13:6-14. — "암논이 곧 누워 병든 체하다가:왕이 와서 저를 볼때에 왕께 고하되 청컨대 내 누이 다말로 와서 내가 보는 데서 과자 두어 개를 만들어 그 손으로 내게 먹여 주게 하옵소서:…저에게 먹이려고 가까이 가지고 갈 때에 암논이 그를 붙잡고 이르되 누이야 와서 나와 동침하자. 저가 대답하되 아니라 내 오라비여 나를 욕되게 말라:… 암논이 그 말을 듣지 아니하고:다말보다 힘이 세므로 억지로 동침하니라."

31. 어떤 여인에게 이웃들에게서 그릇을 빌리라고 말한 사람은?

엘리사, 열왕기하 4:3. — "그(엘리사)가 가로되 너는 밖에 나가서 모든 이웃에게 그릇을 빌라. 빈 그릇을 빌되; 조금 빌지 말고."

32. 누구의 가정 형태가 한 여인의 정신을 혼미케 하였는가?

솔로몬, 열왕기상 10:4-5. — "스바여왕이 솔로몬의 모든 지혜와 그 건축한 전과 그 상의 식물과 그 신복들의 좌석과 그 신하들의 시립(侍立)한 것과 그들의 공복(公服)과 술관원들과…를 보고 정신이 현황(眩慌)하여" Margin은 '술관원(cupbearer)' 대신 '집사(butler)' 를 쓰고 있다.

6. 포도주와 술

1. 모든 손님들에게 일주일 동안 궁중의 술을 준 사람은?

아하수에로왕(크셀크세스왕), 에스더 1:5-7. ―"…왕이 대소 인민을 위하여…칠 일 동안 잔치를 베풀새,…금잔으로 마시게 하니,…어주(御酒)가 한이 없으며,…"

2. 금주령이 내려진 것과 같은 상황에 대해 비교적 정확하게 예언되어 있는 부분은?

이사야 24:5-11. ―"땅이 또한 그 거민(居民) 아래서 더럽게 되었으니 이는 그들이 율법을 범하여 율례를 어기며 영원한 언약을 파(破)하였음이라. 그러므로 저주가 땅을 삼켰고 그 중에 거하는 자들이 정죄함을 당하였고:…새 포도즙이 슬퍼하고 포도나무가 쇠잔하며 마음이 즐겁던 자가 다 탄식하며, 소고치는 기쁨이 그치고 즐거워하는 자의 소리가 마치고 수금타는 기쁨이 그쳤으며 노래하며 포도주를 마시지 못하고; 독주는 그 마시는 자에게 쓰게 될 것이며 약탈을 당한 성읍이 훼파되고:집마다 닫히었고 들어가는 자가 없으며 포도주가 없으므로 거리에서 부르짖으며; 모든 즐거움이 암흑하여졌으며 땅의 기쁨이 소멸되었으며."

3. 술은 가난한 자들이 마시고 그 빈궁함을 잊기 위해 사용되어야 한다고 말한 여인은?

르무엘왕의 어머니, 잠언 31:1-7. — "르무엘왕의 말씀한 바 곧 그 어머니가 그를 훈계한 잠언이라…독주(독한 술)는 죽게 된 자에게 포도주는 마음에 근심하는 자에게 줄지어다. 그는 마시고 그 빈궁한 것을 잊어 버리겠고 다시 그 고통을 기억치 아니하리라"

4. 연상(年上)의 설교가로부터 물 대신 포도주를 마실 것을 권유받은 젊은 설교가는 누구인가?

디모데, 바울로부터, 디모데전서 5:23. — "이제부터는 물만 마시지 말고 네 비위(脾胃)와 자주 나는 병을 인하여 포도주를 조금씩 쓰라."

5. 성전에서 금주주의자들에게 포도주를 권한 선지자는?

예레미야, 예레미야 35:4-6. — "내가 여호와의 집에 이르러 그들을 맞았는데,…내가 레갑족속 사람들 앞에 포도주가 가득한 사발과 잔을 놓고 마시라 권하매 그들이 가로되 우리는 포도주를 마시지 아니하겠노라: 레갑의 아들 우리 선조 요나답이 우리에게 명하여 이르기를 너희와 너희 자손은 영영히 포도주를 마시지 말며:" 예레미야는 레갑의 사람들이 그들의 선조에게 복종한 것처럼 유다인들이 하나님께 복종해야 한다는 것을 강조하는 교훈으로 이 사건을 언급했다.

6. 아들에게 "하나님이 풍성한 곡식과 포도주를 주신다"라고 말한 아

버지는 누구인가?

이삭이 야곱에게, 창세기 27:28.—“하나님이 하늘의 이슬과 땅의 기름짐이며 풍성한 곡식과 포도주로 네게 주시리라.”

7. 소녀들이 새 포도주로 건강하게 되리라고 말한 사람은 누구인가?

스가랴, 스가랴 9:17 RV.—“그의 형통함과 그의 아름다움이 어찌 그리 큰지! 청년은 곡식으로 강건하며 처녀는 새 포도주로 그러하리로다.”

8. 160,000갤론의 포도주를 받은 벌목인들은 어떤 사람들인가?

솔로몬의 성전 건축을 위한 재목을 준비하던 후람왕의 벌목인들, 열왕기하 2:3, 10.—“솔로몬은 사자를 두로왕 후람에게 보내어 이르되,…내가 당신의 벌목하는 종에게…포도주 이만 말(twenty thousand baths)을 주리라,…” 1bath는 약 8갤론의 용량이다.

9. 포도주에 옷을 빤 사람은?

유다, 창세기 49:10-12.—“홀이 유다를 떠나지 아니하며 치리자(治理者)의 지팡이가 그 발 사이에서 떠나지 아니 하시기를 실로가 오시기까지 미치리니(RV에는 ‘그가 실로에게 오기까지’로 되어 있다) 그에게 모든 백성이 복종하리로다. 그의 나귀를 포도나무에 매며, 그 암나귀 새끼를 아름다운 포도나무에 맬 것이며; 또 그 옷을 포도주에 빨며 그 복장을 포도즙에 빨리로다:그 눈은 포도주로 인하여 붉겠고 그 이는 우유로 인하여 희리로다.”

‘실로(Shiloh)가 오시기까지’라는 구절에서 실로는 인명이 아니라 지명이고 성경 어디에도 사람으로 언급되어 있지 않음에도 불구하고 이 구절은 일부의 설교가들에 의해 오실 그리스도를 예언하는 것으로 받아들여졌다. 그런데 실로가 사람이고 그리스도를 언급하는 것이라면 그의 눈이 '포도주로 인하여 붉겠고' 라는 구절을 설명하기가 곤란해진다.

10. 술취한 사람에 관해 생생히 묘사되어 있는 부분은?

잠언 23:29-30, 33-35.—"재앙이 뉘게 있느뇨? 근심이 뉘게 있느뇨? 분쟁이 뉘게 있느뇨? 원망이 뉘게 있느뇨? 까닭없는 창상(創傷)이 뉘게 있느뇨? 붉은 눈이 뉘게 있느뇨? 술에 잠긴 자에게 있고 혼합한 술을 구하려 다니는 자에게 있느니라…또 네 눈에는 괴이한 것이 보일 것이요. 네 마음은 망령된 것을 발할 것이며 너는 바다 가운데 누운 자 같을 것이요. 돛대 위에 누운 자 같을 것이며 네가 스스로 말하기를 사람이 나를 때려도 나는 아프지 아니하고; 나를 상하게 하여도 내게 감각이 없도다:내가 언제나 깰까? 다시 술을 찾겠다 하리라."

11. 최초로 술에 취한 사람은 누구이며 그는 얼마나 오랫동안 살았는가?

노아, 950년, 창세기 9:20, 21, 29.—"그리고 노아가…취하여;…노아의 살아온 날이 950년이었더라:…"

12. 사도들이 술취했다는 혐의를 받은 때는?

오순절 때, 사도행전 2:13.—"또 어떤 이들은 조롱하여 가로되 저희가 새 술이 취하였다 하더라."

13. 베드로는 그들이 취하지 않았다는 것을 어떻게 입증하였는가?

그는 그때가 이른 아침이어서 그들이 취할 수 없다고 말하였다. 사도행전 2:14-15.—"베드로가 열한 사도와 같이 서서 소리를 높여 가로되,…때가 제 삼시니 너희 생각과 같이 이 사람들이 취한 것이 아니라"(이것은 오전 9시를 말한다).

14. 술에 취하였다가 신하에게 죽임을 당한 왕은 누구인가?

엘라, 열왕기상 16:9-10.—"엘라가 디르사에 있어 궁내대신 아르사의 집에서 마시고 취할 때에 그(엘라)의 신복(臣僕) 곧 병거 절반을 통솔한 장관 시므리가 왕을 모반하여 들어가서 저를 쳐죽이고,…"

15. 나이 많은 여자들이 술을 너무 많이 마시면 안 된다고 말한 사람은?

바울, 디도서 2:3.—"늙은 여자로는 이와 같은 행실이 거룩하며…많은 술의 종이 되지 말며,…"

16. 삼십삼 인의 왕이 술 파티를 열었던 때는?

벤하닷과 삼십이 인의 다른 왕들, 열왕기상 20:16.—"…벤하닷은 장막에서 돕는 왕 삼십이 인으로 더불어 마시고 취한 중이라."

17. 하나님과 사람들 모두가 술(포도주)을 좋아하는 것으로 기록되어 있는 부분은?

사사기 9:13.—"포도나무가 그들에게 이르되 하나님과 사람을 기쁘게 하는 나의 새 술을 내가 어찌 버리고 가서 나무들 위에 요동하리요?"한지라.

18. 누가 대접으로 포도주를 마셨는가?

이스라엘 사람들, 아모스 6:6.—"대접으로 포도주를 마시며 귀한 기름을 몸에 바르면서:…"

19. 포도주 창고를 가지고 있었던 왕은?

다윗, 역대상 27:27.—"…스밤 사람 삽디는 포도원의 소산 포도주 곳간을 맡았고:…"

20. '포도원'을 소유하고 매순간 물을 주며 밤낮으로 돌본 사람은?

하나님, 이사야 27:2-3.—"그날에 너희는 아름다운 포도원을 두고 노래를 부를지어다. 나 여호와는 포도원지기가 됨이여: 때때로 물을 주며:밤낮으로 간수하여 아무든지 상해하지 못하게 하리로다."

여기서 포도원은 하나님의 백성을 상징하는 것이다.

21. 예수님이 100갤론 이상 되는 포도주를 만든 때는?

가나의 혼인 잔치에서, 요한복음 2:1-11.—"사흘되던 날에 갈릴리 가나에 혼인이 있어;…예수와 그 제자들도 혼인에 청함을 받았더니…거기 유대인의 결례(潔禮)를 따라…두세 통(firkin) 드는 돌항아리(waterpots of stones) 여섯이 놓였는지라. 예수께서 저희에게 이르시되 항아리에 물을 채우라 하신즉 아구까지 채우니 이제는 떠서 연회장에게 갖다 주라 하시매, 갖다 주었더니 연회장은 물로 된 포도주를 맛보고,…연회장이 신랑을 불러 말하되 사람마다 먼저 좋은 포도주를 내고; 취한 후에 낮은 것을 내거늘 그대는 지금까지 좋은 포도주를 내거늘:그대는 지금까지 좋은 포도주를 두었도다 하니라."

통(firkin)은 약 8갤론 이상의 용량을 수용한다. 평균 2 1/2firkin의 양을 담을 수 있는 항아리(waterpot)는 각각 20갤론(gallon)을 수용하는 것이 되므로 여섯 항아리의 총량은 120갤론이 된다. 이것은 결혼식에 충분한 양이 되며 특히 참석한 사람들이 이미 충분히 취해 있었다는 사실을 생각할 때 더욱 그렇다.

22. 술취한 제사장들이 묘사되어 있는 부분은?

이사야 28:7. — "제사장과 선지자도 독주로 인하여 옆걸음치며 포도주에 빠지며 독주로 인하여 비틀거리며; 이상을 그릇 풀며 재판할 때에 실수 하나니." 이 사람들은 8절에서 이어지는 "모든 상에는 토한 것, 더러운 것이 가득하고 깨끗한 곳이 없도다."라는 말로 보아 이미 만취되어 있었음에 틀림없다.

23. 집에서 만든 술을 마시고 취한 선장은?

노아, 창세기 9:20-21. — "노아가 농업을 시작하여 포도나무를 심었더니 포도주를 마시고 취하여 그 장막 안에서 벌거벗은지라."

24. 술이 뱀에 비유되어 있는 부분은?

잠언 23:32. — "이것(술)이 마침내 뱀같이 물 것이요. 독사같이 쏠 것이며."

25. 어린 소녀를 술과 바꾼 내용은 어느 부분에 있는가?

요엘 3:3. — "또 제비뽑아 내 백성을 취하고; 소년을 기생과 바꾸고 소녀를 술과 바꾸어 마셨도다."

26. 성경에는 몇 종류의 포도주가 언급되어 있는가?

구약에서 '포도주'는 열한 가지의 다른 히브리어로 번역되어 있고 신약에서는 두 가지의 그리스어 단어로 나와 있다. 히브리어 단어는 asis, chamar, chemer, enab, mimsak, shekar, shemar, sobe, tirosh, yayin, yeqeb이고 그리스 단어는 gleukos와 oinos이다. 포도주를 칭하는 가장 일반적으로 사용되었던 단어는 yayin인데 이것은 133번 나온다.

27. 이스라엘의 모든 남녀에게 포도주를 한 병씩 나누어 준 왕은 누

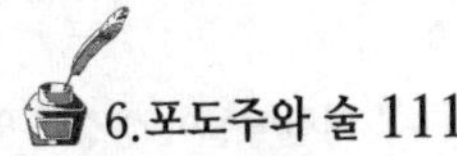

구인가?

다윗, 역대상 16:2-3.—"다윗이 번제와 화목제 드리기를 마치고 여호와의 이름으로 백성에게 축복하고 또 이스라엘 무리의 무론 남녀하고 매사람마다 떡 한 덩이와 고기 한 조각과 건포도병 하나씩 나누어 주었더라."

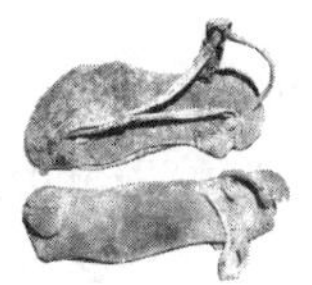

7. 일과 직업

1. 나룻배가 요단강을 건너 다니던 때는 언제인가?

다윗왕 때, 사무엘하 19:16-18.—"시므이가 급히 유다 사람과 함께 다윗 왕을 맞으러 내려올 때에…그들도 요단강을 밟고 건너 왕의 앞으로 나아오니라. 왕의 가족을 건네려 하며 왕의 선히 여기는 대로 쓰게 하려 하여 나룻배가 건너가니…"

2. 성경에 그 이름이 기록되어 있는 10명의 편지 전달자들은 누구누구인가?

로마서, 고린도전후서, 에베소서, 빌립보서, 골로새서, 빌레몬서, 히브리서의 어떤 필사본 끝에는 다음의 사람들의 이름이 언급되어 있다. 이 필사본들은 대부분 19세기의 것이며 그 이전의 필사본들에는 이런 이름들이 언급되어 있지 않다. 그러나 킹 제임스 번역본(King James Authorized Version)은 이것을 사실로 받아들여서 각 서한의 끝에 이들 이름을 수록하고 있다 : 뵈뵈, 스데바나, 브드나도, 아가이고, 디모데, 디

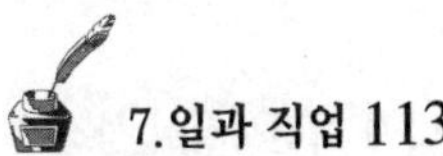

도, 누가, 두기고, 에바브로디도, 오네시모.

3. 성경에 그 이름이 네 번 나와 있는 전문적인 말 무역상은?

도갈마족속, 에스겔 27:14.… "도갈마족속은 말과 전마와 노새를 가지고 네 물품을 무역하며." 이 사람들은 아르메니아 사람들이었다. 창세기 10:3, 역대상 1:6, 에스겔 38:6 또한 찾아 보아라.

4. 유일하게 총리들(presidents)이 언급되어 있는 장면에 무슨 일이 발생했는가?

그들이 사자굴에 던져지는 사건, 다니엘 6:4, 24.… "이에 총리들과 방백들이 다니엘을 고소할 틈을 얻고자 하였으나…왕이 명을 내려 다니엘을 참소한 사람들을 끌어오게 하고 그들을 처자들과 함께 사자굴에 던져 넣게 하였더니; 그들이 굴 밑에 닿기 전에 사자가 곧 그들을 움켜서 그 뼈까지도 부숴뜨렸더라."

5. 안식일에 일하는 것에 대한 처벌은 어떤 것이었나?

죽임, 출애굽기 31:14.… "너희는안식을을 지킬지니 이는 너희에게 성일이 됨이라:무릇 그날을 더럽히는 자는 죽일지며:무릇 그날에 일하는 자는 그 백성 중에서 끊쳐지리라."

6. 누구의 임금이 열 번이나 번복(飜覆)되었는가?

야곱, 창세기 31:4-7.… "야곱이 보내어 라헬과 레아를 자기 양떼있는 들로 불러다가 그들에게 이르되,…그대들의 아버지가 나를 속여 품삯을 열 번이나 변역(變易)하였느니라:…"

7. 벽돌공들의 파업을 주동한 사람은?

모세와 아론, 출애굽기 1:13-14; 4:29; 5:1; 12:51.…"애굽 사람들이 이스라엘 자손의 역사(役事)를 엄하게 하여:고역(苦役)으로 그들의 생활을 괴롭게 하니 곧 흙이기기와 벽돌굽기와,…모세와 아론이 가서 이스라엘 자손의 모든 장로를 모으고:…그 후에 모세와 아론이 가서 바로에게 이르되 이스라엘 하나님 여호와의 말씀에 내 백성을 보내라,…그와 같은 날에 여호와께서 이스라엘 자손을…애굽 땅에서 인도하여 내셨도다…"

8. 감독의 자질은 어떠한 것으로 언급되었는가?

디도서 1:7-9.…"감독은 하나님의 청지기로서 책망할 것이 없고: 제 고집대로 하지 아니하며, 급히 분(忿)내지 아니하며, 술을 즐기지 아니하며, 구타하지 아니하며, 더러운 이(利)를 탐하지 아니하며; 오직 나그네를 대접하며, 선을 좋아하며, 근신하며, 의로우며, 거룩하며, 절제하며; 미쁜 말씀의 가르침을 그대로 지켜야 하리니,…" 추가 항목을 보려면 디모데전서 3:1-7을 살펴보라.

9. 무기로 사용된 농기구로는 어떤 것들이 있는가?

보습, 삽, 도끼, 괭이, 쇠스랑, 쇠채찍, 사무엘상 13:20-22.…"온 이스라엘 사람이 각기 보습이나 삽이나 도끼나 괭이를 벼리려면 블레셋 사람에게로 내려 갔었는데 곧 그들이 괭이나 삽이나 쇠스랑이나 도끼나 쇠채찍이 무딜 때에 그리하였으므로."

10. 다양한 종류의 곡식을 경작하고 타작하는 지침이 제시되어 있는 부분은?

이사야 28:24-28.…"파종하려고 가는 자가 어찌 끊임없이 갈기만 하겠느

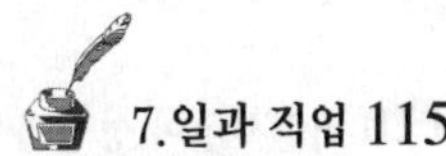

냐? 그 땅을 개간하며 고르게만 하겠느냐? 지면을 이미 평평히 하였으면 소회향을 뿌리며 대회향을 뿌리며 소맥을 줄줄이 심으며 대맥을 정한 곳에 심으며 귀리를 그 가에 심지 않겠느냐?…소회향은 도리깨로 떨지 아니하며 대회향에는 수레 바퀴를 굴리지 아니하고; 소회향은 작대기로 떨고 대회향은 막대기로 떨며 곡식은 부수는가; 아니라 늘 떨기만 하지 아니하고 그것에 수레 바퀴를 굴리고 그것을 말굽으로 밟게 할지라도 부수지는 아니하나니."

11. 좋은 일꾼이 될 것을 촉구한 구절은 어느 부분에 나와 있는가?

디모데후서 2:15.…"네가 진리의 말씀을 옳게 분별하며 부끄러울 것이 없는 일꾼으로 인정된 자로 자신을 하나님 앞에 드리기를 힘쓰라."

출애굽기 31:3-5.—"하나님의 신을 그(브사렐)에게 충만하게 하여 지혜와 총명과 지식과 여러 가지 재주로 공교한 일을 연구하여 금과 은과 놋으로 만들게 하며 보석을 깎아 물리며 나무를 새겨서 여러 가지 일을 하게 하고."

12. 장막짓는 일로 생계를 꾸린 설교가는 누구인가?

바울, 사도행전 18:3.—"그(바울)가 업(業)이 같으므로 함께 거하여 일을 하니 그 업은 장막을 만드는 것이더라."

13.성경에 그 이름이 언급되어 있는 두 명의 법률가는 누구누구인가?

가말리엘과 세나, 사도행전 5:34.—"…바리새인 가말리엘은 교법사로,…" 디도서 3:13.…"교법사 세나와 및 아볼로를 급히 먼저 보내어,…"

14. 빵 만드는 사람을 설명한 사람은?

호세아, 호세아 7:4.—"저희는 다 간음하는 자라 빵 만드는 자에게 달궈진 화덕과 같도다. 저가 반죽을 뭉침으로 발교되기까지만 불 일으키기를 그칠 뿐이니라."

15. 우상을 만드는 공장이 묘사되어 있는 부분은?

이사야 44:9-17, Moffatt의 번역.—"우상을 만드는 자는 다 허망하도다. 그들의 기뻐하는 우상은 무익한 것이어늘:…철공은 철을 숯불에 불리고 메로 치고 강한 팔로 괄리므로 심지어 주려서 기력이 진하며 물을 마시지 아니하여 곤비하며 목공은 줄을 늘여 재고 붓으로 긋고 대패로 밀고 정규(正規)로 그어 사람의 아름다움을 따라 인형을 새겨 집에 두게 하며 그는 백향목을 베이며 디르사나무와 상수리나무를 취하며,…그 중에 얼마는 불사르고 얼마는 고기를 삶아 먹기도 하며 고기를 구워 배불리기도 하며 또 몸을 더웁게 하여 이르기를 아하 따뜻하다. 내가 불을 보았구나! 하면서 그 나머지로 신상 곧 자기의 우상을 만들고 그 앞에 부복하여 경배하며 그것에게 기도하여 이르기를 너는 나의 신이니 나를 구원하라 하는도다!"

16. 최초의 대장장이는 누구였는가?

두발가인, 창세기 4:22.—"씰라는 두발가인을 낳았으니 그는 동철로 각양 날카로운 기계를 만드는 자요:…"

17. 뛰어난 놋세공 기술을 가지고 있었던 자는?

두로의 히람(히람왕이 아님), 열왕기상 7:13-14.—"솔로몬왕이 사람을 보내어 히람을 두로에서 데려오니 저는 납달리 지파 과부의 아들이요. 그 아비는 두로 사람이니 놋세공가라. 이 히람은 모든 놋일에 총명과 재능이 구비한 자더니 솔로몬왕에게 와서 그 모든 공작(工作)을 하니라."

18. 최초의 전문 점등가는 누구였는가?

아론, 출애굽기 30:7-8.—"아론이 아침마다 그 위에 향기로운 향을 사르되 등불을 정리할 때에 사를 지며 또 저녁 때 등불을 켤 때에 사를 지니,…"

19. 최초의 목동은?

아벨, 창세기 4:2.—"아벨은 양치는 자이었고,…" 그러나 창세기 4:20.—"아다는 야발을 낳았으니 그는 장막에 거하여 육축 치는 자의 조상이 되었고"와 비교하여 보라.

20. 최초로 성을 쌓은 사람은?

가인, 창세기 4:17.—"가인이…성을 쌓고 그 아들의 이름으로 성을 이름하여 에녹이라 하였더라."

21. 약제사가 언급된 부분은?

출애굽기 30:25.—"…약제사의 방법에 따라 향기름을 만들지니:…출애굽기 30:35; 37:29; 역대상 16:14; 느헤미야 3:8, 전도서 10:1 또한 참조해 보라.

22. 여가(leisure)라는 단어가 사용된 유일한 부분은 어디인가?

마가복음 6:31.—"그(예수)가 이르시되 너희는 따로 한적한 곳에 와서 잠깐 쉬어라 하시니 이는 오고가는 사람이 많아 음식 먹을 겨를도 없음이라."

23. 의사였던 성경의 기자는?

누가, 골로새서 4:14.—"사랑을 받는 의원 누가와,…" 그는 누가복음과 사도행전의 기자로 여겨지는데 두 책은 데오빌로에게 헌정되었다.

24. 그리스의 노예상에 대해 언급한 두 선지자는?

에스겔과 요엘, 에스겔 27:13.—"야완과 두발과 메섹은 네 장사가 되었음이여:사람과 놋그릇을 가지고 네 물품을 무역하였도다."

레드패스(Redpath)는 에스겔에 관한 그의 주석에서 이렇게 말했다: "야완(Javan)은 이오니아(Ionia)와 같은 이름으로 일반적으로 이것은 그리스를 의미하는 것으로 보인다."

요엘 3:6.—"또 유다 자손과 예루살렘 자손들을 헬라족속에게 팔아서 본 지경에서 멀리 떠나게 하였음이라."

25. 비상시에 이발사와 재단사가 된 사람은?

하눈, 역대상 19:4.—"하눈이 이에 다윗의 신복들을 잡아 그 수염을 깎고 그 의복의 중동 볼기까지 자르고 돌려 보내매,…"

26. 녹로를 사용하는 어떤 노동자가 예레미야의 방문을 받았는가?

토기장이, 예레미야 18:3.—"내가 토기장이의 집으로 내려가서 본즉 그가 녹로(녹로는 한 지주(支柱)에 상하 두 개의 돌바퀴가 달려 있다. 토기장이가 아래 바퀴를 발로 돌리면 진흙을 얹은 윗바퀴가 회전하며 그 진흙이 팽창한다. 토기장이는 그 팽창된 진흙으로 그가 원하는 그릇을 마음대로 만드는 것이다. 이 원시적 공작기구는 지금도 예루살렘에 남아 있다고 한다)로 일을 하는데."

27. 누가 예레미야의 비서였는가?

바룩, 예레미야 36:10, 17, 18. — "바룩이 그 책에 있는 예레미야의 말을 낭독하여…그들이 또 바룩에게 물어 가로되 네가 그 구전하는 이 모든 말을 어떻게 기록하였느뇨? 청컨대 우리에게 이르라. 바룩이 대답하되 그가 그 입으로 이 모든 말을 내게 베풀기로 내가 먹으로 책에 기록하였노라."

28. 나무 재배자로 선지자였던 사람은?

아모스, 아모스 7:14. — "아모스가 아마샤에게 대답하여 가로되 나는 선지자가 아니며 선지자의 아들도 아니요; 나는 목자요 뽕나무를 배양하는 자로서." Margin에는 '야생 무화과나무(wild figs)' 로 나와 있다.

29. 백향목 상자에 옷을 담아서 판 상인들은 어떤 사람들이었는가?

에스겔 27:23-24. — "하란과 간네와 에덴과 스바와 앗수르와 길맛의 장사들도 너의 장사들이라. 이들이 아름다운 물품 곧 청색옷과 수놓은 물품과 빛난 옷을 백향목 상자에 담고 노끈으로 묶어 가지고 너와 통상하여 네 물품을 무역하였도다."

30. 일천다섯 편의 노래를 작곡했던 사람은?

솔로몬, 열왕기상 4:32. — "…그리고 그의(솔로몬) 노래는 일천다섯이며."

31. 칼을 쳐서 보습을 만들고 창을 쳐서 낫을 만드는 것과 반대로 보습을 쳐서 칼을 만들고 낫을 쳐서 창을 만드는 것은 어디에 언급되어 있는가?

칼을 쳐서 보습을 만드는 것은 이사야 2:4와 미가 4:3에 수록되어 있고 보습을 쳐서 칼을 만드는 것은 요엘 3:10에 언급되어 있다.

8. 죽음과 장례

1. 어떤 남자에게 신 우유를 준 다음 그를 죽인 여인은 누구인가?

야엘, 사사기 5:25-26. — "시스라가 물을 구하매 우유를 주되; 곧 신 우유(오늘날의 요구르트와 흡사)를 귀한 그릇에 담아 주었고 손으로 장막 말뚝을 잡으며 오른손에 장인의 방망이를 들고 그 방망이로 시스라를 쳐서 머리를 뚫되 곧 살쩍을 꿰뚫었도다."

2. 바위 위에서 자기 형제 칠십 명을 죽인 사람은?

아비멜렉, 사사기 9:5-. — "그(아비멜렉)는 오브라에 있는 그 아비의 집으로 가서 여룹바알의 아들 자기 형제 칠십 인을 한 반석 위에서 죽였으되:…"

3. 칼에 꿰뚫려서 죽임을 당한 '매우 살찐 남자'는 누구였는가?

모압왕 에글론, 사사기 3:14-26.… "이에 이스라엘 자손이 모압왕 에글론을 십팔 년을 섬기니라. 그러나…에훗이 길이가 한 큐빗되는 좌우에 날

선 칼을 만들어; 우편 다리 옷 속에 차고 공물을 모압왕 에글론에게 바쳤는데:에글론은 심히 비둔한 자이었더라…에훗이 가로되 내가 하나님의 명을 받들어 왕에게 고할 일이 있나이다 하매…에훗이 왼손으로 우편 다리에서 칼을 빼어 왕을 몸을 찌르매:칼자루도 날을 따라 들어가서;…그리고 에훗은 스이라로 도망하니라."

4. 죽임을 당한 후 그 동료들이 일 년에 나흘씩 애곡한 소녀는 누구인가?

입다의 딸, 사사기 11:39-40. — "…이로부터 이스라엘의 규례가 되어 이스라엘 여자들이 해마다 가서 길르앗 사람 입다의 딸을 위하여 나흘씩 애곡하더라."

5. 성경에 그의 장례식이 묘사되어 있는 맹인은 누구인가?

삼손, 사사기 16:31. — "그의(삼손이) 형제와 아비의 온 집이 다 내려가서 그 시체를 위하여 가지고 올라와서 소라와 에스다올 사이 그 아비 마노아의 장자에 장사하니라…"

6. 자신의 명을 다하고 자연적으로 죽은 최초의 사람은 누구이며 그의 수명은 얼마였는가?

아담, 창세기 5:5. — "아담은 구백삼십 세를 향수하고 죽었더라."

7. 살해를 당한 최초의 사람은 누구인가?

아벨, 창세기 4:8. — "가인이…그 아우 아벨을 쳐죽이니라."

8. 최초의 묘지는 어디에 있었는가?

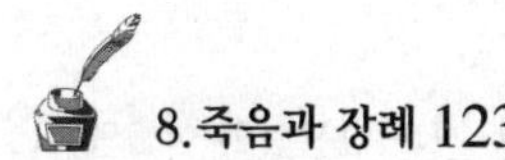

가나안의 마므레(헤브론), 창세기 23:17-20. — "마므레 앞 막벨라에 있는 에브론의 밭을 바꾸어 그 속의 굴과,…이와 같이 그 밭과 그 속의 굴을 햇족속이 아브라함 소유 매장지로 정하였더라." 19절 "…마므레는 곧 가나안의 헤브론이라."

9. 나그네의 묘지명은 무엇이었으며 왜 그런 이름이 붙여졌는가?

이것이 '토기장이의 밭(the potter's field)' 또는 '아겔다마(Aceldama)' 라고 불리웠으며 그 의미는 '피의 밭(the field of blood)' 인데 '토기장이의 밭' 은 마태복음에서 '아겔다마' 는 사도행전에서 사용되었다. 마태복음 27장에는 유다가 뉘우치고 예수를 팔고 받았던 돈 은 30세겔을 제사장들에게 되돌려 준 이야기가 나온다. 7절에는 이렇게 쓰여 있다: "그들이 의논한 후 이것으로 토기장이의 밭을 사서 나그네의 묘지를 삼았으니." 이것은 분명히 예루살렘 근교에 소재해 있는 토기장이의 땅이었지만 마태는 고대의 예언과 이 사건을 관련지어 '선지자 예레미야' 의 말을 격정적으로 인용했다. 그러나 이것은 스가랴 11:12-13에서 온 것으로 본 사건과는 무관하다.

나그네를 위한 묘지의 다른 이름은 '아겔다마' 인데 이것은 사도행전 1:18-19에서 유다가 '불의의 삯' 으로 밭을 사고 '몸이 곤두박질하여 배가 터져 창자가 다 흘러나온' 사건에서 유래되었는데 '피밭' 을 뜻하였다. 그러나 한 권위있는 필사본에서는 '아겔다마' 를 '잠의 밭(the field of sleep)' 으로 규정했는데 이것은 아마도 묘지를 뜻하는 진짜 이름이었을 것으로 생각된다. 이처럼 누구든지 유다의 이야기와 묘지를 관련지어 묘사하는 것은 쉬운 일로 여겨진다.

10. 어떤 사람이 공동묘지에 살았는가?

더러운 귀신들린 사람, 마가복음 5:2-3. — "그(예수)가 배에서 나오시매 곧 더러운 귀신들린 사람이 무덤 사이에서 나와 예수를 만나다. 그 사람은 무덤 사이에 사는데;…"

11. 한 사람이 450명을 처형한 일은 언제 일어났는가?

엘리야가 바알의 선지자들과의 싸움에서, 열왕기상 18:22, 40.—"…그러나 바알의 선지자는 사백오십 인이로다…엘리야가 이르되…바알의 선지자를 잡되; 도망하지 못하게 하라 하매 곧 잡은지라:엘리야가 저희를 기손 시내로 내려다가 거기서 죽이니라."

12. 아내와 한 동굴에 장사지내진 사람은?

아브라함, 창세기 25:9-10.—"그 아들 이삭과 이스마엘이 그를 에브론의 밭에 있는 막벨라 굴에 장사하였으니…이것은 아브라함이 헷족속에게서 산 밭이라:아브라함과 그 아내 사라가 거기 장사되니라."

13. 자기 자신의 비석을 세운 사람은?

압살롬, 사무엘하 18:18.—"압살롬이 살았을 때에 자기를 위하여 한 비석을 가져 세웠으니 이는 저가 자기 이름을 전할 아들이 없음을 한탄함이라:그러므로 자기 이름으로 그 비석을 이름하였으며:이제까지 압살롬의 기념비라 일컫더라."

14. 누이 동생의 실추된 명예에 대한 앙갚음을 하기 위해 한 도시의 모든 남자들을 죽인 사람은?

시므온과 레위, 그들의 딸 디나는 히위족속 하겜의 아들 세겜에 의해 더럽혀졌다. 세겜은 그녀와 결혼하기를 원했고 그녀의 오라비들은 동의하는 척하면서 그 도시의 모든 남자들이 할례받을 것을 제안했다. 창세기

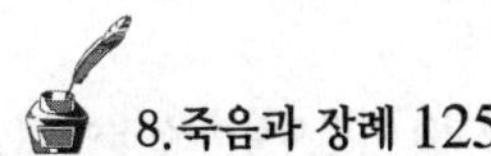

34:25.—"삼일이 지나면서 그들이 고통할 때에 야곱의 두 아들 디나의 오라비 시므온과 레위가 각각 칼을 가지고 가서 부지중에 성을 엄습하여 그 모든 남자를 죽이고." 이와 함께 그들은 희생된 자들의 재물을 노략하고 그들의 아내들과 자식들을 노예로 삼았다. 이들의 아비 야곱이 그들이 저지른 행위 때문에 자신이 '그 땅의 주민들로부터 미움을 받게 될 것' 이라고 하자 이에 대한 그들의 대답은 이러했다. "그가 우리 누이를 창녀같이 대우함이 가하니이까?"(34:26-31). 시므온과 레위는 강간 행위는 사형을 당함이 마땅하다고 믿고 그 행위를 실행했음이 분명하다.

15. 두 번 죽임을 당한 사람은?

가드 사람 골리앗, 사무엘상 17:4, 7, 50, 51 RV.—"블레셋 사람의 진에서 싸움을 돋우는 자가 왔는데 그 이름은 골리앗이요 갓(Gath) 사람이라. 그 신장은 여섯 큐빗 한 뼘이요…(9피트, 9인치) 그 창자루는 베틀채 같고;…다윗이 이같이 물매와 돌로 블레셋 사람을 이기고 그를 쳐죽였으나; 자기 손에는 칼이 없었더라. 다윗이 달려가서 블레셋 사람을 밟고 그의 칼을 그 집에서 빼어 내어 그 칼로 그를 죽이고 그를 베니 블레셋 사람들이 자기 용사의 죽음을 보고 도망하는지라."

이 기록에서 다윗이 골리앗을 두 번 죽인 것, 한 번은 물매와 돌로 또 한 번은 칼로 죽인 사실에 주의하라. 여기에는 후세의 편집자에 의해 두 가지 관습이 이상스럽게 혼합되어 있지만 이것이 애매해 보인다면 사무엘하 21:19 RV를 참조해 보라.—"또 다시 블레셋 사람과 곱에서 전쟁할 때에; 베들레헴 사람 야레오르김의 아들 엘하난이 가드(Guttite) 골리앗의 아들 라흐미를 죽였는데 그자의 창자루는 베틀채 같았더라."

역대상 20:5에는 이와는 달라 "…야일의 아들 엘하난이 가드 사람 골리앗의 아우 라흐미를 죽였는데,…"라고 기록되어 있다. 킹 제임스 판의 번역자들은 사무엘상 21:19에서 '골리앗(Goliath)' 앞에 이탤릭체를 사용하여 '—의 아우(the brother of—)' 를 삽입해 넣었다.

갓의 골리앗(Goliath of Gath)과 가드 사람 골리앗(Goliath the Gittite)을 별개의 다른 사람이라고 가정하는 것은 모순된다. 왜냐하면 갓(Gath)으로부터 온 사람을 가드 사람(Gittite)이라고 하기 때문이다.

16. 왕의 뼈로 석회를 만든 사람은?

모압, 아모스 2:1.—"여호와께서 가라사대; 모압의 서너 가지 죄로 인하여 내가 그 벌을 돌이키지 아니하리니; 이는 저가 에돔왕의 뼈를 불살라 회(灰)를 만들었음이라." 이것은 모압 사람들이 한 일인데 아모스는 1장과 2장에서 그들에 대한 자신의 비난을 생생하게 표현하기 위해 이 족속을 의인화했다.

17. 젖은 담요를 왕에게 씌워 죽인 사람은?

하사엘이 벤하닷왕을 죽였다. 열왕기하 8:15 RV.—"그 이튿날에 하사엘이 이불을 물에 적시어 그의(벤하닷의) 얼굴에 덮으매 왕이 죽은지라:저가 대신하여 왕이 되니라."

18. 이집트인들에 의해 그 시체가 방향처리된 두 히브리인은?

이스라엘(야고)과 요셉, 창세기 50:2.—"요셉이 그 수종 의사에게 명하여 향재료로 아비의 몸에 넣게 하매:의사가 이스라엘에게 그대로 하되." 50:26.—"요셉이 일백십사 세에 죽으매:그들이 그의 몸에 향재료를 넣고 애굽에서 입관하였더라."

19. 우연한 부주의로 나무에 매달려 죽게 되었던 사람은?

압살롬, 사무엘하 18;9.—"…압살롬이 노새를 탔는데 그 노새가 큰 상수

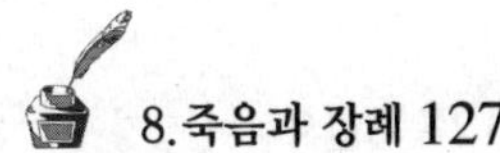

리나무 번성한 가지 아래로 지날 때에 압살롬의 머리털이 그 상수리나무에 걸리매 저는 공중에 달리고; 그가 탔던 노새는 그 아래로 빠져 나간지라." 이후에 요압이(14절) "손에 작은 창 셋을 가지고 가서 상수리나무 가운데서 아직 살아있는 압살롬의 심장을 찌르니."

20. 목매달아 죽임을 당한 일곱 구의 시체를 들짐승과 새로부터 보호한 사람은?

리스바, 사무엘하 21:8-10.—"그러나 왕이 리스바의 두 아들과 아드리엘의 다섯 아들을 잡고…저희를 기브온 사람의 손에 붙이니 기브온 사람이 저희를 산 위에서 여호와 앞에 목매어 달매:저희 일곱 사람이 함께 죽으니 죽은 때는 곧 보리베기 시작하는 때더라,… 아야의 딸 리스바가 굵은 베를 가져다가 자기를 위하여 반석 위에 펴고 곡식베기 시작할 때부터 하늘에서 비가 시체에 쏟아지기까지 그 시체에 낮에는 공중의 새가 앉지 못하게 하고 밤에는 들짐승이 범하지 못하게 한지라."

21. 밭을 빼앗는 도둑들을 죽인 사람은?

삼마, 사무엘하 23:11-12.—"그 다음은 하랄 사람 아게의 아들 삼마라. 블레셋 사람이 떼를 지어(margin에는 약탈하기 위해) 녹두나무가 가득한 밭에 모이매 백성들은 블레셋 사람 앞에서 도망하되 저는 그 밭 가운데 서서 막아 블레셋 사람을 친지라:여호와께서 큰 구원을 이루시니라."

22. 돌아가신 아버지의 후궁과 결혼을 원했기 때문에 죽임을 당한 사람은?

아도니야, 열왕기상 2:22-25.—"수넴여자 아비삭은 다윗왕이 늙어서 '몸에 온기가 없었기' 때문에 취하여졌던 처녀였다. 다윗이 죽었을 때 아도니야는 밧세바에게 다윗의 후계자인 솔로몬에게 청하여 아비삭을 자신에게 줄 것을 요청했다. "솔로몬왕이 그 모친에게 대답하여 가로되 어찌하여 아도니야를 위하여 수넴여자 아비삭을 구하시나이까. 저는 나의 형이오니 저를 위하여 왕위도 구하옵소서;…솔로몬왕이 여호와를 가리켜 맹세하여 가로되 아도니야가 이런 말을 하였은즉 그 생명을 잃지 아니하면 하나님은 내게 벌 위에 벌을 내리심이 마땅하나이다…솔로몬왕이 여호야다의 아들 브나야를 보내매 저가 아도니야를 쳐서 죽였더라."

23. 어떤 왕을 위하여 '매우 많은 분향'이 있었는가?

아사, 역대하 16:13-14.—"아사가 그의 열조와 함께 자매,…다윗성에 자기를 위하여 파두었던 묘실에 장사하되 그 시체를 법대로 만든 각양의 향재료를 가득히 채운 상에 두고:또 위하여 많이 분향하였더라."

24. 사람의 뼈로 가득찬 골짜기에 관해 설교한 사람은?

에스겔, 에스겔 37:1-4.—"여호와께서 권능으로 내게 임하시고,…나를 데리고 가서 거기 골짜기 가운데 두셨는데 거기 뼈가 가득하더라,…본즉 그 골짜기 지면에 뼈가 심히 많고; 아주 말랐더라. 그가 내게 이르시되 인자야 이 뼈들이 능히 살겠느냐 하시기로 내가 대답하되 주 여호와여 주께서 아시나이다. 또 내게 이르시되 너는 이 모든 뼈에게 대언하여 이르기를,…이에 내가 명을 좇아 대언하니: …"

25. 죽음에서 살아난 재단사는?

도르가, 사도행전 9:37-40.—"그때에 그녀(도르가)가 병들어 죽으며:…모든 과부가 서서…울며, 도르가가 저희와 함께 있을 때에 지은 속옷과 겉옷을 다 내어 보이거늘 베드로가 사람을 다 내어 보내고,…다비다(역주; 도르가의 헬라어명)야 일어나라 하니 그가 눈을 떠:베드로를 보고 일어나 앉는지라."

26. 열두 제자 중 처음으로 살해된 사람은?

야고보, 사도행전 12:1-2.—"그때에 헤롯왕이 손을 들어 교회 중 몇 사람을 해하려 하여 요한의 형제 야고보를 칼로 죽이니."

27. 누가 죽었을 때 지진이 일어났는가?

예수, 마태복음 27:50-53.—"예수께서 다시 크게 소리지르시고 영혼이 떠나시다. 이에 성소 휘장이 위로부터 아래까지 찢어져 둘이 되고; 땅이 진동하며 바위가 터지고; 무덤들이 열리며; 자던 성도들의 몸이 많이 일어나되 예수의 부활 후에 저희가 무덤에서 나와서 거룩한 성에 들어가 많은 사람에게 보이니라." 마찬가지로 불교도들도 불타가 죽었을 때 큰 지진이 있었다고 믿는다.

28. 다른 사람을 죽이기 위해 준비되었던 나무에 매달려 죽임을 당한 사람은?

하만, 에스더 7:10.—"모르드개를 달고자 한 나무에 하만을 다니…"

29. 의자에서 떨어져 목이 부러진 사람은?

엘리, 사무엘상 4:15, 18.—"때에 엘리의 나이 구십팔이라 그 눈이 어두워서 보지 못하더라…그가 자기 의자에서 자빠져 문 곁에서 목이 부러져 죽었으니 나이 많고 비둔한 연고니라…"

30. 자신의 모략이 받아들여지지 않자 목매어 죽은 사람은?

아히도벨, 사무엘하 17:23. — "아히도벨이 자기 모략이 시행되지 못함을 보고 나귀에 안장을 지우고 떠나 고향으로 돌아가서 자기 집에 이르러 집을 정리하고 스스로 목매어 죽으매.…"

31. 침상에 누워 있는 남자의 목을 벤 사람은?

레갑과 바아나가 이스보셋을 죽임, 사무엘하 4:5-7. — "…레갑과 바아나가 행하여 볕이 쬘 즈음에 이스보셋의 집에 이르니 저가 낮잠을 자느니라…저희가 저를 쳐죽이고 목을 베어 그 머리를 가지고 밤새도록 아라바 길로 행하여."

32. 돌에 맞아 죽은 일곱 사람은 누구누구인가?

1. 슬로밋의 아들, 저주한 일 때문에, 레위기 24:11, 23.
2. 안식일에 나무를 주은 일 때문에, 민수기 15:32, 36.
3. 아간, 저주받은(타부) 물건을 가졌기 때문, 여호수아 6:18, 19; 7:1-26. 그의 아들들과
4. 아도람, 그가 미움을 받는 왕의 세리(稅吏)였기 때문, 열왕기상 12:18.
5. 나봇, 불경죄로 일컬어졌지만 실제로는 아합왕이 그의 포도원을 원했었기 때문에, 열왕기상 21:1-16.
6. 스가랴, 사람들이 싫어하는 설교를 했기 때문, 역대하 24:20 -21.
7. 스데반, 같은 이유로, 사도행전 7:54-60.

33. 성경에 나오는 여섯 명의 자살자는?

1. 삼손, 집을 무너뜨려서, 사사기 16:30.
2. 사울, 자신의 칼로 찔러서, 사무엘상 31:4.
3. 사울의 갑옷을 들고 따라다니는 사람, 같은 방법으로, 사무엘상 31:5.

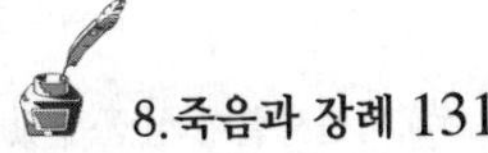

4. 아히도벨, 목을 매어, 사무엘하 17:23.
5. 시므리, 왕궁에 불을 놓아, 열왕기상 16:18.
6. 가룟 유다, 목을 매어, 마태복음 27:5. 그러나 사도행전 1:18에는 곤두박질쳐서 라고 기록되어 있다.

외경에는 두 가지의 자살이 실려있다.

1. 프톨레미 마크론, 독에 의해, 마카비하 10:13.
2. 레이지스, 먼저 자신의 칼로 찌르로 다음에 담을 뛰어 넘은 다음 마지막으로 칼에 찔린 상처로부터 장을 뽑아 냄으로써, 마카비하 14:41-46.

34. "구더기가 그를 달게 먹으리라"고 말한 사람은?

욥, 욥기 24:20.

35. 종교 축제에서 3,000명을 죽인 사람은?

삼손, 사사기 16:23, 29, 30. — "블레셋 사람의 방백이 다 모여 그들의 신 다곤에게 큰 제사를 드리고 즐거워하며:우리의 신이 우리 원수 삼손을 우리 손에 붙였다 하고…삼손이 집을 버틴 두 가운데 기둥을 하나는 왼손으로 하나는 오른손으로 껴 의지하고 가로되 블레셋 사람과 다 함께 죽기를 원하노라 하고 힘을 다하여 몸을 굽히매; 그 집이 곧 무너져 그 안에 있는 모든 방백과 온 백성에게 덮이니:삼손이 죽을 때에 죽인 자가 살았을 때에 죽인 자보다 더욱 많았더라"(27절에는 지붕 위에 있는 사람만도 3,000명 가량 되었다고 적혀있다).

36. '실패한 풀무불 살인'은 어떤 것이었나?

다니엘 3:19-27. — "그때에…누부갓네살이 그 풀무를 뜨겁게 하기를 평일보다 일곱 배나 뜨겁게 하라 하고 군대중 용사 몇 사람을 명하여 사드락과 메삭과 아벳느고를 결박하여 극렬히 타는 풀무 가능데 던지라 하니 이 사람들을…극렬히 타는 풀무 가운데 던질 때에…사드락과 메삭과 아벳느고는 풀무 가운데 떨어졌더라…불이 능히 그 몸을 해하지 못하였고 머리털도 그슬리지 아니하였고 그의 빛도 변하지 아니하였고 불탄 냄새도 없었더라."

37. 죽게 되었을 때 "반역이로다! 반역이로다!" 라고 외친 사람은?

아달랴, 열왕기하 11:13-16.—"아달랴가 호위병과 백성의 소리를 듣고 여호와의 전에 들어가서 백성에게 이르러 보매 왕이 규례대로 대 위에 섰고 장관들과 나팔수가 왕의 곁에 모셨으며 온 국민이 즐거워하여 나팔을 부는지라 : 아달랴가 옷을 찢으며 외치되 반역이로다 반역이로다 하매 제사장 여호야다가 군대를 거느린 백부장들에게 명하여 가로되 반열 밖으로 몰아내라 : 무릇 저를 따르는 자는 칼로 죽이라 하니…이에 저의 길을 열어 주매; 저가 왕궁 말 다니는 길로 통과하다가 거기서 죽임을 당하였더라."

9. 아이들에 관하여

1. 한 살난 아이를 훔쳐내어 6년 간 숨긴 여인은?

여호세바, 열왕기하 11:1-21. — "아하시야의 모친 아달랴가 그 아들이 죽은 것을 보고 일어나 왕의 씨를 진멸하엿으나 요람왕의 딸 아하시야의 누이 여호세바가 아하시야의 아들 요아스를 왕자들의 죽임을 당하는 중에서 도적하여 내고; 저와 그 유모를 침실에 숨겨 아달랴를 피하여 죽임을 당치 않게 한지라. 요아스가 저와 함께 여호와의 전에 육 년을 숨어 있는 동안에 아달랴가 나라를 다스렸더라." 제사장 여호야다는 반란을 일으켜 이 소년을 왕위에 앉혔는데(21절) "요아스가 왕위에 오른 것은 일곱 살 때였다."

2. 어린 아기들에게 소금을 뿌린 사람들은?

히브리인들, 에스겔 16:40은 평소의 규례를 무시하는 사례들을 보여준다. "제가 태어난 그날, 너는 배꼽도 잘리우지 못했고 물에 씻겨서 매끄럽게 되지도 못했으며; 소금도 쳐지지 않았으며 강보에 싸이지도 못했다."

3. 어린 아이들 스스로 결정하는 것을 비난한 대목은?

잠언 29:15.—"채찍과 꾸지람이 지혜를 주거늘:임의로 하게 버려두면 그 자식은 어미를 욕되게 하느니라."

4. 기도에 대한 응답으로 태어난 것으로 간주되고 있는 아이들은?

이삭, 창세기 15:2-5. 창세기 21:1-3.
에서와 야곱, 창세기 25:21-26.
단, 창세기 30:6.
잇사갈, 스불론, 디나, 창세기 30:17-21.
요셉, 창세기 30:22-24.
사무엘, 사무엘상 1:9-20.
세례요한, 누가복음 1:13.

5. 어느 왕의 아들들 칠십 명의 머리가 잘리워져 광주리에 담겨 날라졌는가?

아합, 열왕기하 10:1, 6, 7.—"아합의 아들 칠십 인이 사마리아에 있는지라. 예후가 편지들을 써서 사마리아에 보내어 이스르엘 방백 곧 장로들과 아합의 여러 아들을 교육하는 자들에게 전하여 일렀으되…예후가 다시 저희에게 편지를 부치니 일렀으되 만일 너희가 내 편이 되어 내 말을 들으려거든 너희 주의 아들된 사람들의 머리를 취하고 내일 이맘 때에 이스르엘에 이르러 내게 나아오라 하였더라. 왕자 칠십 인이 성중에서 그 교육하는 존귀한 자들과 함께 있는 중에 편지가 이르매 저희가 왕자 칠십인을 잡아 몰수이 죽이고 그 머리를 광주리에 담아 이스르엘(예후)

에게로 보내니라."

6. 일사병에 걸려 죽은 소년은?

수넴여인의 아들, 열왕기하 4:18-20. ― "그 아이가 저으기 자라매 하루는 곡식 베는 자에게 나가서 그 아비에게 이르렀더니 그 아비에게 이르되 내 머리야 내 머리야 하는지라 그 아비가 사환에게 명하여 그 어미에게로 데려가라 하매 곧 어미에게로 데려갔더니 낮까지 어미의 무릎에 앉았다가 죽은지라."

7. 일종의 향료명을 따라 딸의 이름을 지은 사람은?

욥, 욥기 42:14. ― "그가 첫째 딸 이름은 여미마라 이름하였고 둘째 딸은 긋시아라 이름하였고;…"

긋시아(Kezia)는 카시아(cassia)에 해당하는 히브리어로, 향료의 일종이었다.

8. 어떤 포로들이 자신들을 포로로 한 자들의 아이들이 바위에 메어쳐지기를 원했는가?

바벨론에 유배된 히브리인들, 시편 137:8-9. ― "여자같은 멸망할 바벨론아 네가 우리에게 행한 대로 네게 갚는 자가 유복하리로다. 네 어린 것들을 반석에 메어치는 자가 유복하리로다."

9. 아이들이 사자굴에 던져진 때는?

다니엘 6:24. ― "왕이 명을 내려 다니엘을 참소한 사람들을 끌어오게 하고 그들을 그 처자들과 함께 사자굴에 던져 넣게 하였더니;…"

10. 자신을 놀리는 아이들을 저주한 선지자는?

엘리사, 열왕기하 2:23-24. — "그(엘리사)가 거기서 벧엘로 올라가더니: 길에 행할 때에 젊은 아이들이 성에서 나와서 저를 조롱하여 가로되 대머리여 올라가라; 대머리여 올라가라 하는 지라. 엘리사가 돌이켜 저희를 보고 여호와의 이름으로 저주하매 곧 수풀에서 암콤 둘이 나와서 아이들 중에 사십이 명을 찢었더라."

11. 두 명의 손자들에게 입맞춘 눈먼 사람은 누구인가?

야곱, 창세기 48:10. — "이스라엘(야곱)의 눈이 나이로 인하여 어두워져서 보지 못하더라. 요셉이 두 아들(에브라임과 므낫세, 야곱의 손자)을 이끌어 아비 앞으로 나아가니; 이스라엘이 그들에게 입맞추고 그들을 안고."

12. 살아있는 자기 아들을 희생 제물로 불태운 사람은?

아하스, 열왕기하 16:2-3, Moffatt의 번역. — "아하스가 왕위에 오를 때에 나이 이십 세라. 예루살렘에서 십육 년을 치리(治理)하였으나 그 조상 다윗과 같지 아니하여 그 하나님 여호와 보시기에 정직히 행치 아니하고; 이스라엘 열왕의 길로 행하며 또 여호와께서 이스라엘 자손 앞에서 쫓아내신 이방 사람의 가증한 일을 본받아 살아있는 자기 아들을 희생 제물로 태우며." AV에는 "자기 아들을 불 가운데로 지나가게 하며"로 되어 있다. 참고로 열왕기하 17:17; 17:31; 예레미야 32:35; 에스겔 16:20-21을 살펴 보라.

13. 성경에 입양아로 기록된 네 명의 아이들은?

야곱에게 받아들여진 므낫세와 에브라임. 창세기 48:1-5.

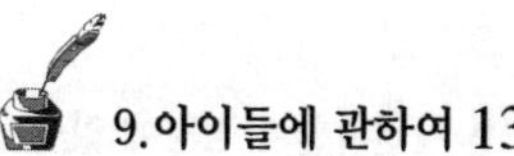

바로의 딸에게 입양된 모세, 출애굽기 2:10.

모르드개에게 입양된 에스더, 에스더 2:7.

14. 대학살을 피하여 이집트로 보내진 두 어린 소년들은 누구누구였는가?

하닷과 예수, 열왕기상 11:15-18. —"전에 다윗이 에돔에 있을 때에 군대장관 요압이 가서 죽임을 당한 자들을 장사하고 에돔의 남자들을 다 쳐 죽였는데;… 하닷은 그 아비의 신복 중 두어 에돔 사람과 함께 도망하여 애굽으로 가려 하였는데; 그때에 하닷은 어린 아이였더라. 그들은 미디안에서 발행하여,…애굽으로 가서 애굽왕 바로에게 나아가매 바로가 저에게 집을 주고 먹을 양식을 정하며 또 토지를 주었더라.

마태복음 2:13-15. —"…주의 사자가 요셉에게 현몽하여 가로되 헤롯이 그 아기를 찾아 죽이려 하니: 일어나 아기와 그의 모친을 데리고 애굽으로 피하여 내가 네게 이르기까지 거기 있으라 하시니 요셉이 일어나서 밤에 아기와 그의 모친을 데리고 애굽으로 떠나가:헤롯이 죽기까지 거기 있었으니:… "

15. 어떤 여인의 아들이 그녀가 문지방에 이르렀을 때 죽었는가?

여로보암의 처의 아들, 열왕기상 14:17. —"여로보암의 처가 일어나 디르사로 돌아가서 집 문지방에 이를 때에 아이가 죽은지라."

16. 일곱 번 재채기한 아이는?

수넴여인의 아들, 열왕기하 4:32-36. —"엘리사가 집에 들어가 보니 아이가 죽었는데 자기의 침상에 눕혔는지라. 들어가서는 문을 닫으니 두 사람뿐이라. 엘리사가 여호와께 기도하고 아이의 위에 올라 엎드려 자기 입을 그 입에, 자기 눈을 그 눈에, 자기 손을 그 손에 대고:그 몸에 엎드리니; 아이의 살이 차차 따뜻해지더라. 엘리사가 내려서 집안에 한 번 이리저리 다니고; 다시 아이 위에 엎드리니:아이가 일곱 번 재채기하고 눈을 뜨는지라. 엘리사가 게하시를 불러서 저 수넴여인을 불러오라 하니 곧 부르매 여인이 들어가니 엘리사가 가로되 네 아들을 데려가라."

17. 불복종하는 아이들에게 사형의 형벌이 언도된 부분은?

신명기 21:18 -21. — "사람에게 완악하고 패역한 아들이 있어 그 아비의 말이나 그 어미의 말을 순종치 아니하고 부모가 징책하여도 듣지 아니하거든:그 부모가 그를 잡아 가지고 성문에 이르러 그 성읍 장로들에게 나아가서; 그 성읍 장로들에게 말하기를 우리의 이 자식은 완악하고 패역하여 우리 말을 순종치 아니하고 방탕하여 술에 잠긴 자라 하거든 그 성읍의 모든 사람들이 그를 돌로 쳐 죽일지니 이같이 네가 너희 중에 악을 제하라; 그리하면 온 이스라엘이 듣고 두려워하리라." 창세기 21:17, 레위기 20:9 또한 찾아 보라.

18. 아이들을 위한 직업 교육을 충고하고 있는 부분은?

잠언 22:6, Moffatt의 번역. — "아이에게 적절한 직업훈련을 시키라. 그리하면 늙어도 그것을 떠나지 아니하리라." AV에는 약간 애매모호한 뜻으로 잘못 번역되어 있다. 이것을 옮겨 보면,— "마땅히 행할 길을 아이에게 가르치라:그리하면 늙어도 그것을 떠나지 아니하리라."

Marginal note는 히브리인들이 말한 대로 "아이가 행해야 할 방법을 가르치라"라고 번역되어 있으나 옛날식 사고방식을 가진 많은 부모들은 이 구절을 아이들의 취향은 고려하지 않고 자기 방식으로 혹독하게 아이들을 다스리는 태도를 정당화하는데 이용하고 있다.

19. 아이를 체벌할 것을 명한 부분은?

잠언 23:13-14. — "아이를 훈계하지 아니치 말라 채찍으로 그를 때릴지라도 죽지 아니하리라. 그를 채찍으로 때리면 그 영혼을 음부에서 구원하리라." 13:24; 19:18; 22:15; 29:15 또한 참조하라.

20. 누구의 어린 아들에게 마헬살랄하스바스라는 이름이 붙여졌으며 또 그 이유는 무엇인가?

이사야의 아들, 이사야 8:3-4. — "내(이사야)가 내 아내와 동침하매; 그녀가 잉태하여 아들을 낳은지라. 여호와께서 내게 이르시되 그 이름을 마헬살랄하스바스라 하라" 마헬살랄하스바스라는 이름의 뜻은 '약탈과 노략이 속(速)함' 이라는 뜻으로 앗시리아의 침입을 백성들에게 경고하는 뜻으로 선지자의 아들에게 붙여진 것으로 이사야는 다음 구절에서 이렇게 말하고 있다: "이는 이 아이가 내 아빠, 내 엄마라 할 줄 알기 전에 다메섹의 재물과 사마리아의 노략물이 앗수르왕 앞에 옮긴 바 될 것임이니라."

21. 자기 아들의 이름을 붙여 성을 쌓은 사람은?

가인, 창세기 4:17. — "가인이 아내와 동침하니 그가 잉태하여 에녹을 낳은지라. 가인이 성을 쌓고 그 아들의 이름으로 성을 이름하여 에녹이라 하였더라."

22. 오백 살 된 아버지를 가졌던 세 소년은?

셈, 함, 야벳, 창세기 5:32. — "노아가 오백 세 된 후에 셈과 함과 야벳을 낳았더라."

23. 아담과 하와에게는 딸들이 있었는가?

그렇다. 창세기 4:1, 2, 25에 따르면 아담과 하와는 가인과 아벨과 셋을 낳았고 그 후 창세기 5:4에서는 이렇게 언급하고 있다.: "아담이 셋을 낳은 후 팔백 년을 지내며:아들들과 딸들을 낳았으며:"

24. 홍수 후에 태어난 첫 아이는 누구였는가?

아르박삿, 창세기 11:10-11. — "셈의 후예는 이러하니라:셈은 일백 세 곧 홍수 후 이 년만에 아르박삿을 낳았고:아르박삿을 낳은 후에 오백 년을 지내며 자녀를 낳았으며."

그러나 창세기 10:22에서는 이렇게 말하고 있다: "셈의 아들은; 엘람과 앗수르와 아르박삿과 룻과 아람이요." 여기서 문제는 엘람과 앗수르가 아르박삿 이후에 태어난 것으로 11:11에 언급되어 있는 아들들에 포함되는가 그렇지 않은가에 있다. 노아의 다른 아들들인 함과 야벳도 아들을 가진 것으로 나와 있지만(10장 2절과 6절을 보라) 아르박삿은 '홍수 이후 이 년' 이라고 명시된 구절로 보아서 홍수 후 처음 태어난 아이로 보인다."

25. 어린 동생을 노예로 판 사람들은?

요셉의형들, 창세기 37:26-28. — "유다가 자기 형제에게 이르되 우리가 우리 동생을 죽이고 그의 피를 은닉한들 무엇이 유익할까? 자 그를 이스마엘 사람에게 팔고 우리 손을 그에게 대지 말자. 그는 우리의 동생이요 우리의 골육이니라 하매 형제들이 청종하였더라. 때에 미디안 사람 상고(商賈)들이 지나는지라 그들이 요셉을 구덩이에서 끌어올리고 은 이십 개에 그를 이스마엘 사람들에게 팔매:그 상고들이 요셉을 데리고 애굽으로 갔더라."

26. 산파들에게 사내아이가 태어나면 모두 죽이라고 명령한 사람은?

이집트의 왕, 출애굽기 1:15-20.—"애굽왕이 히브리 산파 십브라라 하는 자와 부아라 하는 자에게 일러:가로되 너희는 히브리 여인을 위하여 조산할 때에 살펴서 남자여든 죽이고:여자여든 살게 두라. 그러나 산파들이 하나님을 두려워하여 애굽왕의 명을 어기고 남자를 살린지라. 애굽왕이 산파를 불러서 그들에게 이르되 너희가 어찌 이같이 하여 남자를 살렸느냐? 산파가 바로에게 대답하되 히브리 여인은 애굽 여인과 같지 아니하고 건장하여 산파가 그들에게 이르기 전에 해산하였더이다 하매 하나님이 그 산파들에게 은혜를 베푸시니라:백성은 생육이 번성하고 심히 강대하며."

27. 성경에 기록되어 있는 아이들의 놀이와 오락으로는 어떤 것이 있는가?

춤추는 것, 거리에서 노는 것, 장례식 놀이하는 것, 욥 21:11.—"그들은 아이들을 내어 보냄이 양떼같고 아이들은 춤추는구나." 스가랴 8:5.—"그 성읍 거리에 어린 소년 소녀들이 가득하여 거기서 장난하리라." 마태복음 11:16-17—"이 세대를 무엇으로 비유할고 비유컨대 아이들이 장터에 앉아 제 동무를 불러 가로되 우리가 너희를 향하여 피리를 불어도 너희가 춤추지 않고 우리가 애곡하여도 너희가 가슴을 치지 아니하였다 함과 같도다." 이외에 아마도 특정한 어른을 놀리는 것도 아이들이 좋아했던 놀이에 포함시킬 수 있을 것이다 (열왕기하 2:23-24).

28. 누구의 아이들이 하나님의 명령에 따라 지진이 나서 땅 속으로 삼키어졌는가?

다단과 아비람의 아이들, 후자는 모세의 인도를 거역했었다. 민수기

16:27-34, Moffatt의 번역. — "…다단과 아비람은 그 처자와 유아들과 함께 나와서 자기 장막문에 선지라. 모세가 가로되 '여호와께서 나를 보내사 이 모든 일을 행하게 하신 것이요. 나의 임의로 함이 아닌 줄을 이 일로 인하여 알리라:곧 이 사람들의 죽음이 모든 사람과 일반이요 그들의 당하는 벌이 모든 사람의 당하는 벌과 일반이면 여호와께서 나를 보내심이 아니어니와; 만일 여호와께서 새 일을 행하사 땅으로 입을 열어 이 사람들과 그들의 모든 소속을 삼켜 산 채로 음부에 빠지게 하시면 이 사람들이 과연 여호와를 멸시한 것인 줄을 너희가 알리라.' 이 모든 말을 마치는 동시에 그들의 밑의 땅이 갈라지니라; 땅이 그 입을 열어 그들과 그 가족과 고라에게 속한 모든 사람과 그 물건을 삼키매 그들과 그 모든 소속이 산 채로 음부에 빠지며 땅이 그 위에 합하니 그들이 총회 중에서 망하니라. 그 주위에 있는 온 이스라엘이 그들의 부르짖음을 듣고 도망하여 가로되 땅이 우리를 삼킬까 두렵다 하였고."

29. 다섯 살 때 유모의 부주의로 떨어져서 절름발이가 된 소년은?

므비보셋, 사무엘하 4:4.… "사울의 아들 요나단에게 절름발이 아들 하나가 있으니 므비보셋이라 전에 사울과 요나단의 죽은 소식이 이스르엘에서 올 때에 그 나이 다섯 살이었는데 그 유모가 안고 도망하더니 급히 도망하므로 아이가 떨어져 절게 되었더라."

30. 여덟 살 때 왕이 되어 백일 동안 통치한 소년은?

여호야긴, 역대하 36:9.… "여호야긴이 위에 나아갈 때에 나이 팔 세라 예루살렘에서 석달 열흘을 치리하며 여호와 앞에 악을 행하였더라."

이상한 것은 외경 에스드라상 1:44에서는 그가 통치를 시작한 때를 열여덟 살로 기록하고 있는 점이다. 그의 이름은 여호니아, 호니아, 요아킴, 예호니아스, 예호니아 등으로 다양하게 표기되었는데 예레미야에서

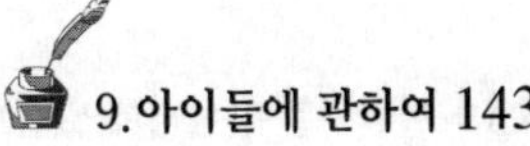

도 그에 관한 이야기가 등장하고 마태복음 1:12에서 그는 예수의 조상 중의 한 사람으로 등장한다.

31. 한 나라를 다스린 노예 소년은?

요셉, 창세기 39:1; 41:41.…"요셉이 애굽에 내려가매; 보디발이…그를 사니라…" "바로가 요셉에게 이르되 내가 너로 애굽 모든 땅을 총리하게 하노라 하고."

32. 아이를 출산하는 것이 어머니에게 죄가 되는가?

레위기 12:6-7에 따르면 그렇다.…"자녀간 정결케 되는 기한이 차거든 그 여인은 번제를 위하여 일 년 된 어린 양을 취하고 속죄제를 위하여 집 비둘기 새끼나 산비둘기를 취하여 회막문 제사장에게로 가져 갈 것이요:제사장은 그것을 여호와 앞에 드려서 여인을 위하여 속죄할지니;…"

일부 기독교회에서 행하는 '산후 감사 예배'는 고대 율법의 유물이다.

아이 낳는 것을 죄로 본 것은 "생육하고 번성하라."는 하나님의 처음 명령(창세기 1:28)과 일치하지 않는 것으로 보인다.

10. 결혼문제

1. 누가 가인의 아내가 되었는가?

이 질문은 성경을 읽는 모든 독자들에게 의문으로 여겨지는데, 그 이유는 그 이전에 기록되어 있는 유일한 여자는 가인 자신의 어머니 하와뿐이기 때문이다. 그런데 창세기 4:16-17에는 이렇게 기록되어 있다: "가인이 여호와의 앞을 떠나 나가 에덴 동편 놋 땅에 거하였더니 아내와 동침하니; 그가 잉태하여 에녹을 낳은지라:가인이 성을 쌓고 그 아들의 이름으로 성을 이름하여 에녹이라 하였더라."

이에 앞서 나오는 이야기에도 가인이 지은 성에 거하기 위해 오는 사람들이 어디서 왔는가 하는 문제와 창세기 4:26절에 나오는 '셋도 아들을 낳고' 라는 구절에서 가인의 아우 셋이 어떤 처녀와 결혼하였는지도 의문으로 제기된다; 그러나 가인의 아내에 관해서는 주일 성경 공부반에서 특별히 흥미있는 문제로 나타난다.

그러나 히브리인들은 이 질문에 대해 그 곳에 이미 그리스도인들이 있었다고 스스로 만족하여 답변하는데 창세기 5:4를 이에 대한 근거로 제

시한다: "아담이 셋을 낳은 후 팔백 년을 지내며 자녀를 낳았으며:"

외경에 포함되어야 한다고 주장되는 책으로 요베루(Jubilees)라는 책이 있는데 이것은 창세기와 출애굽기 전반 14장에 대한 주석 또는 주해서로 B.C. 109-106년 사이에 한 바리새인에 의해 쓰여진 것이다. 이 요베루는 49년을 일곱 해마다 일곱 주로 나누어서 이야기가 전개되는데 요베루 4:1과 8:11에는 가인과 셋의 아내들에 관한 이야기가 포함되어 있다: "요베루하의 셋째 주에 그녀(하와)는 가인을 낳았고, 넷째 주에 아벨을 낳았으며 다섯째 주에 에완을 만났으며…여섯째 주에 그(아담)는 에즈라를 낳았다. 가인은 자신의 누이 에완을 아내로 맞았고 그녀는 넷째 요베루의 끝 무렵에 에녹을 낳았다. 다섯째 요베루 첫 주의 첫 해에 집들이 지어졌고 가인이 성을 쌓았으며 그 이름을 자기 아들의 이름을 따서 에녹이라 지었다. 아담은 아내 하와와 동침하여 이때까지 아홉 명의 아들을 낳았다. 다섯째 요베루의 첫 주에 셋은 자신의 누이 에즈라를 아내로 맞아(여섯째 주의) 넷째 해에 에노스를 낳았다."

정말로 이 이야기를 문자 그대로 받아들이는 것 외에는 어떤 다른 가능한 답변도 없어 보인다. 근친상간은 현대의 윤리 의식으로는 충격적인 일이지만 형제 자매 사이의 결혼은 아케나텐 시대(B.C. 1388-1358) 말기의 고대 이집트 왕가에서는 관례적인 일이었다.

2. 완벽한 아내상이 묘사되어 있는 부분은?

잠언 31:10-31. Moffatt의 번역:

"누가 현숙한 여인을 찾아 얻겠느냐 -

그 값은 진주보다 더하니라!

그런 자의 남편의 마음은 그를 믿나니

산업이 핍절치 아니하겠으며;

그런 자는 살아있는 동안에 그 남편에게

선을 행하고 악을 행치 아니하느니라.
그는 양털과 삼을 구하여
부지런히 손으로 일하며
상인의 배와 같아서
먼데서 양식을 가져오며
밤이 새기 전에 일어나서
그 집 사람에게 식물(食物)을 나눠주며
여종에게 일을 정하여 맡기며
신중히 고려하여 밭을 사며;
그 손으로 번 것을 가지고 포도원을 심으며
자기의 무역하는 것이 이로운 줄을 깨닫고;
밤에 등불을 끄지 아니하고
힘으로 허리를 묶으며
그 팔을 강하게 하며;
손으로 솜뭉치를 들고
손가락으로 물레를 잡으며
그 집 사람들은 다홍색 옷을 입었으므로
눈이 와도 그 집 사람을 위하여 두려워하지 아니하며;
그는 자기를 위하여 아름다운 방석을 지으며
세마포와 자색옷을 입으며
그는 간곤한 자에게 손을 펴며
궁핍한 자를 위하여 손을 내밀며
그 남편은 그 땅의 장로와 더불어 성문에 앉으며
사람의 아는 바가 되며
그는 베로 옷을 지어 팔며;
띠를 만들어 상인들에게 맡기며

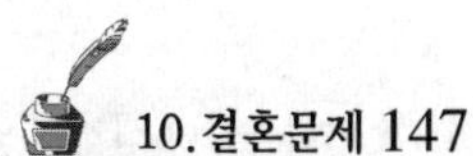

능력과 존귀로 옷을 삼고;
앞을 내다보고 웃으며
입을 열어 지혜를 베풀고
그 혀로 인애(仁愛)의 법을 말하며
그 집안을 보살피고;
게을리 얻은 양식을 먹지 아니하나니
그 자식들은 일어나 사례하며
그 남편은 칭찬하기를:
"덕행있는 여자가 많으나,
그대는 여러 여자보다 뛰어난다 하느니라!"
고운 것도 거짓되고 아름다운 것도 헛되나
오직 여호와를 경외하는 여자는 칭찬을 받을 것이라;
그 손의 열매가 그에게로 돌아갈 것이요,
그 행한 일을 인하여 성문에서 칭찬을 받으리라."

3. 남자들만의 파티를 열고 베옷을 얻기 위해 수수께끼를 낸 사람은?

삼손, 사사기 14:1, 2, 10—"삼손이…자기 부모에게 말하여 가로되 내가 딤나에서 블레셋 사람의 딸 중 한 여자를 보았사오니:이제 그를 취하여 내 아내를 삼게 하소서…삼손의 아비가 여자에게로 내려 가매:삼손이 거기서 잔치를 배설하였으니; 소년은 이렇게 행하는 풍속이 있음이더라. 무리가 삼손을 보고 삼십 명을 데려다가 동무를 삼아 그와 함께 하게 한지라. 삼손이 그들에게 이르되 이제 내가 너희에게 수수께끼를 하리니:잔치하는 칠 일 동안에 너희가 능히 그것을 풀어서 내게 고하면 내가 베옷 삼십 벌과 겉옷 삼십 벌을 너희에게 주리라; 그러나 그것을 능히 내게 고하지 못하면 너희가 내게 베옷 삼십 벌과 겉옷 삼십 벌을 줄지니라…"

4. 신부의 몸단장이 묘사되어 있는 부분은?

에스겔 16:8-14. Moffatt의 번역. — "내가 네 곁으로 지나며 보니 네 때가 사랑스러운 때라; 내 옷으로 너를 덮어 벌거벗은 것을 가리우고 네게 맹세하고 언약하여 너로 내게 속하게 하였었느니라—나 주 여호와의 말이니라. 내가 물로 너를 씻겨서 네 피를 없이 하며 네게 기름을 바르고; 수놓은 옷을 입히고 물돼지 가죽신을 신기고 가는 베로 띠우고 명주로 덧입히고; 패물을 채우고 팔고리를 손목에 끼우고 사슬을 목에 드리우고 코고리를 코에 달고 귀고리를 귀에 달고 화려한 면류관을 머리에 씌웠나니 이와 같이 네가 금, 은으로 장식하고 가는 베와 명주와 수놓은 것을 입으며; 또 고운 밀가루와 꿀과 기름을 먹음으로 극히 곱고,…"

여기서 신부는 의인화된 예루살렘을 칭한다.

5. 예수가 말한 이혼 사유는?

아내에 의한 간음, 마태복음 19:9. — "내가 너희에게 말하노니 누구든지 음행한 연고 외에 아내를 내어 버리고 다른 데 장가드는 자는 간음함이니라:그리고 버려진 그녀와 결혼하는 자 또한 간음하는 것이니라." 같은 말이 마태복음 5:32에도 예수가 한 것으로 인용되어 있지만 마가복음(10:11)과 누가복음(16:18)에서는 간음이란 단어가 사용됨이 없이 언급되어 있다. 그리하여 어떤 비평가들은 이 구절이 편집자에 의해 고쳐진 것으로 간주한다.

6. 다른 민족들과의 결혼 때문에 옷을 찢고 머리를 자른 사람은?

에스라, 에스라 9:1-3. — "…이스라엘 백성과 제사장들과 레위 사람들이 이 땅 백성을 떠나지 아니하고 가나안 사람과 헷 사람과…애굽 사람과

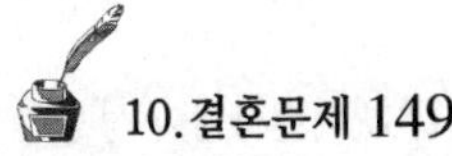

아모리 사람의 가증한 일을 행하여 그들의 딸을 취하여 아내와 며느리를 삼아:거룩한 자손으로 이방족속과 서로 섞이게 하는데;…내가 이 일을 듣고 속옷과 겉옷을 찢고 머리털과 수염을 뜯으며 기가 막혀 앉으니."

7. 이방 여인들과 결혼한 남자들의 머리털을 뽑은 사람은?

느헤미야, 느헤미야 13:23-25.—"그때에 내가 본즉 유다 사람이 아스돗과 암몬과 모압 여인을 취하여 아내를 삼았는데 그 자녀들이 아스돗 방언을 절반 쯤은 하여도 유다 방언은 못하니 그 하는 말이 각 족속 방언이므로 내가 책망하고 저주하며 두어 사람을 때리고 그 머리털을 뽑되,…"

8. 기독교인들에게 비기독교인들과 결혼하지 말라고 말한 사람은?

바울, 고린도후서 6:14-15.—"너희는 믿지 않는 자와 명예를 같이 하지 말라:의와 불법이 어찌 함께 하며 빛과 어두움이 어찌 사귀며 그리스도와 벨리알이 어찌 조화되며 믿는 자와 믿지 않는 자가 어찌 상관하리요?"

9. 결혼식날 밤에 신부의 언니를 대신 보내어 사위를 속인 사람은?

라반, 창세기 29:16-26.—"라반에게 두 딸이 있으니:형의 이름은 레아요 아우의 이름은 라헬이라. 레아는 안력이 부족하고; 라헬은 곱고 아리따우니 야곱이 라헬을 사랑하므로 대답하되 내가 외삼촌의 작은딸 라헬을 위하여 외삼촌에게 칠 년을 봉사하리이다. 야곱이 라헬을 위하여 칠 년 동안을 라반에게 봉사하였으나; 그녀를 사랑하는 까닭에 칠 년을 수일(數日)같이 여겼더라. 야곱이 라반에게 이르되 내 기한이 찼으니 내 아내를 내게 주소서 내가 그에게 들어가겠나이다. 라반이 그 곳 사람을 다 모아 잔치하고 저녁에 그 딸 레아를 야곱에게로 데려 가매; 야곱이 그에게로 들어가니라. 야곱이 아침에 보니 레아라. 라반에게 이르되 외삼촌이 어찌하여 내게 이같이 행하셨나이까? 외삼촌이 나를 속이심은 어찜이니이까? 라반이 가로되 형보다 아우를 먼저 주는 것은 우리 지방에서 하지 아니하는 바이라."

이러한 속임수가 있게 된 배경은 AV로부터는 정확히 알 수 없다. 왜냐하면 여기서 레아는 '안력이 부족하다' 라고 되어 있지만 그 정확한 의미는 '훨씬 덜 매력적인' 이라는 뜻이기 때문이다. 그녀의 눈은 '약한' 이라는 의미에서의 '부족한' 이었다. Moffatt는 '희미한 눈' 이라고 번역했고 요베루(이 항목의 질문에 대한 답변을 참조) 28장 5절에는 이렇게 언급되어 있다: "…레아의 눈은 희미했지만 그녀의 자태는 매우 멋있었다; 그러나 라헬은 아름다운 눈과 아름답고 멋있는 자태를 지니고 있었다."

야곱은 매우 취해 있어서 구별을 하지 못했던 것 같다. 그러나 이런 일들이 일어나는 동안 라헬이 어디 있었는지 알 수 없다는 것은 이상한 일이 아닌가!

10. 다윗이 첫 번째로 맞이한 아내의 대가로 치룬 값은?

블레셋 사람 이백 인의 양피(역주; 남자 생식기 겉가죽), 사무엘상 18:27.—"다윗이 일어나서 그 종자와 함께 가서 블레셋 사람 이백 명을 죽이고 그 양피를 가져다가 수대로 왕께 드려 왕의 사위가 되고자 하니 사울이 그 딸 미갈을 다윗에게 아내로 주었더라."

11. 아내를 얻기 위해 칠 년 동안 일한 사람은?

야곱, 창세기 29:20.—"야곱이 라헬을 위하여 칠 년 동안 라반에게 봉사하였으나; 그를 사랑하는 까닭에 칠 년을 수일같이 여겼더라."

12. 다윗이 아내로 맞이한 여인들은 몇 명이나 되었는가?

몇 명이나 되는지 그 수를 아는 사람은 아무도 없지만 여기에는 사무엘

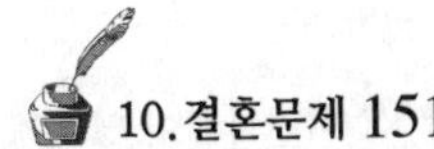

상 18:28에 따라 미갈과 사무엘상 25:42-43에 따라 아비가일과 아히노암, 사무엘하 11:26-27에 따라 우리아의 아내 밧세바, 그리고 "다윗이 헤브론에서 올라온 후에 예루살렘에서 처첩들을 더 취하였으므로:아들과 딸들이 또 다윗에게서 나니."로 보아 알려지지 않은 많은 여인들이 있었던 것 같다. 아마도 여기에는 사무엘하 15:16; 16:21-22; 20:3에 언급되어 있는 열 명의 후궁들도 포함되어 있을 것이다. 그리고 마지막으로 다윗이 '늙어서; 이불을 덮어도 몸이 따뜻해지지 않게 되었을 때' 그의 가슴에 안겨 그를 따뜻하게 해 줄 목적으로 데려왔던 아름다운 처녀, 아비삭이 있다. 열왕기상 1:1-4에 따르면 "왕은 그녀와 동침하지 아니하였다"라고 나와 있지만 그녀도 그의 아내나 후궁들 중에 포함되어야 함은 분명하다.

13. 솔로몬의 아내들과 후궁들은 모두 몇 명이었는가?

칠백 명의 아내와 삼백 명의 후궁, 열왕기상 11:3.—"왕은 후비가 칠백 인이요 빈장이 삼백 인이라. 왕비들이 왕의 마음을 돌이켰더라." 스바여왕이 그의 아내 중 한 사람이었는지 아닌지는 알 수 없지만 열왕기상 10:1-10에서 그녀가 그를 방문했던 동안 일시적으로 결혼했던 것 같다. 성경에서는 아무 것도 말하고 있지 않지만 이디오피아 사람들은 지금까지도 그들의 역대 왕 중 한 사람인 이반 알 하킴이 솔로몬과 스바여왕의 아들이었다고 이야기하고 있으며 그를 마케다(Makeda)라고 부르고 있다.

14. 아내를 얻는 자는 복을 받은 자라고 말한 사람은?

솔로몬, 잠언 18:22.—"아내를 얻는 자는 복을 얻고 여호와께 은총을 받는 자니라." 그렇다면 솔로몬은 이런 면에서 훨씬 많은 복을 받은 자였을 것이다.

15. 처음으로 중혼(重婚)을 한 사람은?

라멕, 창세기 4:19.—"라멕이 두 아내를 취하였으니 하나의 이름은 아다요 하나의 이름은 씰라며."

16. 일곱 여자들이 한 남자에게 결혼만 해 준다면 자기 자신들은 스스로 부양하겠다고 말한 대목이 있는 부분은?

이사야 4:1.—"그날에 일곱 여자가 한 남자를 붙잡고 말하기를 우리가 우리 떡을 먹으며 우리 옷을 입으리니 오직 당신의 이름으로 우리를 칭하게 하여 우리로 수치를 면하게 하라 하리라."

17. 사십 세가 되어 부모의 마음에 들지 않는 두 여자와 결혼한 사람은?

에서, 창세기 26:34-35.—"에서가 사십 세에 헷족속 브에리의 딸 유딧과 헷족속 엘론의 딸 바스맛을 아내로 취하였더니 그들이 이삭과 리브가의 마음의 근심이 되었도다."

18. 불같이 타는 것보다 결혼하는 것이 낫다고 말한 사람은?

바울, 고린도전서 7:8-9.—"내가 혼인하지 아니한 자들과 및 과부들에게 이르노니 나와 같이 그냥 지내는 것이 좋으니라 만일 절제할 수 없거든 혼인하라 불같이 타는 것보다 혼인하는 것이 나으니라." 이것은 지옥불을 의미하는 것이 아니라 Moffatt가 말하는 '격정으로 타는' 것을 뜻한다.

19. 타버린 성을 딸에게 결혼 예물로 준 왕은?

바로(스물한 번째 왕조의 왕으로 생각됨), 열왕기상 9:16.—"전에 애굽 왕 바로가 올라가서 성을 탈취하여 불사르고 그 성에 사는 가나안 사람을 죽이고 그 성읍을 자기 딸 솔로몬의 아내에게 예물로 주었더니."

20. 이집트 왕비의 동생과 결혼한 히브리의 포로는?

하닷, 열왕기상 11:19.—"하닷이 바로의 눈 앞에 크게 은총을 얻었으므로 바로가 자기의 처제 곧 왕비 다브네스의 아우로 저의 아내를 삼으매."

21. 히브리 노예로 이집트의 제사장 딸과 결혼한 사람은?

요셉, 창세기 41:45.—"그가 요셉의 이름을 사브낫바네아라 하고; 또 온 제사장 보디베라의 딸 아스낫을 그에게 주어 아내를 삼게 하니라."

22. 아내를 위해 울지 말라고 명령받은 사람은?

에스겔, 에스겔 24:15-18.—"여호와의 말씀이 또 내게 임하여 가라사대 인자야 내가 네 눈에 기뻐하는 것을 한 번 쳐서 빼앗으리니:너는 슬퍼하거나 울거나 눈물을 흘리거나 하지 말며…내가 아침에 백성에게 고하였더니:저녁에 내 아내가 죽기로; 아침에 내가 받은 명령대로 행하매."

23. 우상 모형을 만들어 그것을 침상에 놓고 남편처럼 보이게 한 여인은?

미갈, 사무엘상 19:13-16.—"미갈이 우상(image)[margin에서는 teraphim(고대 헤브라이인의 가정에서 모시던 수호신)]을 취하여 침상에 뉘고 염소털로 엮은 것을 그 머리에 씌우고 의복으로 그것을 덮었더니 사울이 사자들을 보내어 다윗을 잡으려 하매 미갈이 가로되 그가 병들었느니라. 사울이 또 사자들을 보내어 다윗을 보라 하매 이르되 그를 침상채 내게로 가져오라 내가 그를 죽이리라. 사자들이 들어가 본즉 침상에 우상이 있고 염소털로 엮은 것이 그 머리에 있었더라."

24. 젊은 과부들에게 결혼하라고 충고한 사람은?

바울, 디모데전서 5:14 RV.—"그러므로 젊은 과부는 시집가서 아이를 낳고 집을 다스리고 대적에게 훼방할 기회를 조금도 주지 말기를 원하노라."

25. 안주인의 요청에 따라 주인에게 아들을 낳아준 하녀는?

빌하, 창세기 30:3-7.—"그녀(라헬)가 가로되 나의 여종 빌하에게로 들어가라; 그가 아들을 낳아 내 무릎에 두리니 그러면 나도 그로 인하여 자식을 얻겠노라 하고 그 시녀 빌하를 남편에게 첩으로 주매:야곱이 그에게로 들어갔더니 빌하가 잉태하여 야곱에게 아들을 낳은지라…라헬의 시녀 빌하가 다시 잉태하여 둘째 아들을 야곱에게 낳으매." 이 이야기는 창세기 30:9-13에 따르면 야곱의 또 다른 아내 레아의 시녀 실바에게도 똑같이 나타난다. 이렇게 해서 태어난 네 명의 아이들 단, 납달리, 갓, 아셀은 야곱의 다른 아들들과 함께 이스라엘 열두 지파의 시조가 되었다.

26. 많은 아내를 거느렸던 이스라엘의 사사는?

기드온, 사사기 8:30.—"기드온이 아내가 많으므로:몸에서 낳은 아들이 칠십 인이었고."

27. 자신들의 누이들을 아내로 삼은 아버지와 아들은?

아브라함과 이삭, 이 이야기는 아브라함에 관해서는 두 번 언급되어 있고(창세기 12:10-20과 창세기 20:1-18) 이삭에 관해서는 한 번 언급되어 있다(창세기 26:6-16). 번역에 따라 약간씩의 차이는 있지만 일반적인 주제는 같은 것으로—한 가정의 가장이 자신의 아내를 누이라고 하며 그가 들어간 나라의 왕을 속인 이야기. 왕은 그녀를 후궁으로 취했다가 그녀가 결혼한 여자임을 알고 그 남편에게 사과하고 속인 것에 항의하면서 보상했다. 그 후 가장과 그의 아내는 불어난 재산을 갖고 그 나라를 떠났다.

28. 아내들을 향해 모든 일에 있어서 남편에게 복종하라고 말한 사람은?

바울, 에베소서 5:22-24.—"아내들이여 자기 남편에게 복종하기를 주께 하듯하라. 이는 남편이 아내의 머리됨이 그리스도께서 교회의 머리됨과 같음이니 그가 친히 몸의 구주시니라. 그러나 교회가 그리스도에게 하듯 아내들도 범사에 그 남편에게 복종할지니라."

29. 집에 와서 자신이 그날 한 일을 자랑삼아 말한 첫 번째 남편은?

라멕, 창세기 4:23-24 RV.—
"라멕이 아내들에게 이르되:
아다와 씰라여 내 소리를 들으라;
라멕의 아내들이여 내 말을 들으라:
나의 창상을 인하여 내가 사람을 죽였고,
나의 상함을 인하여 소년을 죽였도다:
가인을 위하여는 벌이 칠 배일진대
라멕을 위하여는 벌이 칠십칠 배이리로다."

30. 자신의 아내를 암송아지라고 부른 사람은?

삼손, 사사기 14:18.—삼손이 블레셋 사람들에게 수수께끼를 내었었는데 그의 아내가 그에게 답을 알아 내어 블레셋 사람들에게 고하였었다. "삼손이 그들에게 대답하되 너희가 내 암송아지로 밭 갈지 아니하였다면 나의 수수께끼를 능히 풀지 못하였으리라 하니라."

31. 흑인을 아내로 맞은 성경 속의 인물은?

모세, 민수기 12:1.—"모세가 이디오피아 여자를 취하였더니:이 때문에 미리암과 아론이 모세를 비방하니라."

32. 이방의 딸과 결혼한 사람은?

유다, 말라기 2:11.—"…유다는 여호와의 사랑하시는 그 성결을 욕되게 하여 이방신의 딸과 결혼하였으니." 말라기가 여기서 묘사한 것은 유다 지파의 사람들의 여호와보다는 다른 신을 섬기는 민족과 결혼함으로써 그들의 신앙을 오염시킨 사실에 관한 것이다.

11. 음악

1. 예수는 언제, 무엇을 노래하였는가?

마지막 만찬 때, 마가복음 14:26. — "이에 저희가 찬미하고 감람산으로 가니라." Margin에서는 '찬미(hymn)' 대신 '시편(psalms)' 을 사용하였다. 이 만찬은 예수가 제자들과 함께 정규적으로 가졌던 유월절 만찬으로 이때에는 'The Great Hallel' 을 노래하는 것이 유대인의 관례였다. 이것은 시편 113편부터 118편까지와 136편으로 이루어지는데 식사 후에 노래되는 부분은 시편 115편부터 118편까지였고 샤마이(Shammai)파에서는 114편부터 118편까지였다.

2. 백파이프가 연주된 고대의 오케스트라는?

느부갓네살왕의 오케스트라, 다니엘 3:4-5 RV. — "반포하는 자가 크게 외쳐 가로되 백성들과 나라들과 각 방언하는 자들아 왕이 너희 무리에게 명하시나니 너희는 나팔과 피리와 수금과 삼현금과 양금과 생황과 및 모든 악기 소리를 들을 때에 엎드리어 느부갓네살왕의 세운 금 신상에게 절하라;…" RV margin에서는 '생황(dulcimer)' 대신 '백파이프(bagpipe)' 를 쓰고 있는데 이 백파이프는 아주 오래된 고대의 악기이다. 그러므로 이 악기는 이집트나 갈대아 혹은 페르시아나 그리스 또는 시리아의 악기로 추측된다. 훗날 로마인들이 이것을 영국에 전달했다.

3. 음악을 좋아하는 이들을 비난한 선지자는?

아모스, 아모스 6:1-5. — "화 있을진저 시온에서 안일한 자와,…너희는 흉한 날이 멀다 하여,…비파에 맞추어 헛된 노래를 지절거리며 다윗처럼 자기를 위하여 악기를 제조하며,…"

4. 누구의 밴드에서 야아시엘이 연주되었는가?

다윗, 역대상 15:16-18. — "다윗이 레위 사람의 어른들에게 명하여 그 형제 노래하는 자를 세우고 비파와 수금과 제금 등의 악기를 울려서 즐거운 소리를 크게 내라하매 레위 사람이 헤만과…야아시엘과…를 세우니." 야아시엘의 악기는 비파(margin, 20절 참조)로 현대악기 치터(zither)의 원시적 형태였다.

5. 시편에 나오는 '셀라(selah)'가 뜻하는 것은?

이것은 아마도 '(당신의 목소리를) 높여라[Lift up(your voices)]' 또는 '크게 하라(Loud)' 를 뜻하는 음악 용어로 현대어의 '강음으로(forte)' 에 해당되는 것으로 여겨진다. 이것은 시편에서는 71번, 하박국 3장에서는 2번 나온다.

6. 최초의 음악가는 누구였으며 그는 어떤 악기를 연주하였는가?

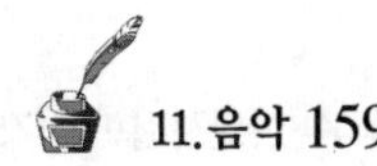

유발, 창세기 4:21.—"그 아우의 이름은 유발이니:그는 하프와 오르간을 켜는 모든 자의 조상이 되었으며." Moffatt는 '수금과 퉁소' 로 번역하였는데 히브리 원어로는 kinnor과 ugab로, 번역하기 어려운 점이 있는데 우리가 알 수 있는 것은 전자는 줄을 켜서 소리내는 악기이고 후자는 바람을 불어서 내는 악기라는 것이다.

7. 음악이 소다 위의 초로 비유된 부분은?

잠언 25:20 RV.—"마음이 상한 자에게 노래하는 것은 추운 날에 옷을 벗음 같고 소다 위에 초를 부음 같으니라." AV에는 '초석 위의 초' 로 번역되어 있다.

8. '사랑의 노래'가 언급되어 있는 부분은?

에스겔 33:32.—"그들이 너를 음악을 잘하며 고운 음성으로 사랑의 노래를 하는 자같이 여겼나니:네 말을 듣고도 준행치 아니하거니와."

9. 최초의 오케스트라를 지휘한 사람은?

다윗, 사무엘하 6:5.—"다윗과 이스라엘 온 족속이 잣나무로 만든 여러 가지 악기와 하프와 비파와 소고와 양금과 코넷(나팔의 일종)으로 여호와 앞에서 주악하더라." Moffatt에는 류트(역주;현악기의 일종), 수금, 드럼, 딸랑이, 심벌즈로 나와 있다. 그런데 코넷이 나무로 만들어진 악기에 포함될 수 없다고는 할 수 없다. 왜냐하면 18세기 말까지도 독일에서는 목관 코넷이 사용되었고 바하의 칸타타에도 쓰였기 때문이다. 다윗의 오케스트라에 대해 더 알고 싶으면 역대상 15장과 25장을 살펴 보라. 또한 23:5에는 4,000명의 대악단이 나온다.

10. 열두 편의 시편을 작곡한 심벌즈 연주자는?

아삽, 역대상 15:19.—"노래하는 자 헤만과 아삽과 에단은 놋심벌즈를 크게 치는 자요." 시편 50편과 73편부터 83편까지는 아삽이 지었다.

11. 신약에서 장례식에 사용되었던 악기는?

플룻, 마태복음 9:23-24 RV.—"예수께서 그 직원의 집에가사 플룻 연주자들과 훤화하는 무리를 보시고 가라사대 물러가라:이 소녀가 죽은 것이 아니라 잔다 하시니…"

12. 그리스도인들에게 노래하라고 충고한 사람은?

바울, 골로새서 3:16.—"그리스도의 말씀이 너희 속에 풍성히 거하여 모든 지혜로 피차; 가르치며 권면하고 시와 찬미와 신령한 노래를 부르며 마음에 감사함으로 하나님을 찬양하고."

13. 다윗의 악대들이 연주하였던 악기는?

코넷, 트럼펫, 심벌즈, 비파와 하프, 역대상 15:28.—"이스라엘의 무리는 크게 부르며 코넷과 트럼펫을 불며 심벌즈를 치며 비파와 하프를 힘있게 타며 여호와의 언약궤를 메어 올렸더라." 사무엘하 6:5에는 소고가 나오는데 이것은 핸드 드럼에 해당하는 것이었다.

14. 성경에 그 이름이 언급되어 있는 합창단 지휘자는?

그나냐, 역대상 15:22, 27.—"레위 사람의 족장 그나냐는 노래에 익숙하므로:노래를 주장하여 사람에게 가르치는 자요." "다윗과 궤를 멘 레위 사람과 노래하는 자와 그 두목 그나냐와 모든 노래하는 자도 다 세마포 겉옷을 입었으며 다윗은 또 베 에봇을 입었으며:…"

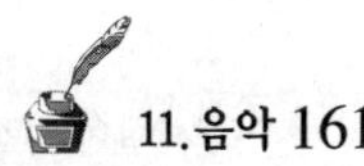

15. 성서에 나오는 가장 유명한 두 오케스트라의 차이점에 관해 말해 보라

다윗과 느부갓네살의 오케스트라는 둘 다 비파와 하프와 코넷을 가지고 있었으나 다윗의 오케스트라는 누부갓네살의 것에서는 언급되지 않은 심벌즈와 소고와 트럼펫이 있었고 느부갓네살의 오케스트라에는 다윗의 것에 언급되지 않은 플룻과 색벗(역주: sackbut: ① 하프의 일종 ②트럼본)과 생황(백파이프)이 있었다. 그러나 또한 느부갓네살에 대해서는 '모든 종류의 악기' 라는 말이 있었다. 'sackb' 으로 번역된 히브리 단어 sabbekha는 그리스어로 sambuke에 해당하는 말로 커다란 하프와 유사한 현악기의 일종이었다. sabbekha를 sackbut이나 트럼본(문자 그대로 '밀고 당기다' 라는 뜻의 불어 saquebute)과 동일시하는 실수를 범하기 쉽다.

16. 288인의 노래하는 무리가 묘사되어 있는 부분은?

역대상 25:7. — "저희와 모든 형제 곧 여호와 찬송하기를 배워 익숙한 자의 수효가 이백팔십팔 인이라."

12. 책 · 문서 · 교육

1. 최초의 서적 검열관은 누구였으며 그에게 어떤 일이 일어났는가?

유다의 왕 여호야김, 예레미야 36:1-32, 여기서는 4절, 21-23절, 27-28절, 그리고 30절로 요약해 보겠다. —"이에 예레미야가 네리야의 아들 바룩을 부르며; 바룩이 예레미야의 구전대로 여호와께서 그에게 이르신 모든 말씀을 두루마리 책에 기록하니라…왕이 여후디를 보내어 두루마리를 가져오게 하매 여후디가 서기관 엘리사마의 방에서 가져다가 왕과 왕의 곁에 선 모든 방백의 귀에 낭독하니 때는 구월이라:왕이 겨울 궁전에 앉았고 그 앞에는 불 피운 화로가 있더라. 여후디가 삼편 · 시편(RV margin에는 '칼럼'으로 나와 있다)을 낭독하면(하자마자) 그(왕)가 작은 칼로 그것을 베어 화롯불에 던져서 온 두루마리를 태웠더라…왕이 두루마리와 바룩이 예레미야의 구전으로 기록한 말씀을 불사른 후에 여호와의 말씀이 예레미야에게 임하니라…가라사대 너는 다시 다른 두루마리를 가지고 유다왕 여호야김의 불사른 첫 두루마리의 모든 말을 기록하고…그러므로 나 여호와가 유다왕 여호야김에 대하여 이렇게 말하노라; 그가 다윗의 왕좌에 앉지 못할 것이요:그 시체는 버림받아서 낮에는 더위, 밤에는 추위를 당하리라."

이 예언은 성취되었을까? 열왕기하 24:6에는 이렇게 언급되어 있다: "여호야김이 그 열조와 함께 자매:그 아들 여호야긴이 대신하여 왕이 되니라." 그러나 피크 박사(Dr. A.S. Peake)는 예레미야에 관한 그의 주석에서 이렇게 말한다: "…이 예언은 아마도 이루어졌을 것이다. 만일 그렇지 않다면 이 구절은 생략되어야 할 것이다…이에 반해 열왕기하 24:6의 내용은 별로 큰 비중을 갖고 있지 않은데 장례식이나 무덤의 상황에 관해 생략한 것으로 여겨진다."

2. 성경에 도서관이 있었던 곳을 언급하고 있는 유일한 부분은?

엑바타나, 에즈라 6:1-2.—"이에 다리우스왕이 조서를 내려 서적 곳간(the house of the rolls) 곧 바벨론의 보물을 쌓아 둔 곳에서 조사하게 하였더니 메디아도악메다(Achmetha) 궁에서 한 두루마리를 얻으니 거기 기록하였으되…" Marginal에는 서적을 'rolls' 대신 'books'로 쓰고 있고 악메다(Achmetha)를 헬라식 표기인 '엑바타나(Ecbatana)'로 쓰고 있다. 분명 편집자는 자리에 관해 혼돈하고 있음직하고 메디아가 바벨론에 속해 있었다고 생각했던 것 같다. 엑바타나는 메디아의 수도였고 여기 나오는 서고(the house of the books)는 궁전의 한 부속 건물이었다. 그리고 그 당시의 서적은 '두루마리(rolls)' 종이로 된 것이 아니라 점토판으로 된 것이었을 것이다.

3. 스승과 제자들이 제비뽑기하는 것이 기록되어 있는 부분은?

역대상 25:8.—"이 무리의 큰 자(者)나 작은 자(者)나 스승이나 제자를 무론하고 일례로 제비뽑아 직임을 얻었으니." 제비를 뽑는 것은 주사위나 카드를 던지는 것으로 하나님의 뜻에 의해 선택된다고 믿어졌다. 잠언 16:33에는 "사람이 제비는 뽑으나 일을 작정하기는 여호와께 있느니라"라고 언급되어 있다. 레위기 16:8, 이사야 34:17, 요나 1:7에도 이 제비뽑기의 사례가 나오고 사도행전 1:26에서는 12사도 중 유다를 대신할 사람을 결정하기 위해 제비뽑기가 행해진다.

4. 금강석으로 된 심이 박혀있는 펜이 언급되어 있는 부분은?

예레미야 17:1.—"유다의 죄는 금강석 끝 철필로 기록되되…"
 한편으로 철펜에 금강석 심이 박힌 것이 아니라 철펜과 금강석 펜이 모두 필기구로 혼용된 것이 아닌가 싶기도 하나 이 구절에서 '철펜' 다음에 '그리고' 에 해당하는 히브리어가 보이지 않는다.

5. 어떤 관리에게 책을 주면서 그것을 돌에 매어 강에 던지라고 말한 성경 기자는?

예레미야, 예레미야 51:59-64 RV.—"…스라야는 시종장이었더라. 예레미야가 바벨론에 임할 모든 재앙 곧 바벨론에 대하여 기록한 이 모든 말씀을 한 권의 책에 기록하고…예레미야가 스라야에게 이르되 너는 바벨론에 이르거든 삼가 이 모든 말씀을 읽고…너는 이 책 읽기를 다한 후에 책에 돌을 매어 유브라데 하수 속에 던지며:말하기를 바벨론이 이같이 침륜하고 다시 일어나지 못하리니…"

6. 누가 석회벽에 글자를 썼는가?

아마도 하나님이었을 것으로 생각됨, 다니엘 5:5.—"그때에 사람의 손가락이 나타나서 왕궁 촛대 맞은편 분벽에 글자를 쓰는데:왕이 그 글자 쓰는 손가락을 본지라.

7. 부동산 양도 증서에 대해 상세히 묘사되어 있는 부분은?

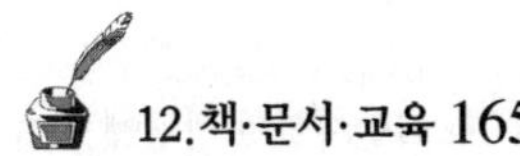

예레미야 32:9-14.—"내 숙부의 아들 하나멜의 아나돗에 있는 밭을 사는데 은 17세겔을 달아주되 증서를 써서 인봉하고 증인을 세우고 은을 저울에 달아 주고 법과 규례대로 인봉하고 인봉치 아니한 매매 증서를 내가 취하여:나의 숙부의 아들 하나멜과 매매 증서에 인친 증인의 앞과 시위대 뜰에 앉은 유다 모든 사람 앞에서 그 매매 증서를 마세아의 손자 네리야의 아들 바룩에게 부치며 그들의 앞에서 바룩에게 명하여 이르되 만군의 여호와 이스라엘의 하나님이 이같이 말씀하시기를 너는 이 증서를 곧 인봉하고 인봉치 아니한 매매증서를 취하여 토기에 담아 많은 날 동안 보존케 하라."

8. 최초의 지능 검사가 기록되어 있는 부분은?

열왕기상 10:1-3.—"스바여왕이 여호와의 이름으로 말미암은 솔로몬의 명예를 듣고 와서 어려운 문제로 저를 시험코자 하여 예루살렘에 이르니 매우 큰 행렬이었고, …그녀가 솔로몬에게 나아와 자기 마음에 있는 것을 다 말하매 솔로몬이 그 묻는 말을 다 대답하였으니:왕이 은미하여 대답치 못한 것이 없었더라."

9. 종이와 잉크가 언급되어 있는 부분은?

요한 2서 1:12.—"내가 너희에게 쓸 것이 많으나 종이와 잉크로 쓰기를 원치 아니하고:오히려 너희에게 가서 면대하여 말하려 하니 이는 너희가 기쁨을 충만케 하려 함이라." 또한 예레미야 36:18; 요한 3서 1:13도 참조하라.

10. 성경에 유일한 '학교'로 기록되어 있는 곳은?

두란노, 사도행전 19:9.—"두란노 서원에서 날마다 강론하여."

11. 펜을 처음으로 사용한 자는 누구인가?

성경에는 스불론인들로 언급되어 있다. 사사기 5:14.—"스불론에서는 집필가의 펜을 잡은 자가 나왔도다."

12. 자신들의 기숙사를 지은 학생들은 어떤 학생들인가?

선지자들의 아들들, 열왕기하 6:1-2.—"선지자들의 아들들이 엘리사에게 이르되 보소서 우리가 당신과 함께 거한 곳이 우리에게는 좁으니 우리가 요단으로 가서 거기서 각각 한 재목을 취하여 그 곳에 우리의 거할 처소를 세우사이다. 엘리사가 가로되 가라." 이 선지자의 아들들은 여러 무리가 있었는데 벧엘에 한 무리(2:3), 여리고에 한 무리(2:5), 그리고 길갈에 한 무리(4:38)가 있었다. 그들은 도제나 형제관계로 모였었고 크게는 종교적으로, 경제적으로 연합했었다. 그리고 4:38에서 보면 교육적인 관계도 볼 수 있다:"…선지자의 아들들이 엘리사의 앞에 앉은지라…"

13. 성경은 어떤 세 가지 언어들로 쓰여졌는가?

구약은 대부분 히브리어로 쓰여졌으나 10장 정도(에스라 4:8-6:18과 7:12-16, 다니엘 2장-7장)는 아람어로 쓰여졌다. 구약과 외경은 B.C. 3세기(일부는 B.C.1세기 말까지)에 그리스어로 번역되었고 이 번역은 70인역이나 알렉산드리아 역으로 알려져 있다. B.C. 1세기에 구약은 대부분이 아람어로 번역되었는데 이것은 Targum으로 알려져 있다. 신약은 학자들이 복음의 원소재가 아람어였던 것으로 믿고 있었음에도 불구하고 그리스어로 쓰여졌다.

14. 성경의 어떤 부분에 그것을 재편집하는 사람에게 벌을 내리겠다고 경고되어 있는가?

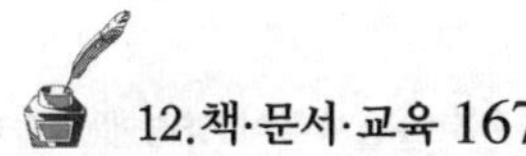

요한계시록, 요한계시록 22:18-19.—“내가 이 책의 예언의 말씀을 듣는 각인에게 증거하노니 만일 누구든지 이것들 외에 더하면 하나님이 이 책에 기록된 재앙들을 그에게 더 하실 터이요:만일 누구든지 이 책의 예언의 말씀에서 제하여 버리면 하나님이 이 책에 기록된 생명나무 및 거룩한 성에 참예함을 제하여 버리시리라.”

15. 자신의 큰 글씨를 자랑한 사람은?

바울, 갈라디아서 6:11 RV.—“내 손으로 너희에게 이렇게 큰 글자로 쓴 것을 보라.”

16. 지금은 소실되고 없지만 성경에 언급되어 있는 고대의 책으로 어떤 것들이 있는가?

여호와의 전쟁기(승리의 노래 모음집), 이것은 민수기 21:14-15에 인용되어 있다. 야살의 책(중요한 사건을 시로 기록), 이것은 여호수아 10:12-13과 사무엘하 1:17-27에 기록되어 있다.

역대기의 기자들에 의해 언급된 많은 ‘책들’이 있는데 그 기자로는 예언자 사무엘, 선지자 나단, 아히야, 예언자 갓, 예언자 잇도, 선지자 스마야, 하나니의 아들 예후 등이 간주되고 있다. 이외에도 이스라엘 왕들에 관한 책, 유다와 이스라엘 왕들에 관한 책, 웃시야의 행적에 관한 책들이 있는데 이 모든 것은 역대상 29:29, 역대하 9:29; 12:15; 13:22; 20:34; 26:22; 32:32에 나와 있다. 그런데 이것들은 현재에는 모두 성경에서 부분적으로, 또는 성경 기자들이 소재로 사용한 기록들과 관련되어 제시되고 있다.

유다서 1:14-15는 에녹서로부터 인용(에녹 1:9와 5:4) 되었는데 에녹서는 소실된 책이라고는 할 수 없다. 왜냐하면 이것이 이디오피아판 번역본이 1773년 아비시니아에서 발견되었기 때문이다. 이것은 그리스도인들의 사고에 많은 영향을 주었고 여기서 발췌된 많은 인용문들과 비유들이 바울 서신에서도 확인되고 있고 심지어는 예수의 이야기에도 나오는 것을 볼 수 있다.

17. 단어를 정확하지 않게 발음한 이유로 42,000명이나 죽임을 당한 민족은?

에브라임족속, 사사기 12:5-6.—"길르앗 사람이 에브라임 사람 앞서 요단 나루턱을 잡아 지키고 에브라임 사람의 도망하는 자가 말하기를 청컨대 나를 건너게 하라 하면; 그에게 묻기를 네가 에브라임 사람이냐 하여 그가 만일 아니라 하면 그에게 이르기를 십볼렛이라 하라 하여 에브라임 사람이 능히 구음을 바로 하지 못하고 씹볼렛이라 하면 길르앗 사람이 곧 그를 잡아서 요나단 나루턱에서 죽였더라:그때에 에브라임 사람의 죽은 자가 사만이천 명이었더라."

18. 기록상 가장 단기간에 외국어를 습득했을 때 소요된 시간은?

'갑자기', 사도행전 2:1-4.—"오순절 날이 이미 이르매 저희가 다같이 한 곳에 모였더니 홀연히 하늘로부터 급하고 강한 바람같은 소리가 있어,…저희가 다 성령의 충만함을 받고 성령이 말하게 하심을 따라 다른 방언으로 말하기를 시작하니라." 이때 9절부터 11절에 언급된 나라들의 언어들이 습득되었다.

19. 어떤 도시의 서기장이 반역을 진정시켰는가?

에베소의 서기, 사도행전 19:35-41.—"서기장이 무리를 안돈시키고 이르되 에베소 사람들아…너희가 가만히 앉아서 경솔히 아니 하여야 하리라…오늘 아무 까닭도 없는 이 일에 우리가 소요의 사건으로 책망받을 위험이 있고 우리가 이 불법 집회에 관하여 보고할 재료가 없다 하고 이에 그 모임을 흩어지게 하니라. 서기장 그람마튜스는 로마의 총독 밑에서 에베소를 다스리던 매우 중요한 관리였다.

20. 상속자의 후견인에 관해 언급되어 있는 부분은?

갈라디아서 4:1-2.—"내가 또 말하노니, 유업을 이을 자가 모든 것의 주인이나…그 아버지 정한 때까지 후견인과 청기지 아래 있나니."

21. 몽학 선생이란 말이 나와 있는 부분은?

갈라디아서 3:24-25.—"이같이 율법이 우리를 그리스도에게로 인도하는 몽학선생이 되어 우리로 하여금 믿음으로 말미암아 의롭다 함을 얻게 하려 함이니라. 믿음이 온 후로는 우리가 몽학 선생 아래 있지 아니하도다."

22. 그리스도인들에게 철학을 경계하라고 경고한 사람은?

바울, 골로새서 2:8.—"누가 철학과 헛된 속임수로 너희를 노략할까 주의하라 이것이 사람의 유전과 세상의 초등 학문을 좇음이요. 그리스도를 좇음이 아니라." 바울은 사실상 그 자신이 학생이요 철학자였으므로 철학을 비난할 수 없었다. 다만 그가 경고한 것은 나쁜 영향을 끼쳤던 특별한 종류의 철학에 대해 골로새의 그리스도인들에게 주의를 당부한 것으로 인간과 하나님 사이를 중개하는 영, 천사와 악마의 영에 관한 견신론(見神論)적인 믿음의 종류에 관한 것이었다. 이러한 영은 땅이나 물, 공기와 같은 요소에 관계된 것으로 자연숭배 사상이라고 불리웠다. Moffatt는 이것의 의미를 더 실재적으로 다음과 같이 번역했다.—"누가 믿음을 의심하게 하는 견신론으로 너희를 노략할까 주의하라. 이것이 사람의 유전과 세상의 자연숭배 사상을 좇음이요. 그리스도를 좇음이 아니니라." 10절과 15절에서 언급된 정사와 권세는 이러한 자연적인 영의 일부였다.

23. 서고를 갖고 있었던 사도는?

바울, 디모데후서 4:13.—"네가 올 때에 내가 드로아가보의 집에 둔 겉옷을 가지고 오고 또 책은 특별히 양피지 종이에 쓴 것을 가지고 오라." 이 양피지는 지금은 값없는 것이지만 신약의 가장 오래 된 필사본이 쓰여졌던 3세기 이후에 이것은 매우 가치있던 것으로 이 책에는 예수의 언행과 바울 자신의 서신이 담겨 있었다. 그런데 이 책에 사용된 양피지는 책을 쓰기 위해 특별히 준비된 검은 막을 입힌 양피지였던 것 같다.

24. 지능 검사에서 외국인들의 지능이 내국인들보다 더 높게 나타났던 때는?

다니엘 1:19-20.—"…무리 중에 다니엘과 하나냐와 미사엘과 아사랴와 같은 자 없으므로 그들로 왕 앞에 모시게 하고 왕이 그들에게 모든 일을 묻는 중에 그 지혜와 총명이 온 나라 박사와 술객보다 십 배나 나은 줄을 아니라."

25.'D.V.(하나님의 뜻)'이라는 어구의 성경적 어원은 어디에 있는가?

야고보서 4:15.—"너희가 말하기를 주의 뜻이면 우리가 살기로 하고 이것 저것을 하리라 할 것이어늘." '주의 뜻'에 대한 라틴어 번역은 'Si Dominus voluerit' 인데 이것을 'Deo volente' 라고 줄여서 상식적인 용어로 사용하고 있다.

26. 솔로몬은 몇 가지 잠언을 말하였는가?

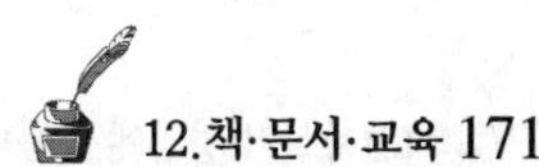

3,000개, 열왕기상 4:32.—"저가 잠언 삼천을 말하였고:…"

27. 사탄은 자신의 목적을 위해 언제 성경을 인용하였으며, 또 그 인용은 정확하였는가?

예수를 유혹할 때, 마태복음 4:5-6.—"이에 마귀가 예수를 거룩한 성으로 데려다가 성전 꼭대기에 세우고 가로되 만일 하나님의 아들이어든 뛰어내리라:기록하였으되 저가 너를 위하여 그 사자들을 명하시리니:저들이 손으로 너를 받들어 발이 돌에 부딪히지 않게 하리로다 하였느니라." 악마는 시편 91:11-12를 정확히 인용하였다. 그에게 답변하는 예수(7절과 10절)는 신명기 6:16; 6:13; 10:20을 인용하였는데 '다만' 이라는 단어를 삽입하였다 ("다만 그를 섬기라").

정확성이라는 면에서는 마귀가 문제되지 않았던 것 같다. 그런데 흥미있는 것은 마귀와 예수의 말이 모두 70인역 성경으로 인용되어 있다는 점인데 이것은 히브리어로 된 것과 약간의 차이가 있다. 마가복음 1:13과 누가복음 4:1-13도 참고로 살펴보라.

28.'많은 공부'가 몸을 피곤케 한다고 말한 사람은?

전도자, 전도서 1:1; 12:12.—"다윗의 아들 예루살렘의 왕 전도자의 말씀이라 '(솔로몬)' 내 아들아 또 경계를 받으라:여러 책을 짓는 것은 끝이 없고; 공부를 많이 하는 것은 몸을 피곤케 하느니라."

29. "나라와 권세와 영광이 아버지께 영원히 있사옵나이다"라는 종결부는 원래 주기도문의 일부였는가?

누가복음 11:2-4이나 마태복음 6:9-13에 대한 RV본으로 보아서도 아니다. 이것은 아마도 초기의 교회에서 기도자가 기도문을 암송한 후 사용되었던 송영(誦詠)이었던 것 같다. 가장 오래 된 필사본에서는 이것을 찾아볼 수 없다.

30. 성경시대의 사람들은 몸의 어떤 기관을 생각하는 기관으로 생각했는가?

마음, 잠언 23:7. — "대저 그 마음의 생각이 어떠하면:…" 참고로 에스더 6:6과 이사야 10:7; 마태복음 9:4도 보라. 그 당시 히브리인들은 일반적으로 두뇌의 기능을 무시했다. 잠언 31:30에서 Moffatt는 '두뇌를 지닌 여인' 에 관해 말했지만 이것은 그가 '이해심을 가진 여인' 에 관한 그리스어 본문을 매우 자유롭게 번역한 것이다. 바벨론 사람들은 마음이 간에 위치해 있다고 생각했다. 신체를 해부했던 아리스토텔레스조차도 두뇌는 너무나 차가와서 혈액을 냉각시키는 데 사용되어야 한다고 생각했다.

13. 흥미로운 사건들

1. 라디오를 예언한 것으로 여겨지는 구절은?

스바냐 1:10.—"나 여호와가 말하노라. 그날에 어문에서는 곡성이 제 이 구역에서는 부르짖는 소리가 작은 산들에서는 무너지는 소리가 일어나리라."

2. 성경의 한 장에 제시되어 있는 자동차의 다섯 가지 부속품들로는 어떤 것들이 있는가?

'후드', '링', '머플러', '체인', '달처럼 둥근 타이어', 물론 오늘날과 같은 자동차 시대에 너무나 친숙한 이 단어들이 영어 번역가들에 의해 이사야 시대의 사치스런 여인들의 장식품을 뜻하는 말로 사용된 것은 아마 단순한 우연의 일치일 것이다.

3. 사랑으로 수놓인 방석이 갖추어진 호화스런 차를 소유하고 있었던 사람은?

솔로몬, 솔로몬의 아가 3:9-10 RV. — "솔로몬이 레바논 나무로 자기의 가마(margin에는 '호화스런 차')를 만들었는데 그 기둥은 은이요 바닥은 금이요 자리는 자색 담이라. 그 안에는 예루살렘 여자들의 사랑이 입혔구나." 가마대신 AV에는 '마차'로 번역되어 있고 Moffatt는 '세단'(역주:의자 가마)으로 번역했다. 그런데 이것이 어떻게 사랑으로 수놓일 수 있었는지는 분명히 나와 있지 않다.

Moffatt는 '흑단으로 수놓인'이라고 번역했지만 히브리어와 그리스어 원문에는 둘 다 '사랑'으로라고 분명히 나와 있다. 이렇게 쓰인 것은 번역한 학자들이 임의로 그렇게 한 것이 아니라 솔로몬왕의 연애가적인 기질 때문에 "그 안에는 예루살렘 여자들의 사랑이 입혔다"라고 기록될 수 있었던 것 같다. 세단은 '현대적인' 형태가 아닌 것임이 분명하다.

4. 영을 보고 몸의 털이 곤두섰던 사람은?

욥의 친구의 한 사람인 엘리바스, 욥기 4:15-16. — "그때에 영이 내 앞으로 지나가매; 내 몸에 털이 쭈뼛하였었느니라:그 영이 서는데 그 형상을 분변치는 못하여도: …"

5. 소(So)라는 이름을 가졌던 사람은?

열왕기상 17:4에 따르면 이집트의 왕— "…호세아가…애굽왕 소에게 사자를 보내고,…" 그런데 이것은 있을 수 없는 일이었다. 왜냐하면 그 당시 애굽을 다스리던 왕 중에는 이런 이름이나 이와 유사한 이름을 가진 왕도 없었기 때문이다. 아마도 므즈라임(이집트)과 혼돈하기 쉬운 북 아라비아의 한 부족 무스리의 Sibi를 말하는 듯하다.

6. 죽지 않는 벌레가 언급되어 있는 부분은?

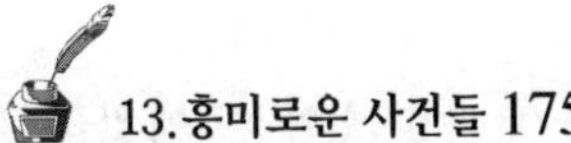

이사야 66:24. — "그들이 나가서 내게 패역한 자들의 시체들을 볼 것이라. 그 벌레가 죽지 아니하며 그 불이 꺼지지 아니하며; 모든 혈육에게 가증함이 되리라."

마가복음 9:44, 46, 48 또한 찾아 보라.

7. 누구의 창자가 끓었는가?

욥, 욥기 30:27. — "내 창자가 끓어서 쉬지 못하는구나:환난 날이 내게 임하였구나." RV에는 "내 마음이 어지러워서,…" 로 되어 있다.

8. 소음이 전혀 없었던 때는?

엘리야가 호렙산에 있고 여호와가 그에게 '세미한 소리' 로 말했을 때, 열왕기상 19:12, RV margin은 '부드러운 고요 중의 소리' 로 표현했다.

9. 태어날 때 형보다 손을 먼저 내민 사람은?

세라, 창세기 38:27-30 RV. — "해산할 때에 손이 나오는지라. 산파가 가로되 이는 먼저 나온 자라 하고 홍사를 가져 그 손에 매었더니 그 손을 도로 들이며 그 형제가 나오는지라. 산파가 가로되 네가 어찌하여 터치고 나오느냐 한고로 그 이름을 베레스라 불렀고 그 형제 곧 손에 홍사있는 자가 뒤에 나오니 그 이름을 세라라 불렀더라. "

10. 채찍대신 전갈로 자기 백성을 다스리겠다고 말한 사람은?

르호보암, 열왕기상 12:13-14. — "왕(르호보암)이 포학한 말로 백성에게 대답할새…내 부친은 너희의 멍에를 무겁게 하였으나 나는 너희의 멍에를 더욱 무겁게 할지라:내 부친은 채찍으로 너희를 징치하였으나 나는 전갈로 너희를 징치하리라 하니라."

11. 이삭이 이삭을 삼킨 때는?

바로의 꿈에서, 창세기 41:5-7. — "다시 잠이 들어 꿈을 꾸니:한 줄기에 무성하고 충실한 일곱 이삭이 나오고 그 후에 또 세약하고 동풍에 마른 일곱 이삭이 나오더니 그 세약한 일곱 이삭이 무성하고 충실한 일곱 이삭을 삼킨자라 바로가 깬 즉 꿈이라."

12. 달이 해처럼 빛날 것이라고 예언한 사람은?

이사야 30:26. — "달빛은 햇빛같겠고,…"

13. 근시안의 그리스도인들이 언급되어 있는 부분은?

베드로후서 1:9 RV. — "이런 것이 없는 자는 소경이라 가까운 것만을 보고,…"

14. 수염에 거룩한 기름이 흘러내린 사람은?

아론, 시편 133:2. — "머리에 있는 보배로운 기름이 수염 곧 아론의 수염에 흘러서:…" 이 보배로운 기름의 제조법과 사용에 관한 지침은 출애굽기 30:22-33에 나와 있다.

15. 물고기들도 방주 속으로 옮겨졌는가?

창세기 7:15에 따르면 그렇다. — "무릇 기식이 있는 육체가 둘씩 노아에게 나아와 방주로 들어갔으니." 홍수는 분명 물고기들을 몰살시키지 못했는데 22절은 이렇게 말하고 있다: "육지에 있어 코로 생물의 기식을 호흡하는 것은 다 죽었더라." 15절에서는 물고기들을 예외로 했다는 말을 써야만 했다. 어떤 종류의 물고기들도 방주 속에 들어가기란 어려웠을 것이다. 홍수 이야기를 문자 그대로 해석하고자 하면 모순되고 불가능

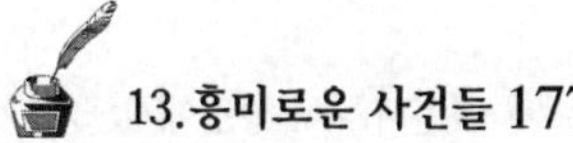

한 것 투성이일 것이다.

16. 그물 침대가 언급되어 있는 부분은?

이사야 24:20 RV—"땅이 취한 자 같이 비틀비틀하며 그물침대같이 흔들리며;" AV에는 '오두막' 이라고 되어 있다.

17. 살아있는 뱀을 태워 죽인 사람은?

바울, 사도행전 28:3, 5.—"바울이 한 뭇 나무를 거두어 불에 넣으니 뜨거움을 인하여 독사가 나와 그 손을 물고 있는지라…바울이 그 짐승을 불에 떨어버리매 조금도 상함이 없더라."

18. 공중에서 누군가와 만나기를 기대한 사람은?

바울이 공중에서 예수를 만날 것을 기대했다. 데살로니가전서 4:16-17.—"주께서 호령과 천사장의 소리와 하나님의 나팔로 친히 하늘로 좇아 강림하시리니:그리스도 안에서 죽은 자들이 먼저 일어나고:그 후에 우리 살아남은 자도 저희와 함께 구름 속으로 끌어 올려 공중에서 주를 영접하게 하시리니:그리하면 우리가 항상 주와 함께 있으리라."

19. 아히야는 아비야에 관해 어떤 것을 말했는가?

그가 죽을 것이라는 것, 열왕기상 14:1-12.—"그때에 여로보암의 아들 아비야가 병든지라…여로보암의 아내가…일어나 실로로 가서 아히야의 집에 이르니…그녀가 문으로 들어올 때에 아히야가 그 발소리를 듣고 말하되 여로보암의 처여 들어오라;…그러므로 내가 무서운 재앙을 내려…너는 일어나 네 집으로 가라. 네 발이 성에 들어갈 때에 그 아이가 죽을지라."

20. 우스와 부스는 어떤 사람이었는가?

나홀과 밀가의 첫 두아들, 창세기 22:20-21 RV.—"…혹이 아브라함에게 고하여 이르기를 밀가가 그대의 동생 나홀에게 자녀를 낳았다 하였더라:…그 맏아들은 우스요 우스의 동생은 부스와…" AV에는 '후스'와 '부스'로 되어 있다.

21. 브닷과 하닷은 어떤 사람이었는가?

아버지와 아들로 에돔족속이었음, 창세기 36:35.—"…브닷의 아들 하닷,…"

22. 오홀라와 오홀리바는 어떤 사람이었는가?

사마리아와 예루살렘을 의인화한 자매 도시, 에스겔 23:4 RV.—"그 이름이 형은 오홀라요 아우는 오홀리바라. 그들이 내게 속하여 자녀를 낳았나니 그 이름으로 말하면 오홀라는 사마리아요 오홀리바는 예루살렘이니라." AV에는 '아홀라'와 '아홀리바'로 나와 있다.

23. 곡과 마곡은 어떤 사람이었는가?

창세기 10:2에 마곡은 야벳의 아들로 나와 있지만 에스겔 38:2에 마곡은 곡이 출생한 곳으로 나와 있다. 이 장의 나머지 부분과 39장 또한 살펴보라. 계시록 20:8에 곡과 마곡은 천년왕국 시대에 신자들에 대해 반대하고 사탄에 의해 지배되는 이교도의 국가라고 예언되어 있다.

24. 드루배나와 드루보사는 어떤 사람이었는가?

로마의 그리스도인, 로마서 16:12.—"주 안에서 수고한 드루배나와 드루보사에게 문안하라…"

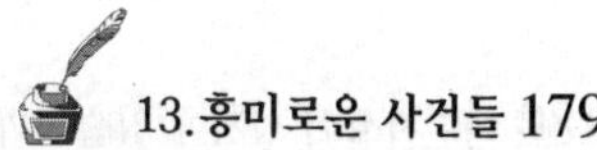

25. 두 마리의 독수리에 관한 수수께끼를 낸 사람은?

에스겔, 에스겔 17장.—이것은 수수께끼라기보다는 오히려 길고 복잡한 비유라 할 수 있다.

26. 사자에 관한 수수께끼를 낸 사람은?

삼손, 사사기 14:12-20.—이 수수께끼는 이러하다: "먹는자에게서 먹는 것이 나오고 강한 자에게서 단 것이 나왔느니라." 이에 대한 해답은 이러하다: "무엇이 꿀보다 달겠으며 무엇이 사자보다 강하겠느냐?" 8절에서 보면 삼손이 낸 수수께끼는 '사자의 몸에 붙어 있는 벌떼와 꿀' 에 관한 것이었다.

27. 먹지 않고 40일을 걸은 사람은?

엘리야, 열왕기상 19:8.—"이에 그(엘리야)가 일어나 먹고 마시고 그 식물의 힘을 의지하여 사십주 사십야를 행하여 하나님의 산 호렙에 이르니라."

28. 노아의 방주는 몇 층으로 되어 있었는가?

삼층, 창세기 6:16.—"거기 창을 내되 위에서부터 한 큐빗에 내고; 그 문은 옆으로 내고; 상 · 중 · 하 삼층으로 할지니라." Moffatt는 마지막 구절을 "삼층으로 할지니라." 라고 썼다.

29. 도끼를 물 속에서 떠오르게 한 사람은?

엘리사, 열왕기하 6:5-7. · "한 사람이 나무를 벨 때에 도끼가 자루에서 빠져 물에 떨어진지라:이에 외쳐 가로되 아아 내 주여! 이는 빌어온 것이니이다. 하나님의 사람(엘리사)이 가로되 어디 빠졌느냐? 하매 그 곳을 보이는지라 엘리사가 나뭇가지를 베어 물에 던져서; 도끼로 떠오르게 하고 가로되 너는 취하라 그 사람이 손을 내밀어 취하니라."

30. 자신의 아들 중 한 아들의 이름을 '함'이라고 불렀던 히브리인은?

노아, 창세기 6:10. "노아가 세 아들을 낳았으니 셈과 함과 야벳이라."

31. 하늘이 기울어질 때는 언제인가?

하나님이 강림하실 때, 시편 18:9. "저가 또 하늘을 드리우시고 강림하시니 그발 아래는 어둑캄캄하도다."

32. 나귀를 치면서 온천을 발견한 사람은?

아나, 창세기 36:24 RV, "…이 아나는 그 아비 시브온의 나귀를 칠 때에 광야에서 온천을 발견하였고."

33. 어떤 두 아이들의 아버지가 그들의 아버지인 동시에 할아버지였는가?

롯은 모압과 벤암미의 아비인 동시에 할아버지였다. 창세기 19:36-38. "롯의 두 딸이 아비로 말미암아 잉태하고 큰 딸은 아들을 낳아 이름을 모압이라 하였으니:오늘날 모압족속의 조상이요. 작은 딸도 아들을 낳아 이름을 벤암미라 하였으니:오늘날 암몬족속의 조상이었더라." 많은 학자들은 이 두 가지 근친상간의 이야기(30-38절)를 히브리인들이 그들의 이웃 족속인 모압과 암몬족속을 경멸하기 위해 지어 낸 히브리인적인 표현 방법으로 가정해 오고 있다.

34. 누구의 콧김이 사과 냄새 같았는가?

솔로몬의 아가 7:1, 8에 나오는 귀한 자의 딸. —"귀한 자의 딸아 신을 신은 너의 발이 어찌 그리 아름다운가! 네 넓적다리는 둥글어서 공교한 장색의 만든 구슬꿰미같구나,…네 유방은 포도송이같고 네 콧김은 사과 냄새같고;" RV에서는 이 콧김을 '네 숨결의 냄새' 라고 했으나 히브리인들은 '코' 라고 말한다. 그러나 정확한 표현은 '네 콧구멍에서 나오는 숨결의 냄새' 라 할 것이다.

35. 성경에서 유일하게 난쟁이에 대해 언급한 부분은?

하나님의 제단에 예물드리는 것이 금지되어 있는 자들 중의 하나로 레위기 21:20에 기록되어 있음. —"곱사등이나, 난쟁이나, 눈에 백막이 있는 자나…"

36. 성경에 부활절이 언급되어 있는 유일한 부분은?

사도행전 12:4. —"그(헤롯)가 그(베드로)를 잡으매 옥에 가두어,…부활절 후에 백성 앞에 끌어내고자 하더라." RV에는 '유월절 후에' 로 나와 있다. 물론 여기에서의 부활절은 그리스도의 부활과는 무관하다.

37. 성경에서 중간이 되는 장은?

시편 117편.

38. 성경에서 중간이 되는 절은?

시편 118:8(AV).

39. 성경에는 모두 몇 단어가 사용되었는가?

773, 746(AV).

40. 구약에서 가장 짧은 절은?

역대상 1:25. — "에벨, 벨렉, 르우"

41. 신약에서 가장 짧은 절은?

요한복음 11:35. — "예수께서 눈물을 흘리시더라."

42. 시편에서 똑같이 쓰여진 네 절은?

시편 107편 8절, 15절, 21절 그리고 31절.

43. 시편 18편이 그대로 나온 성경의 장은?

사무엘하 22.

44. 가장 긴 시편은 어느 부분인가?

시편 119.

45. 가장 짧은 시편은?

시편 117.

46. 성경에 나오는 단어 중 가장 긴 단어는?

마헬살랄하스바스, 이사야 8:1, 3.

47. 다른 두 시편을 모자이크하여 만들어진 시편은?

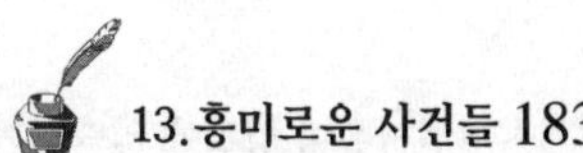

시편 108편은 시편 57:8-12과 60:7-14로 이루어졌다.

48. 이합체시로 되어 있는 시편은?

시편 119, 이것의 176절은 히브리 알파벳의 각 단어에 따라 한 부분씩 8절씩 22부분으로 나누어져 있다. 그리고 그 각각의 부분의 절마다 그 부분의 알파벳 머리 글자로 시작된다. 예를 들면 첫 여덟 절의 각각은 aleph로 시작하는 히브리 단어로 시작된다. 이러한 이합체 형식은 영어 번역에서는 지켜지지 않았다.

49.하나님이라는 말이 나와 있지 않은 성경의 부분은 어느 부분인가?

에스더서.

50.계시록에는 일곱이라는 숫자와 관련된 것들이 몇 가지나 나오는가?

열여덟 가지, 아시아의 일곱 교회(계시록 1:4), 영(1:4), 촛대(1:12), 별(1:16), 천사(1:20), 등불(4:5), 인(5:1), 뿔(5:6), 눈(5:6), 나팔(8:2), 우뢰(10:3), 칠천 명의 사람들(11:13), 머리(12:3), 면류관(12:3), 재앙(15:1), 사발(16:1), 산(17:9), 왕(17:10).

51.거의 동일한 내용으로 쓰인 성경의 두 장은?

열왕기하 19장과 이사야 37장.

52. 'j'를 제외한 영어 알파벳의 모두가 쓰인 구절은?

에스라 7:21, AV와 RV가 동일.

53. '성경에 남아 있어야 할 것'은 무엇인가?

1805년에 성경을 교정할 때 한 사람이 어떤 콤마가 제거되어야 할 것인지에 대해 물었는데 그의 편집자는 '남아있어야 할 것' 이라고 쓰면서 그 질문에 답했다. 이 답변은 아래에 나오는 갈라디아서 4:29에 나오는 몸의 유형에 포함된다: "그러나 그때에 육체를 따라 난 자가 남아야 할 성령을 따라 난 자를 핍박한 것 같이 이제도 그러하도다."

54. 잘못된 악한 내용으로 된 성경으로 어떤 것이 있었는가?

1631년 간행된 한 인쇄본에서는 출애굽기 20:14의 십계명 내용 중 'not'을 빼고 내보내서 "너희는 간음을 할지니라"는 뜻이 되어 버렸다.

55. '반바지 성경'으로 불려졌던 것은?

1560년 제노바 번역본에서는 창세기 3:7을 "그들은 스스로 야자잎으로 반바지를 만들어 입었더라"라고 하였다. AV에서는 이것을 '앞치마' 라고 하였는데 히브리어의 'chagorah' 는 '앞에 가리는 어떤 것' 을 의미한다.

56. '초 성경'으로 불려졌던 것은?

1717년의 한 편집본에서는 누가복음 20장의 표제를 '포도원' 대신 '초의 비유' 라고 하였다.

57. '당밀 성경'으로 불려졌던 것은?

1568년의 한 편지본은 예레미야 8:22를 이렇게 표현하였다: "길르앗에는 당밀(AV에는 '유향')이 있지 아니한가?" '로진 성경' 은 1609년 Douai(로마 카톨릭 교회에서 간행된)의 또 다른 이름인데 여기서는 '유향' 대신 '로진' 을 사용했다. 이것의 원어에 해당하는 히브리어의 'tsori' 는 '발삼향' 을 의미하는데 Moffatt에 의해 그 뜻대로 번역되었다.

58. '인쇄공 성경'으로 불려졌던 것은?

시편 119:161을 읽으라: "방백들이 무고히 나를 핍박하오나:" 1702년 이전의 한 때에 한 부주의한 인쇄공에 의해 첫 단어 방백들(princess)이 '인쇄공들(printers)' 로 잘못 인쇄되었다.

59. '귀에 대한 귀 성경'으로 불려졌던 것은?

마태복음 13:43을 읽으라: "…들을 귀 있는 자는 들으라(…Who hath ears to hear, let him hear)" 그러나 1810년의 한 편집본에서는 이것을 '귀에 대한 귀(ears to ear)' 로 표현했다.

60. '밤벌레 성경'으로 불려졌던 것은?

1551년의 한 편집본은 시편 91:5을 이렇게 번역했다: "너는 밤벌레들을 두려워 하지 않을 것이다" :AV는 이것을 '밤의 테러' 라고 했다.

61. '물고기들이 서는 성경'으로 불려졌던 것은?

1806년의 한 성경에서는 에스겔 47:10. "또 이 강가에 어부들(fishers)이 설 것이니" 에서 'fishers' 의 'r' 을 뺀 채 편찬했다.

62. '아내를 미워하는 자 성경'으로 불려졌던 것은?

1810년판의 한 성경은 누가복음 14:26.—"무릇 내게로 오는 자가 자기 부모와 처자와 형제와 자매 및 자기 목숨까지 미워하지 아니하면 능히 나의 제자가 되지 못하고" 의 자신의 목숨(own life)에 실수로 한 글자를 바꾸어 써서(own wife)라고 인쇄하는 실수를 저질렀다.

63. '살인자 성경'으로 불려졌던 것은?

1801년의 한 편집본에서는 유다서 1장 16절에 나오는 단어 '불평하는 자들(murmurers)' 을 '살인자들(murderes)' 이라고 잘못 인쇄하였다.

14. 재미있는 이야기들

1. 히브리인들이 kilt(남자용의 짧은 스커트의 일종)를 입었던 때는?

하눈이 강제로 벌을 내렸을 때, 역대상 19:4.—"하눈이 이에 다윗의 신복들을 잡아 그 수염을 깎고 그 의복의 중동 볼기까지 자르고 돌려보내매."

2. 푸른 끈으로 장식된 모자를 썼던 사람은?

아론, 출애굽기 28:37-38과 출애굽기 39:31을 보라.—"그 패를 청색 끈으로 관 위에 매되 곧 관 전면에 있게 하라;…이 패가 아론의 이마에 있어서,…" RV는 '관' 대신 '두건' 으로 썼다.

3. 천사에게 스프(국)를 대접한 사람은?

기드온, 사사기 6:11, 19.—"여호와의 사자가 상수리나무 아래에 앉으니라…기드온이 가서 염소새끼 하나를 준비하고,…국을 양푼에 담아서 상수리나무 아래 그에게로 다져다가 드리매."

4. 벗은 채 고기를 잡고 있었던 사람은?

베드로, 요한복음 21:7. — "시몬 베드로가 주라 하는 말을 듣고 겉옷을 두른 후에(벗고 있다가) 바다로 뛰어내리더라."

5. 나무 뒤에서 쥐를 먹은 사람은?

'이교도'의 성직자, 이사야 66:17. — "스스로 거룩히 구별하며 스스로 정결케 하고 동산에 들어가서 그 가운데 있는 나무 뒤에서 돼지고기와 가증한 물건과 쥐를 먹는 자가 다 함께 망하리라. 여호와의 말씀이니라."

이 나무는 아마도 '아세라' 또는 신성시되는 나무로 나무 숭배 또는 남근 숭배의 풍습이었을 것이다. 신명기 16:22을 보라.

또한 신성시된 쥐에 대한 흥미있는 이야기에 관해서는 사무엘상 6장을 보라.

6. 벼룩을 사냥하는 왕에 관한 이야기가 나오는 부분은?

사무엘상 26:20. — "…이는 산에서 메추라기를 사냥하는 자와 같이 이스라엘왕이 한 벼룩을 수색하러 나오셨음이니이다."

7. 철로 된 뿔을 만든 사람은?

시드기야, 열왕기상 22:11. — "그나아나의 아들 시드기야는 철로 뿔들을 만들어 가지고…"

8. 벌거벗고 가면서 타조 소리를 내겠다고 말한 사람은?

미가, 미가 1:8(RV). — "이러므로 내가 벌거벗은 몸으로 행하며; 들개같이 애곡하고 타조같이 애통하리니." AV는 '용'과 '올빼미'라는 단어를 사용하였다.

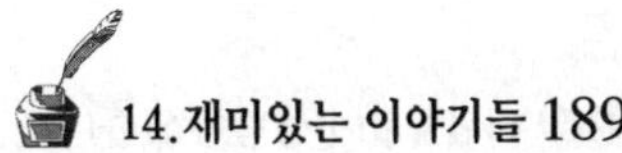

9. 물고기 뱃속에서 기도한 사람은?

요나, 요나 2:1.—"요나가 물고기 뱃속에서 하나님 여호와께 기도하여 가로되."

10. 하나님께 자신의 눈물을 병에 담아달라고 청한 사람은?

다윗, 시편 56:8.—"…나의 눈물을 주의 병에 담으소서: …"

11. 아들 이름을 헨(Hen)이라고 지은 사람은?

스바냐, 스가랴 6:14.—"…스바냐의 아들 헨,…"

12. 두 시간 동안 한 문장을 외친 사람은?

에베소의 시민들, 사도행전 19:34.—"…다한 소리로 외쳐 가로되 크다 에베소 사람의 아데미여 하기를 두 시간 동안이나 하더니."

13. 베일로 얼굴을 가렸던 사람은?

모세, 출애굽기 34:33.—"모세가 그들에게 말하기를 마칠 때까지 베일로 자기 얼굴을 가리웠더라."

14. 칭찬하는 뜻의 나귀로 불리우던 사람은?

잇사갈, 창세기 49:14.—"잇사갈은 양의 우리 사이에 꿇어 앉은 건장한 나귀로다."

15. 자신의 슬픔에 대한 보상으로 귀고리를 모은 사람은?

기드온, 사사기 8:24-27.—"기드온이 또 그들에게 이르되…너희는 각기 탈취한 귀고리를 내게 줄지니라 하니…기드온이 그것으로 에봇 하나를 만들어서 자기의 성읍 오브라에 두었더니:온 이스라엘이 그것을 음란하게 위하므로:그것이 기드온과 그 집에 올무가 되니라."

분명 '에봇' 은 우상이었거나 점이나 우상숭배에 사용되었던 물건이었을 것이다. 사사기 17:5과 사무엘상 21:9 또한 살펴 보라.

16. 베로 된 고의를 입었던 사람들은?

아론과 그의 아들들, 출애굽기 28:42-43.—"또 그들을 위하여 베로 고의를 만들어; 허리에서부터 넓적다리까지 이르게 하여 하체를 가리게 하라:이것은 아론과 그의 아들들에 관한 것이 될 것이고,…"

17. 누가 뱀으로 하여금 이스라엘 사람들을 물게 하겠다고 협박했는가?

하나님, 아모스 9:3.—"…내 눈을 피하여 바다 밑에 숨을지라도 내가 거기서 뱀을 명하여 물게 할 것이요:"

바다뱀과 바다용에 관한 더 자세한 이야기에 관하여는 이사야 27:1을 보라.

18. 예수님이 '우뢰의 아들들'이라는 별명을 붙여 준 두 제자는?

야고보와 요한, 마가복음 3:17.—"또 세베대의 아들 야고보와 야고보의 형제 요한이니 이 둘에게는 보아너게 곧 우뢰의 아들이란 이름을 더하셨으며:"

19. 쥬피터와 머큐리로 오인되었던 두 제자는?

바나바와 바울, 사도행전 14:12.—"그들이 바나바는 쥬피터라 하고; 바울은 그중에 말하는 자이므로 머큐리라 하더라."

20. 어떤 군인들이 개를 모방했는가?

기드온의 군인들, 사사기 7:5. — "…여호와께서 기드온에게 이르시되 무릇 개가 핥는 것 같이 그 혀로 물을 핥는 자들을 너는 따로 세우고 ; …"

21. 수염을 깎인 것을 크게 부끄러워한 사람은?

다윗의 신복들, 역대상 19:4, 5. — "…그들의 수염을 깎고…그 사람들이 심히 부끄러워하므로."

22. 죽기 전에 자신을 조금이라도 평안하도록 내버려 달라고 하나님께 요청한 사람은?

욥, 욥기 10:20-21. — "…그런즉 그치시고 나를 버려두사 저으기 평안하게 하옵시되 내가 돌아오지 못할 땅 곧 어둡고 죽음의 그늘진 땅으로 가기 전에 그리 하옵소서."

23. 일 년에 한 번씩 머리를 자른 사람은?

압살롬, 사무엘하 14:26. — "그가 머리털을 깎을 때에(그는 연말마다 머리털을 깎았는데;이유는 그 머리털이 너무 무거웠기 때문이다: 달아본즉 왕의 저울로 200세겔이었더라" (이것은 6파운드 4온스에 해당한다).

24. 누가 "거름더미를 안았는가?"

붉은 옷을 입으면서 귀하게 자라난 자, 예레미야 애가 4:5. — "…전에는 붉은 옷을 입고 길리운 자가 이제는 거름더미를 안았도다."

25. 누구의 "허리에 기름이 엉기었는가?"

욥기 15:20, 27에 나와 있는 '악인' — "악인은…그 얼굴에는 살이 찌고 허리에는 기름이 엉기었고."

26. '게으름뱅이'로 불리운 사람들은?

그레데 사람들, 디도서 1:12.—"그레데인 중에 어떤 선지자가 말하되 그레데인들은 항상 거짓말쟁이이며 악한 짐승이며 배만 위하는 게으름뱅이라 하니." 이 선지자는 에피메니데스라 하는 학자와 동일 인물로 알려져 있다.

27. 잠자다가 머리털을 깎인 사람은?

삼손, 사사기 16:19.—"들릴라가 삼손으로 자기 무릎을 베고 자게 하고; 사람을 불러 그 머리털을 일곱 가닥을 밀고;…"

28. 자신의 지팡이에 '은총'과 '연락'이라는 이름을 붙인 사람은?

스가랴, 스가랴 11:7.—"…내가 이에 막대기 둘을 취하여; 하나는 은총이라 하며 하나는 연락이라 하고 ;…"

29. 누구의 전차가 여자들이 목욕하는 곳에 빠졌는가?

아합, 열왕기상 22:38.—"그 병거를 사마리아 못에 씻으매:개들이 그 피를 핥았으니(거기는 창기들이 목욕하는 곳이었더라);…" RV에도 똑같이 쓰여 있다. AV에는 마지막 구절 뒤에 "그리고 그들이 갑옷과 투구를 씻었더라 ;"라는 구절이 덧붙여져 있다.

30. 양심이 신장(콩팥)에 있다고 생각한 사람은?

시편의 작가, 시편 73:21.—"내 마음이 산란하며 내 심장이 찔렸나이다." 또한 시편 16:7은 이렇게 말한다.—"…밤마다 내 심장이 나를 교훈하도다."

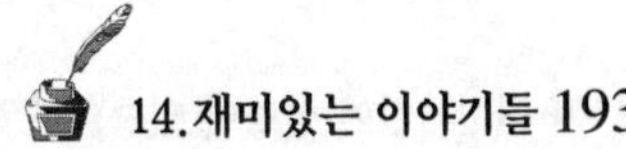

신장이 감정이나 애정의 원천이 되는 기관으로 여겨진 것은 성경시대의 일반적인 믿음이었다. 잠언 23:16, 계시록 2:23 또한 살펴 보라. 단어 '신장(reins)' 은 콩팥(kidneys)을 뜻하는 라틴어의 renes를 어원으로 한다.

콩팥은 도덕성의 자리로 신체 기관 중 가장 중요한 곳으로 생각되었고 특히 여호와께 화제를 드릴 때 제물(祭物)로 바쳐졌다. 이에 대해서는 레위기 3:4-5을 보라.

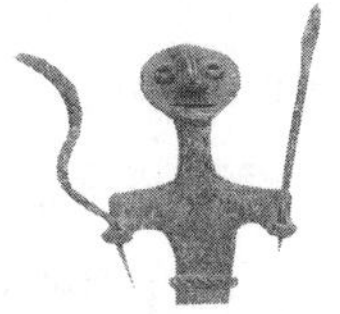

15. 대조

1. 아버지(父系)쪽으로 볼 때 예수의 할아버지는 누구인가?

마태는 '야곱' 이라고 하는데 누가는 '헬리' 라고 한다. 마태복음 1:16. — "야곱은 마리아의 남편 요셉을 낳았으니 마리아에게서 그리스도라 칭하는 예수가 나시니라." 누가복음 3:23. — "예수께서 가르치심을 시작할 때에 삼십 세쯤 되시니라 사람들의 아는 대로는 요셉의 아들이니 요셉의 이상은 헬리요." 이러한 대조는 그리스도인들에게 많은 논쟁거리가 되었는데 이 두 계보의 많은 대조 중 유일하게 논의되는 논쟁거리였다.

2. 다윗의 마음을 움직여 인구조사를 하게 한 이는?

사무엘하는 '하나님' 이라고 하지만 역대상은 '사탄' 이라고 한다. 사무엘하 24:1-2. — "여호와께서 다시 이스라엘을 향하여 진노하사 저희를 치시려고 다윗을 감동시키사 가서 이스라엘과 유다의 인구를 조사하라 하신지라. 왕이 이에 그 곁에 있는 군대 장관 요압에게 이르되…너는 가서…인구를 조사하라." 역대상 21:1-2. — "사단이 일어나 이스라엘을 대적하고 다윗을 격동하여 이스라엘을 계수케 하니라. 다윗이 요압에게 이르되…가서 이스라엘을 계수하고….”

3. 베드로가 예수님을 부인할 때 닭이 몇 번 울었는가?

마가는 두 번이라고 말하고 마태와 누가와 요한은 한 번이라고 말한다. 마태복음 14:72.—“닭이 곧 두 번째 울더라. 이에 베드로가 예수께서 자기에게 하신 말씀 곧 닭이 두 번 울기 전에 네가 세 번 나를 부이하리라 하심이 기억되어 생각하고 울었도다.” 마태복음 26:74-75.—“…닭이 곧 울더라. 이에 베드로가 예수의 말씀에 닭 울기 전에 네가 세 번 나를 부인하리라 하심이 생각나서 밖에 나가서 심히 통곡하니라.” 또한 누가복음 22:60-61과 요한복음 13:38; 18:27도 찾아 보라.

4. 누가 거인 골리앗을 죽였는가?

다윗과 엘하난, 사무엘상 17:23, 50.—“…마침 불레셋 사람의 싸움 돋우는 가드 사람 골리앗이라 하는 자가 그 대열에서 나와서,…다윗이 이같이 물매와 돌로 블레셋 사람을 이기고 그를 쳐 죽였으나;…” 사무엘하 21:19 RV.—”…베들레헴 사람 야레오르김의 아들 엘하난이 가드 골리앗을 죽였는데 그 자의 창자루는 베틀채 같았더라.“ 역대상 20:5은 엘하난이 골리앗의 아우를 죽였다고 말함으로써 이러한 대조가 없게 해 주고 AV에서도 사무엘하 21:19의 본문에 ‘~의 아우’ 라는 어구를 삽입해 넣었다.

5. 누가 사울을 죽였는가?

사무엘상에서는 사울이 스스로 죽었다고 하지만 사무엘하에서는 아말렉 사람이 그를 죽였다고 한다. 사무엘상 31:4-6.—“…이에 사울이 자기 칼을 취하고 그 위에 엎드러지매…사울이 죽고,…” 사무엘하 1장은 한 아말렉 사람이 다윗에게 그가 사울의 마지막 요구에 따라 어떻게 사울을 죽였는가를 보고하는 이야기이다. 1장 15절의 마지막 요구에 따라 어떻게 사울을 죽였는가를 보고하는 이야기이다. 1장 15절의 "…다윗이 소년 중 하나를 불러 이르되 가까이 가서 저(아말렉 사람)를 죽이라 하매…"는 '하나님의 기름부음 받은 자'를 죽인 것에 대한 벌이었다. 사무엘하의 내용은 사무엘상에 기록된 사울의 자살의 불명예를 벗겨주기 위해 기록된 내용인가?

6. 하나님은 사람을 시험하시는가?

창세기를 보면 그렇다고 할 수 있지만 야고보서에서는 그렇지 않다. 창세기 22:1.—"그 일 후에 하나님이 아브라함을 시험하시려고,…" 하나님이 어떻게 시험하셨는가는 그 다음을 보라. 야고보서 1:13.—"사람이 시험을 받을 때에 내가 하나님께 시험을 받는다 하지 말지니:하나님은 악에게 시험을 받지도 아니하시고 친히 아무도 시험하지 아니하시느니라."

7. 솔로몬은 몇 마리의 말을 가지고 있었는가?

열왕기상에서는 40,000마리라고 하고 역대하에서는 4,000마리라고 한다. 열왕기상 4:26.—"솔로몬의 병거의 말의 외양간이 사만이요,…" 역대하 9:25.—"솔로몬의 병거에는 말의 외양간이 사천이요,…"

8. 예수님은 산상설교에서 복 있는 사람을 몇 종류로 들어 설명했는가?

마태복음 5:3-11에서는 아홉 종류의 사람으로, 그러나 누가복음 6:20-23에서는 네 종류만 열거했다.

9. 예수 십자가의 정확한 비문은?

마태복음 27:37.—"이는 유대인의 왕 예수이다."
마가복음 15:26.—"유대인의 왕 예수."
누가복음 23:38.—"이는 유대인의 왕이다."
요한복음 19:19.—"유대인의 왕 나사렛 예수."

10. 사람은 누구나 죄를 짓는가?

열왕기상 8:46.—"…범죄치 아니하는 사람이 없사오니,…" 역대하 6:36; 잠언 20:9; 전도서 7:20;요한1서 1:8-10에서도 똑같이 말한다. 그러나 요한1서 3:9는 어떤 사람도 죄를 짓지 않고 지울 수 없다고 말한다.—"하나님께로서 난 자마다 죄를 짓지 아니하나니 이는 하나님의 씨가 그의 속에 거함이요 저도 범죄치 못하는 것은 하나님께로서 났음이라."

11. 누가 토기장이의 밭을 샀는가?

사도행전에서는 유다가 그것을 샀다고 말하지만 마태는 대제사장이 샀다고 말한다. 사도행전 1:18-19.—"이 사람이 불의의 삯으로 밭을 사고; 후에 몸이 곤두박질하여 배가 터져 창자가 다 흘러 나온지라. 이 일이 예루살렘에 사는 모든 사람에게 알게되어; 그 밭을 이르되 아겔다마라 하니 이는 피밭이라는 뜻이라." 마태복음 27:6-8.—"대제사장들이 그 은을 거두며 가로되 이것은 피값이다. 성전고에 넣어 둠이 옳지 않다 하고 의논한 후 이것으로 토기장이의 밭을 사서 나그네의 묘지를 삼았으니 그러므로 오늘날까지 그 밭을 피밭이라 일컫느리라." 또 한 가지 대조되는 중요한 점은 사도행전에서는 유다의 피 때문에 피밭이라 하였지만; 마태는 예수의 피 때문에 그렇게 하였다는 점이다.

12. 토기장이의 밭에 관해 예언한 사람은?

마태복음 27:9-10에서는 이렇게 말한다;"이에 선지자 예레미야로 하신 말씀이 이루었나니 일렀으되 저희가 그 정가된 자 곧 이스라엘 자손 중에서 정가한 자의 가격을 곧 은 30을 가지고; 토기장이의 밭 값으로 주었으니 이는 주께서 내게 명하신 바와 같으니라 하였더라." 그러나 예레미야에는 이러한 구절이 없다. 아마도 마태가 생각했던 구절은 스가랴 11:12-13인 것 같다:"내가 그들에게 이르되 너희가 좋게 여기거든 내 값을 내게 주고; 그렇지 아니하거든 말라. 그들이 곧 은 30을 달아서 내 값을 삼은지라. 여호와께서 내게 이르시되 그들이 나를 헤아린 바 그 준가를 토기장이에게 던지라 하시기로:내가 곧 은 30을 여호와의 전에서 토기장이에게 던지고." 이것은 예레미야도 스가랴도 토기장이의 밭에 관해 예언을 하지 않았다는 것과 사건들 사이의 관계가 단지 단어와 구의 일치의 문제라는 증거가 된다.

13. 바울은 어떤 장(章)에서 모순된 말을 했는가?

갈라디아서 6:2에서 바울은 이렇게 말한다:"너희가 짐을 서로 지라. 그리하여 그리스도의 법을 성취하라." 그러나 5절에서 그는 이렇게 말한다:"각각 자기의 짐을 질 것이니라."

14. 근접한 구절에서 전적으로 대조되는 충고가 담겨있는 부분은?

잠언 26:4에서는 이렇게 충고한다:"미련한 자의 어리석은 것을 따라 대답하지 말라. 두렵건대 네가 그와 같을까 하노라." 5절에서는 이렇게 말한다:"미련한 자의 어리석은 것을 따라 그에게 대답하라. 두렵건대 그가 스스로 지혜롭게 여길까 하노라."

15. AV(킹 제임스)에는 중요한 구절로 나와 있지만 RV에는 생략되어 있는 부분은?

요한1서 5:7. — "하늘에 기록된 이가 셋이니 아버지와 말씀과 성령이라: 이 셋은 하나니라."

AV에 나와 있는 이 구절은 RV에는 포함되지 않았는데 이것은 초기 헬라어 필사본에는 나와 있지 않기 때문이다. 그리고 이것은 삼위일체론이 성경에 실리기를 원하는 신앙심이 깊지만 비윤리적인 주석가에 의해 도입된 구절로 보인다. RV는 6절을 나누어서 그 뒷부분으로 7절을 썼다.

16. 아이가 없다가 다섯 아들을 가진 여인은 누구인가?

미갈, 사무엘하 6:23. — "그러므로 사울의 딸 미갈이 죽는 날까지 자식이 없으니라." 이것은 그녀가 그녀의 남편 다윗이 경망스럽게 옷을 벗는 것을 꾸짖은 것 때문에 받은 벌이었다. 그런데 다윗의 이 행위는 그가 종교적인 행렬에서 하나님 앞에 춤을 추기 위해 한 것이므로 전적으로 옳은 것으로 간주되었다. 그러나 사무엘하 21:8에서는 이렇게 말한다. "사울의 딸 메랍에게서 난 자 곧 므홀랏 사람 바실래의 아들 아드리엘의 다섯 아들":그러나 AV는 그 주석에서 실제 히브리인들은 '아드리엘의 집에 태어난' 으로 말한다고 언급한다. 사무엘상 18:19는 사울의 또 다른 딸 메랍이 아드리엘의 아내였다고 말한다. 사무엘하 21:8은 메랍이라고 해야 할 것을 필사자의 실수로 미갈로 쓰여진 것이 틀림없는 듯하다.

17. 열여덟 살 때 여덟 살이었던 왕은?

여호야긴, 열왕기하 24:8. — "여호야긴이 위에 나아갈 때에 나이 십팔 세라. 예루살렘에서 석 달을 치리하니라…" 역대하 36:9. — "여호야긴이 위에 나아갈 때에 나이 팔세라. 예루살렘에서 석 달 열흘을 치리하며…"

18. 결혼할 것을 권한 사람과 그것을 반대한 사람은?

솔로몬은 결혼을 찬성했고 바울은 반대했다. 잠언 18:22.—"아내를 얻는 자는 복을 얻고 여호와께 은총을 받은 자니라." 바울에 대하여는 고린도전서 7장 전체를 보라. 그는 1절에서 이렇게 말한다.:"너희의 쓴 말에 대하여는 남자가 여자를 가까이 아니함이 좋으나." 그러나 2절에서는 남자와 여자 모두 음행을 피하기 위하여는 결혼하는 것이 좋다고 말한다. 27절에서 그는 "네가 아내에게 내였느냐? 놓이기를 구하지 말며 아내에게서 놓였느냐? 아내를 구하지 말라."라고 말하고 39절과 40절에서는 이렇게 말한다:"아내가 그 남편이 살 동안에 매여 있다가 남편이 죽으면 자유하여 자기 뜻대로 시집갈 것이나:주 안에서만 할 것이니라." 이처럼 바울은 결혼에 대해서 솔로몬처럼 열성적이지 않았다.

19. 사울(바울)이 회심할 때 그와 함께 있던 자들은 그 소리를 들었는가?

사도행전 9:7은 이렇게 말한다:"같이 가던 사람들은 소리만 듣고 아무도 보지 못하여 말을 못하고 섰더라." 그러나 같은 사건을 바울 스스로는(사도행전 22:9) 이렇게 보고한다:나와 함께 있는 사람들이 빛은 보면서도; 나더라 말하시는 이의 소리는 듣지 못하더라."

20. 예수님는 세례받은 후 사흘간 어디에 있었는가?

마가복음 1:12-13은 세례받은 후 '즉시'라고 말한다:"성령이 곧 예수를 광야로 몰아 내신지라. 광야에서 40일을 계셔서 사단에게 시험을 받으시며;…" 그러나 네 번째 복음의 저자인 요한은(요한복음 1:35에서) 세례받은 다음날 예수는 안드레와 시몬 베드로를 제자로 불렀고 그 다음날에는(1:43) 갈릴리로 가셔서 빌립과 나다니엘을 제자로 부르셨으며 세 번째 날(2:1-11)에는 갈릴리 가나의 혼인 잔치에 참석하셨다.

21. 예수의 부활과 승천 사이에 몇 명의 제자들이 있었는가?

고린도전서 15:5에 따르면 열두 명. ― "게바에게 보이시고 후에 열두 제자와." 그러나 유다는 예수가 부활하기 전에 목매어 죽었고(마태복음 27:3-5) 맛디아는 승천하기까지 아직 제자로 뽑히지 않았었다(사도행전 1:9-26).

22. 다윗의 아들 중 누가 예수의 조상이 되었는가?

마태는 솔로몬을 예수의 조상으로 추정하지만(마태복음 1:6-7) 반면 누가는 다윗의 또 다른 아들인 나단을 조상으로 추정한다(누가복음3:31).

16. 기적과 이적

1. 일백 파운드나 되는 무게의 우박이 묘사되어 있는 부분은?

계시록 16:21.—"또 하늘에서 한 달란트나 되는 큰 우박이 내리는데…" 한 달란트의 무게는 108파운드에서 130파운드 사이의 무게로 볼 수 있다. 성경에 나타난 또 다른 큰 우박으로는 여호수아 10:11; 출애굽기 9:22-35; 계시록 11:19에서 찾아 볼 수 있다. 성경에서 우박은 항상 하나님의 벌로 상징되는데 서른 번 이상 언급되고 있다. 성경에 관한 허스팅(Hasting)의 사전, 권 2.282쪽에서 Macalister는 계시록 16:21에 나오는 것보다 더 큰 다른 우박에 관해 기록하고 있다.

2. 유령의 손이 나타난 곳은?

벨사살의 연회에, 벽에 글씨를 쓰는 환영이 나타남. 다니엘 5:5.—"그때에 사람의 손가락이 나타나서 왕궁 촛대 맞은편 분벽에 글자를 쓰는데: 왕이 그 글자 쓰는 손가락을 본지라."

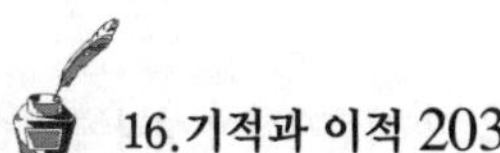

3. 두 개의 막대기가 하나가 된 때는?

에스겔 37:15-17.—"여호와의 말씀이 또 내게 임하여 가라사대 인자야 너는 막대기 하나를 취하여 그 위에 유다와 그 짝 이스라엘 자손이라 쓰고:또 다른 막대기 하나를 취하여 그 위에 에브라임의 막대기 곧 요셉과 그 짝 이스라엘 온 족속이라고 쓰고:그 막대기들을 서로 연합하여 하나가 되게 하라; 네 손에서 둘이 하나가 되리라."

4. 특별한 금속의 무게를 바꾼 사람은?

엘리사, 열왕기하 6:5-6.—"한 사람이 나무를 벨 때에 도끼가 자루에서 빠져 물에 떨어진지라:…하나님의 사람이…나뭇가지를 베어 물에 던져서; 도끼로 떠오르게 하고,"

5. 불이 돌을 태운 때는?

열왕기상 18:38.—"이에 여호와의 불이 내려서 번제물과 나무와 돌과 흙을 태우고 또 도랑의 물을 핥은지라."

6. 아비도 없고 어미도 없고 조상도 없고 태어난 날도 없고 죽지도 않았으면서 성경에 열한 번 언급된 역사적인 인물은?

멜기세덱(때로 멜기제덱으로도 쓰인다), 히브리서 7:1-3.—"이 멜기세덱은 살렘 왕이요 지극히 높으신 하나님의 제사장이라. 여러 임금을 쳐 죽이고 돌아오는 아브라함을 만나 복을 빈 자라; 아브라함이 일체 십분의 일을 그에게 나눠 주니라; 그 이름을 번역한 즉 첫째의 왕이요 살렘왕이니 곧 평강의 왕이요:아비도 없고 어미도 없고 조상도 없고 시작한 날도 없고 생명의 끝도 없어 하나님 아들과 방불하여; 항상 제사장으로 있느니라."

'조상도 없고' 를 margin에서는 '족보도 없고' 라고 하였고 RV에서는 '혈통도 없고' 라고 하였다.

이 이상한 사람에 대해서는 창세기 14:18; 시편 110:4; 히브리서 5:6, 10; 6:20; 7:10, 11, 15, 17, 21 등에 언급되어 있다. 히브리서의 기자가 흥미롭게도 멜기세덱을 그리스도의 원형으로 보면서 그를 그리스도에 비유한 것은 분명한 사실인데 이는 왕들을 살육하고 돌아오다가 아브라함을 만난 소돔의 왕이 나오는 창세기 14:18을 변화시키고 확대한 것으로 보인다.

그런데 히브리서의 기자가 창세기 14:18의 '빵과 포도주' 를 주의 만찬의 원형으로 끌어들이지 않은 것은 주의 만찬이 히브리서가 저작된 것보다 후의 일이 아니라면 이해하기 어렵다.

멜기세덱이 설교의 주제로서 매우 인기가 있다는 것을 말해 둘 필요가 있겠다. 이것은 다분히 기적적이고 신비적이어서 해석자의 호기심을 자아낸다.

7. 어떤 도시에서 이만칠천 명 위에 성이 무너졌는가?

아벡, 열왕기상 20:30.—"그 남은 자는 아벡으로 도망하여 성읍으로 들어갔더니 그 성이 그 남은 자 이만칠천 위에 무너지고…"

8. 초인적인 청력을 은사로 받은 선지자는?

엘리사, 열왕기하 6:12-13.—"왕이여…오직 이스라엘 선지자 엘리사가 왕이 침실에서 하신 말씀이라도 이스라엘왕에게 고하나이다."

9. 병든 사람들이 그들의 위에 떨어지는 사람의 그림자에 의해 치료받았던 때는?

사도행전 5:15-16.—"심지어 병든 사람을 메고 거리에 나가 침대와 요

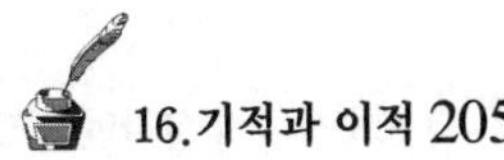

위에 뉘우고 베드로가 지날 때에 혹 그 그림자라도 뉘게 덮일까 바라고 예루살렘 가까운 도시들에서 온 허다한 사람들도 모여 병든 사람과 더러운 귀신에게 괴로움 받는 사람들을 데리고 와서:다 나음을 얻으니라."

그림자의 기적적이고 신비한 효력에 관한 더 많은 예를 알아보려면 프레이져의 황금가지(Frazer' s Golden Bough) 3권, pp.77-83을 보라.

10. 철문이 저절로 열린 때는?

사도행전 12:10.—"이에 첫째와 둘째 파수를 지나 성으로 통한 쇠문에 이르니; 문이 저절로 열리는지라:나와 한 거리를 지나매,…"

11. 늙지 않고 120세를 산 사람은?

모세, 신명기 34:7.—"모세의 죽을 때 나이 일백이십 세나:그 눈이 흐리지 아니하였고 기력이 쇠하지 아니하였더라." 마지막으로 덧붙인다면 margin에서 지적하는 것처럼 이 히브리인은 '그 피부의 수분도 없어지지' 않았다.

12. 말을 잘못한 즉시 벌레에 먹혀 죽은 왕은?

헤롯, 사도행전 12:21-23.—"헤롯이 날을 택하여 왕복을 입고 위에 앉아 백성을 호유한대 백성들이 크게 부르되 이것은 신의 소리요 사람의 소리는 아니라 하거늘 헤롯이 영광을 하나님께로 돌리지 아니하는고로 주의 사자가 곧 치니:충이 먹어 죽으니라."

13. 소경이 된 마법사는?

엘루마, 사도행전 13:8-11.—"그러나 이 마법사 엘루마는…저희를 대적하여,…즉시 안개와 어두움이 그를 덮어 인도할 사람을 두루 구하는지라."

14. 누구의 머리카락이 새의 깃털처럼 되었는가?

느부갓네살, 다니엘 4:33.—"그 동시에 이 일이 나 느부갓네살에게 응하므로:내가 사람에게 쫓겨나서 소처럼 풀을 먹으며 몸이 하늘 이슬에 젖고 머리털이 독수리 털과 같았고 손톱은 새 발톱과 같았었느니라."

15. 날아가는 두루마리를 본 사람은?

스가랴, 스가랴 5:1-2.—"내가 다시 눈을 든즉 날아가는 두루마리가 보이더라. 그가 내게 묻되 네가 무엇을 보느냐? 하기로 내가 대답하되 날아가는 두루마리를 보나이다; 그 길이가 이십 큐빗이요 폭이 십 큐빗이니이다." 이 두루마리(roll)는 '두루마리(scroll: Moffatt의 번역으로)' 인데 도둑과 악인들에 대한 저주를 상징한다.

16. 물 위를 걸은 두 사람은?

예수와 베드로, 마태복음 14:25-33. 특히 25절과 29절을 주의.—"밤 사경(四更)에 예수께서 바다 위로 걸어서 제자들에게 오시니…베드로가 배에서 내려 물 위로 걸어서 예수께로 가되."

17. 성경 속의 인물 중 죽었다가 살아난 사람은 모두 몇 명인가?

12명, (1) 사르밧 과부의 아들, 열왕기상 17:22. (2) 수넴여인의 아들, 열왕기하 4:32-35. (3) 엘리사의 뼈에 몸이 닿았던 사람, 열왕기하 13:21. (4) 예수 그리스도, 마태복음 28:5-7; 마가복음 16:6; 누가복음 24:6. (5) 나인성 과부의 아들, 누가복음 7:12-15. (6) 야이로의 딸, 누가복음 8:53-55. (7) 나사로, 요한복음 11:43-44. (8) 다비다(도르가), 사도행전 9:40. (9) 유

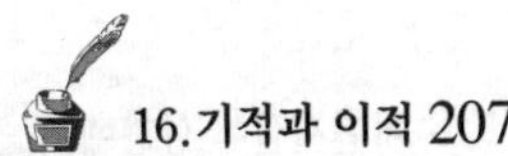

두고, 사도행전 20:9-12. (10) 사무엘, 사무엘상 28:14(11절과 12절) 모세와 엘리야, 누가복음 9:30. 마지막 세 사람은 앞에 나온 아홉 사람과 다른 예로 영혼이 형체를 나타낸 예를 기술한 것이다.

마태복음 27:52-53에는 다른 복음서에 기록되지 않은 죽은 사람들의 완전한 부활에 관한 기이한 설명이 기록되어 있다: "무덤들이 열리며; 자던 성도의 몸이 많이 일어나되 예수의 부활 후에 저희가 무덤에서 나와서 거룩한 성에 들어가 많은 사람에게 보이더라."

18. '날아다니는 불뱀'이 있는 것으로 믿은 사람은?

이사야, 이사야 30:6. — "남방 짐승에 관한 경고라: 암사자와 수사자와 독사와 및 날아다니는 불뱀이 나오는 위험하고 곤고한 땅을 지나,…이사야 14:29 또한 보라.

19. 물뱀이 언급된 부분은?

아모스 9:3. — "…내 눈을 피하여 바다 밑에 숨을지라도 내가 거기서 뱀을 명하여 물게 할 것이요." 또한 히브리 신화에는 라합이라고 불리우는 신화적인 바다 괴물이 나오는데 이것은 시편 87:4; 89:10; 이사야 51:9; RV판 욥기 9:13; 26:12; 이사야 30:7에도 언급되어 있다. 바빌론 사람들도 열한 부하를 거느리는 것으로 가정되는 티아멧이라는 바다 괴물을 믿었다. 마찬가지로 라합도 RV판 욥기 9:13에 보면 부하들을 거느리고 있었다고 되어 있는데 라합은 티아멧의 히브리 번역에 해당하는 것 같다.

20. 나귀와 말을 한 사람은?

발람, 민수기 22:28-30. — "여호와께서 나귀 입을 여시니 발람에게 이르되 내가 네게 무엇을 하였기에 나를 이같이 세 번을 때리느뇨? 발람이 나귀에게 말하되 네가 나를 거역하는 연고니:내 손에 칼이 있었더면 곧 너를 죽였으리라. 나귀가 발람에게 이르되 나는 네가 오늘까지 네 일생에 타는 나귀가 아니냐? 내가 언제든지 네게 이같이 하는 행습이 있더냐? 가로되 없었느니라."

동물을 지능이 있는 것으로 가정하고 그들이 인간의 말을 이해한 것에 대한 재미있는 비유들에 대해 더 알고 싶으면 프레이져(Frazer)의 황금가지(Golden Bough) 3권, pp. 398-400을 보라.

17. 왕

1. 칠십 왕을 자신이 다룬 대로 엄지손가락과 발가락이 잘린 왕은?

아도니 베섹, 사사기 1:6-7.—"아도니 베섹이 도망하는지라; 그를 좇아가서 잡아 그 수족의 엄지가락을 끊으매 아도니 베섹이 가로되 옛적에 칠십 왕이 그 수족의 엄지가락을 찍히고 내 상 아래서 먹을 것을 줍더니:하나님이 나의 행한 대로 내게 갚으심이로다 하니라. 무리가 그를 끌고 예루살렘에 이르렀더니 그가 거기서 죽었더라."

2. 칠 일 간 통치한 다음 스스로 불에 타 죽은 사람은?

시므리, 열왕기상 16:15-18.—"유다왕 아사제 이십칠년에 시므리가 디르사에서 칠 일 동안 왕이 되니라.…오므리가 이에 이스라엘 무리를 거느리고 깁브돈에서부터 올라와서 디르사를 에워 쌌더라. 시므리가 성이 함락됨을 보고 왕궁 위소에 들어가서 왕궁이 불을 놓고 그 가운데서 죽었으니."

3. 갖고 싶은 땅을 얻지 못해서 시무룩하게 침상에 누워있었던 왕은?

아합, 열왕기상 21:2-4.—"아합이 나봇에게 일러 가로되 네 포도원이 내 궁 곁에 가까이 있으니 내게 주어 나물밭을 삼게 하라:내가 그 대신에 그보다 더 아름다운 포도원을 네게 줄 것이요; 만일 합의하면 그 값을 돈으로 네게 주리라. 나봇이 아합에게 말하되 내 열조의 유업을 왕에게 주기를 여호와께서 금하실지로다 하니 아합이 근심하고 답답하여 궁으로 돌아와서…침상에 누워 얼굴을 돌이키고 식사를 아니 하니."

4. 침실 창문에서 떨어진 왕은?

아하시아, 열왕기하 1:2.—"아하시아가 사마리아에 있는 그 다락 난간에서 떨어져 병들매:…"

5. 죽었을 때 향재료를 가득 채운 침상 위에 뉘어진 왕은?

아사, 역대하 16:13-14(이 의미는 Moffatt의 번역에 훨씬 더 분명히 나타나 있다).—"아사가 그 열조와 함께 자매,…다윗성에 자기를 위하여 파두었던 묘실에 무리가 장사하되 그 시체를 법대로 만든 각양 향재료를 가득히 채운 상에 두고:…"

6. 자신의 맏아들을 희생 제물로 바쳐서 이스라엘의 침략을 막은 왕은?

모압의 왕, 열왕기하 3:26-27(Moffatt의 번역에 더 확실히 나타나 있다).—"모압 왕이 전세가 극렬하여 당하기 어려움을 보고 칼 찬 군사 칠백을 거느리고 충돌하여 지나서 에돔왕에게로 가고자 하되 능히 못 하고 이에 자기 위를 이어 왕이 될 맏아들을 취하여 성 위에서 번제를 드린지라. 이스라엘에게 크게 통분함이 임하매 저희가 떠나 각기 고국으로 돌아갔더라."

7. 수도 시스템을 건설한 왕은?

히스기야, 열왕기하 20:20. — "히스기야의 남은 사적과 그 모든 권력과 못과 수도를 만들어 물을 성중으로 인도하여 들인 일은 유다왕 역대 지략에 기록되지 아니하였느냐?"

8. 우연히 누군가가 쏜 화살에 맞아 죽은 왕은?

아합, 열왕기상 22:34. — "한 사람이 우연히 활을 당기어 이스라엘왕의 갑옷 솔기를 쏜지라. 왕이 그 병거 모든 자에게 이르되 내가 부상하였으니:…" 그의 죽음에 관해서는 37절이 말해 주고 있다.

9. 병 때문에 격리되어 살아야 했던 왕은?

아사랴(웃시야), 열왕기하 15:5. — "여호와께서 왕을 치셨으므로 그는 죽는 날까지 문둥이가 되어 별궁에 거하고…" RV는 '격리된 집' 으로 RV margin은 '병실' 로 기록하였다.

10. 놀라서 무릎을 서로 부딪친 왕은?

벨사살, 벽에 손이 나타나 그의 운명에 관한 글을 썼을 때, 다니엘 5:6. — "이에 왕의 즐기던 빛이 변하고 그 생각이 번민하여 넓적다리 마디가 녹는 듯하고 그 무릎이 서로 부딪친지라."

11. 자신의 아들들이 죽는 것을 보고 나서 자신도 소경이 된 사람은?

시드기야, 열왕기하 25:7. — "시드기야의 아들들을 저의 목전에서 죽이고 시드기야의 두 눈을 빼고 사슬로 결박하여 바벨론으로 끌고 갔더라."

12. 기생의 아들로 이스라엘을 육년간 다스린 사람은?

입다, 사사기 11:1; 12:7. — "길르앗 사람 큰 용사 입다는 기생이 길르앗에게 낳은 아들이었고:…입다가 이스라엘 사사가 된지 육 년이라. 길르앗 사람 입다가 죽으매 길르앗 한 성읍에 장사되었더라."

13. 열 명의 후궁을 별실에 가둬 놓고 죽을 때까지 살게 한 왕은?

다윗, 사무엘하 20:3. — "다윗이 예루살렘 본궁에 이르러; 전에 머물러 궁을 지키게 한 후궁 열 명을 잡아 별실에 가두고 먹을 것만 주고 더불어 동침치 아니하니 저희가 죽는 날까지 갇혀서 생과부로 지내니라."

14. 이십 개의 성을 선물로 받고 불쾌하게 여긴 왕은?

두로의 왕 히람, 열왕기상 9:11-13. — "…갈릴리 땅의 성읍 이십을 히람에게 주었으니 이는 두로왕 히람이 솔로몬에게 온갖 소원대로 백향목과 잣나무와 금을 제공하였음이라.

히람이 두로에서 와서 솔로몬이 자기에게 준 성읍들을 보고 눈에 들지 아니하여 이르기를 나의 형이여 내게 준 성읍들이 이러하뇨? 하고 이름하여 가불땅이라 하였더니 그 이름이 오늘까지 있느니라. "

Margin은 가불을 '불쾌한 또는 더러운' 이라는 의미로 번역하였지만 더 정확한 의미는 '무가치한 땅' 이라는 뜻일 것이다.

15. 원숭이와 공작을 수입한 왕은?

솔로몬, 열왕기상 10:22. — "왕이 바다에 다시스 배들을 두어 히람의 배와 함께 있게 하고:그 다시스 배로 삼 년에 일차씩 금과 은과 상아와 원숭이와 공작을 실어왔음이더라."

16. 아버지로부터 해시계를 상속받은 사람은?

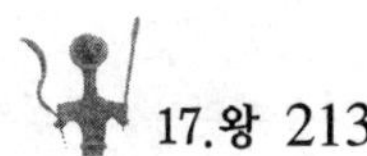

히스기야, 그의 아버지 아하스로부터, 열왕기하 20:10-11.—"히스기야가 대답하되,…그림자가 십도를 물러갈 것이니이다. 선지자 이사야가 여호와께 간구하매:아하스의 시계 위에 나아갔던 해 그림자로 십도를 물러가게 하셨더라." 이사야 38:8에서 이것은 '아하스의 해시계'로 불리웠다.

17. 발에 심한 병이 든 채 이 년 간 고통을 받으면서 하나님 대신 의사들에게 자문을 구한 왕은?

아사, 역대하 16:12-13.—"아사가 왕이 된 지 삼십구 년에 그 발이 병들어 심히 중하나:병이 있을 때에 저가 여호와께 구하지 아니하고 의원들에게 구하였더라. 아사가 위에 있은 지 삼십일 년에 죽어 그 열조와 함께 자매."

18. 손이 말라 버린 왕은?

여로보암, 열왕기상 13:4.—"여로보암왕이 하나님의 사람의 벧엘에 있는 단을 향하여 외쳐 말함을 들을 때에 단에서 손을 펴며 저를 잡으라 하더라. 저를 향하여 편 손이 말라 다시 거두지 못하며."

19. 자신의 칼 위에 떨어져 죽은 왕은?

사울, 역대상 10:4.—"…사울이 자기 칼을 취하여 그 위에 엎드러지니."

20. 일곱 살 때 통치를 시작한 왕은?

유다의 왕 요아스, 열왕기하 11:21.—"요아스가 위(位)에 나아갈 때에 나이 칠 세였더라."

21. 여덟 살 때 통치를 시작한 왕은?

유다의 요시야, 열왕기하 22:1.—"요시아가 위(位)에 나아갈 때에 나이 팔 세라,…"

22. 도우왕이 다윗왕에게 보낸 선물은 어떤 것들이었는가?

금그릇, 은그릇, 놋그릇, 역대상 18:9-10.—"하맛왕 도우가 다윗이 소바왕 하닷에셀의 온 군대를 쳐서 파하였다 함을 듣고; 그 아들 하도람을 보내어 다윗왕에게 문안하게 하고,…금과 은과 놋의 여러 가지 그릇들을 보낸지라."

23. 정복한 나라의 적들을 톱과 써레와 도끼로 자른 왕은?

다윗, 역대상 20:1-3.—"…요압이 랍바를 쳐서 함락시키매 다윗이 그 왕의 머리에서 보석있는 면류관을 취하여,…다윗이 또 그 성에서 노략한 물건을 무수히 내어오고 그 가운데 백성을 끌어 내어 톱질과 써레질과 도끼질을 하게 하니라. 다윗이 암몬 자손의 모든 성읍을 이같이 하고…"

24. 칼로 책을 베어 불에 태운 사람은?

여호야김, 예레미야 36:22-23(Moffatt의 번역).—"왕이 겨울 궁전에 앉았고 그 앞에는 불피운 화로가 있더라. 여후디가 삼편 · 사편 낭독하면 왕이 소도로 그것을 연하여 베어 화롯불에 던져서 온 두루마리를 태웠더라."

25. 어떤 왕의 가족이 나룻배로 요단강을 건넜는가?

다윗, 사무엘하 19:18. · "왕의 가족을 건네려 하며 왕의 선히 여기는 대로 쓰게 하려 하여 나룻배가 건너가니,…"

26. 동굴에 숨은 다섯 왕은?

여호수아 10:3, 16. · "…예루살렘왕 아도니세덱…헤브론왕 호함…야르뭇왕 비람…라기스왕 야비야, 에글론왕 드빌…그 다섯 왕이 도망하여 막게다의 굴에 숨었더니."

27. 일만 명의 포로를 떨어뜨려서 죽인 왕은?

아마샤, 역대하 25:11, 12. · "아마샤가 담력을 내어 그 백성을 거느리고 염곡에 이르러 세일 자손 일만을 죽이고 유다 자손이 또 일만을 사로잡아 가지고 바위 꼭대기에 올라가서 거기서 밀쳐 내려뜨려서 그 몸이 부숴지게 하였더라."

28. 아들이 병들자 밤새껏 땅에 엎드려 있었던 왕은?

다윗, 사무엘하 12:15-16. — "…우리아의 처가 다윗에게 낳은 아이를 여호와께서 치시매 심히 앓는지라. 다윗이 그 아이를 위하여 하나님께 간구하되; 금식하고 안에 들어가서 밤새도록 땅에 엎드렸더니"

29. 그리스도인들에게 왕, 방백, 주인에게 복종하라고 한 사람은?

베드로전서 2:13, 14, 18의 저자. — "인간에 세운 모든 제도를 주를 위하여 순복하되:혹은 위에 있는 왕이나 방백에게 하라,…사환들아 범사에 두려워함으로 주인들에게 순복하되;선하고 관용하는 자들에게만 아니라 또한 까다로운 자들에게도 그리하라."

30. 금으로 입혀진 상아보좌를 가졌던 왕은?

솔로몬, 열왕기상 10:18. — "왕이 또 상아로 큰 보좌를 만들고 정금으로 입혔으니."

31. 왕들이 사람을 양육하는 사람으로 행동하리라고 예언한 선지자는?

이사야, 이사야 49:23.—"열왕은 네 양부가 될 것이며,…"

32. 술에 취했을 때 죽임을 당한 왕은?

엘라, 시므리에 의해, 열왕기상 16:9-10.—"엘라가 디르사에 있어 궁내대신 아르사의 집에서 마시고 취할 때에 그(엘라)의 신복 곧 병거 절반을 통솔한 장관 시므리가 왕을 모반하여 들어가서 저를 쳐 죽이고…"

33. 왼손잡이인 사람의 칼에 맞아 죽은 살찐 왕은?

모압의 왕 에글론, 에훗의 단도에 맞아 죽었음, 사사기 3:17, 21, 22.—"…에글론은 심히 비둔한 자이었더라.…에훗이 왼손으로 우편 다리에서 칼을 빼어 왕의 몸을 찌르매:칼자루도 날을 따라 들어가서; 그 끝이 등 뒤까지 나갔고; 그가 칼을 그 몸에서 빼어내지 아니하였으므로 기름이 칼날에 엉기었더라;…"

34. 철 병거 900승을 갖고 있었던 왕은?

가나안왕 야빈, 사사기 4:2-3.—"여호와께서 하솔에 도읍한 가나안왕 야빈의 손에 그들을 파셨는데:…야빈왕은 철병거 구백 승이 있어서; 이십 년 동안 이스라엘을 심히 학대한 고로 이스라엘 자손이 여호와께 부르짖었더라."

35. 상아로 된 궁전을 지은 왕은?

아합, 열왕기상 22:39.—"아합의 남은 행적과 무릇 그 행한 일과 그 건축한 상아 궁과,…"

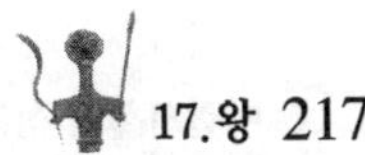

36. 다른 왕으로부터 쓸 것을 공급받은 왕은?

여호야긴, 에윌 므로닥에 의해, 열왕기하 25:27, 30.—"바벨론왕 에윌 므로닥이…유다왕 여호야긴을 옥에서 내어 놓아 그 머리를 들게 하고;…저의 쓸 것은 날마다 왕에게서 받는 정수가 있어 종신토록 끊이지 아니하였더라."

37. 전투에서 유다왕을 죽인 애굽의 왕은 누구였는가?

바로느고가 요시아를 죽였음, 열왕기하 23:29.—"요시아 당시에 애굽왕 바로느고가 앗수르왕을 치고자 하여 유브라데 하수로 올라가므로:요시아왕이 나가서 방비하더니; 애굽왕이 요시아를 므깃도에서 만나본 후에 죽인지라."

38. 사십 마리의 낙타의 선물을 실어 한 선지자에게 보낸 왕은?

벤-하닷, 열왕기하 8:7-9.—"엘리사가 다메섹에 갔을 때에; 시리아의 왕 벤-하닷이 병들었더니;…왕이 하사엘에게 이르되 너는 손에 예물을 가지고 가서 하나님의 사람을 맞고 저로 말미암아 나의 이 병이 낫겠느냐 물으라? 하사엘이 드디어 맞으러 갈새 다메섹 모든 아름다운 물품으로 예물을 삼아 가지고 낙타 사십에 싣고 나아가서,…"

39. 종교적 행사를 열어서 그 경배자를 모두 죽인 왕은?

예후, 열왕기하 10:18, 19, 25.—"예후가 뭇 백성을 모으고 이르되 아합은 바알을 조금 섬겼으나; 예후는 많이 섬기리라. 그러므로 내가 이제 큰 제사를 바알에게 드리고자 하니 바알의 모든 선지자와 모든 섬기는 자와 모든 제사장들을 한 사람도 빠치지 말고 불러 내게 나오게 하라:무릇 오지 아니하는 자는 살리지 아니하리라 하니 이는 예후가 바알을 섬기는 자를 멸하려 하여 궤계를 씀이라…번제 드리기를 다하매 예후가 호위병과 장관들에게 이르되 들어가서 한 사람도 나가지 못하게 하고 죽이라 하매 호위병과 장관들이 칼로 저희를 죽여; 밖에 던지고,…"

40. 무당에게 자문을 구했다가 벌로 죽임을 당한 왕은?

사울, 사무엘상 28:7; 역대상 10:13-14.—"사울이 그 신하들에게 이르되 나를 위하여 신접한 여인을 찾으라. 내가 그리로 가서 그에게 물으리라…"

"사울이 죽은 것은 여호와께 범죄하였음이라. 저가 여호와의 말씀을 지키지 아니하고 또 신접한 자에게 가르치기를 청하고; 여호와께 묻지 아니하였으므로:여호와께서 저를 죽이시고 그 나라를 이새의 아들 다윗에게 돌리셨더라."

18. 여왕과 왕비

1. 어떤 왕비의 아들이 어머니가 만든 우상을 불태웠는가?

마아가의 아들 아사, 역대하 15:16.—"아사왕의 모친 마아가가 아세라의 가증한 목상을 만들었으므로:아사가 그 태후의 위를 폐하고 그 우상을 찍고 빻아 기드론 시냇가에서 불살랐으니." '우상' 을 margin에서는 '불결한 것' 으로 번역했고 RV에서는 '아세라의 가증한 목상' 으로 했으며 Moffatt는 '아스타르테의 불결한 목상' 이라고 했다. 그리고 라틴어역 성서(고대 라틴어)에서는 'similacrum priapi' 라고 했다.

2. 중요한 편지에 남편의 이름으로 거짓 서명한 왕비는 누구인가?

이사벨, 열왕기상 21:8.—"그녀(이사벨)가 아합의 이름으로 편지들을 쓰고 그 인을 쳐서 그 성에 있는 장로들과 귀인들에게 보내니,…"

3. 육십 명의 왕비가 언급되어 있는 부분은?

아가 6:8.—"왕후가 육십이요,…"

4. 조카를 이유(離乳)시킨 왕비는?

다브네스, 열왕기상 11:20.—"다브네스의 아우가 그로 말미암아 아들 그누밧을 낳았더니 다브네스가 그 아이를 바로의 궁중에서 젖을 떼게 하여…"

5. 사악한 왕비로 후에 그 딸도 사악한 왕비가 된 자는?

이세벨, 그녀의 딸은 아달랴였다. 열왕기상 21:25; 열왕기하 8:16, 18; 역대하 24:7.—"예로부터 아합과 같이 스스로 팔려 여호와 보시기에 악을 행한 자가 없음은 저가 그 아내 이세벨에게 충동되었음이라." "…유다왕 여호사밧의 아들 여호람이 왕이 되니라…그가 이스라엘 왕들의 길로 행하여 아합의 집과 같이 행하였으니:이는 아합의 딸이 그 아내가 되었음이라:저가 여호와 보시기에 악을 행하였으나." "…악한 여인 아달랴,…"

6. 개들에게 먹힌 왕비는?

이세벨, 열왕기하 9:35-36.—"가서 장사하려 한즉:그 두골과 발과 손바닥 외에는 찾지 못한지라. 돌아와서 고한대 예후가 가로되 이는 여호와께서 그 종 디셉 사람 엘리야로 말씀하신 바라. 이르시기를 이스르엘 토지에서 개들이 이세벨의 고기를 먹을지라:"

7. 길에서 죽임을 당한 왕비는?

아달랴, 열왕기하 11:16.—"이에 그녀(아달랴)의 길을 열어 주매; 그녀가 왕궁 말 다니는 길로 통과하다가:거기서 죽임을 당하였더라."

8. 술에 취한 남편의 요구에 응하지 않다가 폐위된 왕비는?

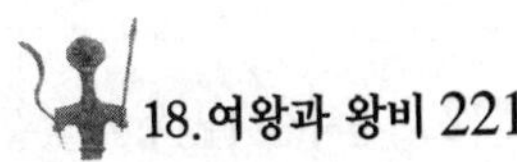

와스디, 에스더 1:10-21(요약해 보면). — "칠 일에 왕이 주홍이 일어나서 명하되…왕후 와스디를 청하여 왕후의 면류관을 정제하고 왕의 앞으로 나아오게 하여 그 아리따움을 뭇 백성과 방백에게 보이게 하라 하니:이는 왕후의 용모가 보기 좋음이라. 그러나 왕후 와스디가 오기를 싫어하니:왕이 진노하여 중심이 불 붙는 듯 하더라…므무간이 왕과 방백 앞에서 대답하여 가로되, …왕이 만일 선히 여기실진대…와스디로 다시는 아하수에로왕 앞에 오지 못하게 하는 조서를 내리되; 그 왕후의 위를 저보다 나은 사람에게 주소서…왕과 방백들이 그 말을 선히 여긴지라. 왕이 므무간의 말대로 행하여:"

9. 왕비들이 먼지를 핥을 것이라고 예언한 사람은?

이사야, 이사야 49:23. — "…왕비들은 네 유모가 될 것이며:그들이 얼굴을 땅에 대고 네게 절하고 네 발의 티끌을 핥을 것이니;…"

10. "나는 여왕으로 앉은 자요 과부가 아니라"라고 말한 이는 누구인가?

바벨론(의인화된 로마), 계시록 18:2, 7. — "힘센 음성으로 외쳐 가로되 무너졌도다. 무너졌도다…그가 어떻게 자기를 영화롭게 하였으며 사치하였던지 그만큼 고난과 애통으로 갚아 주라:그가 마음에 말하기를 나는 여왕으로 앉은 자요 과부가 아니라 결단코 애통을 당하지 아니하리라 하니."

11. 소경의 눈에 변장이 드러난 왕비는?

여로보암의 아내, 열왕기상 14:2, 4, 6. — "여로보암이 그 아내에게 이르되 청컨대 일어나 변장하여,…여로보암의 아내가 그대로 하여 일어나 실로로 가서 아히야의 집에 이르니 아히야는 나이로 인하여 눈이 어두워; 보지 못하더라…아히야가 그 발 소리를 듣고 말하되 여로보암의 처여 들어오라; 네가 어찌하여 다른 사람인 체 하느뇨? …"

12. 어떤 여왕이 어떤 왕에게 그가 100% 모두 맞춘 지능 검사를 행하였는가?

스바여왕이 솔로몬에게 하였음, 열왕기상 10:1-3. — "스바여왕이 여호와의 이름으로 말미암은 솔로몬의 명예를 듣고 와서 어려운 문제로 저를 시험하고자 하여…그녀가 솔로몬에게 나아와 자기 마음에 있는 것을 다 말하매 솔로몬이 그 묻는 말을 다 대답하였으니:왕이 은미하여 대답하지 못한 것이 없더라."

19. 여인들이여!

1. 돈을 잃어버린 것 때문에 맹세한 여인은?

미가의 어머니, 사사기 17:1-2.—"에브라임 산지에 미가라 이름하는 사람이 있더니 그 어미에게 이르되 어머니께서 은 이천일백을 잃어 버리셨으므로 저주하시고 내 귀에도 말씀하셨더니 보소서 그 은이 내게 있나이다; 내가 그것을 취하였나이다…"

2. 성경에 유일하게 '대학'이라고 언급된 곳에서 산 여인은?

여선지 훌다, 열왕기하 22:14.—"…여선지 훌다, …(그녀는 예루살렘의 대학에 거하였더라;)…" 역대하 34:22에도 같은 설명이 나타나 있다. 여기에 언급된 '대학(college)'은 단지 도시의 한 지역을 의미하는 것 같다. RV는 이것을 '둘째 구역'이라고 번역했다. 그러나 어떤 학자들은 이것을 가르치는 장소라고 생각하기도 한다. 이러한 혼돈이 일어난 이유로는 히브리인들의 사고에서 학교나 대학은 암송하는 곳으로 여겨지는데 '둘째(second)'를 뜻하는 단어와 '암송(repetition)'을 뜻하는 단어가 같은 어원을 갖고 있어서 쉽게 혼돈을 일으키기 때문인 것으로 여겨진다.

3. 신약성서 중 어느 부분이 여성에게 보내어지는 편지로 구성되어 있는가?

요한2서, 1절에 나타나 있다. — "장로는 택하심을 입은 부녀와 그의 자녀에게 편지 하노니 이는 내가 참으로 사랑하는 자요;…"

4. 최초로 자신들의 재산 상속권을 주장한 여성들은?

슬로브핫의 다섯 딸들, 민수기 27:1-7. — "슬로브핫의 딸들이 나아왔으니…그들이 모세와…온 회중 앞에 서서…가로되…어찌하여 아들이 없다고 우리 아버지의 이름이 그 가족 중에서 삭제되리이까? 우리 아버지의 형제 중에서 우리에게 기업을 주소서 하니…여호와께서 모세에게 일러 가라사대 슬로브핫의 딸들의 말이 옳으니:너는 그들에게 기업을 주어서 얻게 하되…"

5. 종려나무 아래에서 법정을 연 여 재판관은?

드보라, 사사기 4:4-5. — "그때에 랍비돗의 아내 여선지 드보라가 이스라엘의 사사가 되었는데 그는 에브라임 산지 라마와 벧엘 사이 드보라의 종려나무 아래 거하였고:이스라엘 자손은 그에게 나아가 재판을 받더라."

6. 어떤 여자가 최초로 무덤에 장사되었는가?

사라, 창세기 23:19-20. — "…아브라함이 그 아내 사라를 막벨라 밭 굴에 장사하였더라. 이와 같이 그 밭과 그 속의 굴을 헷족속이 아브라함 소유 매장지로 정하였더라."

7. 어떤 대장의 어머니가 자신의 아들의 병사들이 전리품으로 각각 두 명의 처녀를 얻기를 희망했는가?

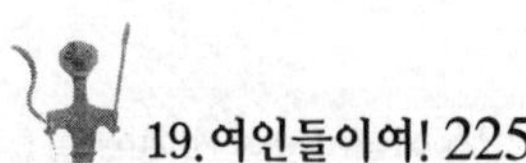

시스라, 사사기 5:28, 30.—"시스라의 어미가 창문으로 바라보며 실창에서 부르짖기를,…그들이 어찌 노략물을 나누지 못하였으랴; 사람마다 한두 처녀를 얻었으리로다;…"

8. 어떤 여인에게 기름장사를 하게 해 준 선지자는?

엘리사, 열왕기하 4:2-7.—"엘리사가 그녀에게 이르되,…너는 밖에 나가서 모든 이웃의 그릇을 빌라,…그 모든 그릇에 기름을 채워서 차는 대로 옮겨 놓으라.…여인이 하나님의 사람에게 나아가서 고한대 저가 가로되 너는 가서 기름을 팔아 빚을 갚고 남은 것으로 네 두 아들이 생활하라 하였더라."

9. "누가 현숙한 여인을 얻겠느냐?" 라고 말한 여인은?

르무엘왕의 어머니, 잠언 31:1, 10 RV.—"르무엘왕의 말씀하신 바; 곧 그 어머니가 그를 훈계한 잠언이라…누가 현숙한 여인을 찾아 얻겠느냐?…"

10. 불평많은 여자들을 비오는 날에 비유한 부분은?

잠언 27:15.—"다투는 부녀는 비오는 날에 이어 떨어지는 물방울이라."

11. 누가 사악한 여자로 기록되었는가?

로마를 의인화한 도시, 계시록 17장. 특히 4-6과 18절.—"그 여자는 자줏빛과 붉은빛 옷을 입고 금과 보석과 진주로 꾸미고 손에 금잔을 가졌는데 가증한 물건과 그의 음행의 더러운 것들이 가득하더라:그 이마에 이름이 기록되었으니 비밀이라. 큰 바벨론이라. 땅의 음녀들과 가증한 것들의 어미라 하였더라. 또 내가 보매 이 여자가 성도들의 피와 예수의 증인들의 피에 취한자라: …또 네가 본바 여자는 땅의 임금들을 다스리는 큰 성이라 하더라."

한 때에 신교도들이 로마 교회를 이 사악한 여자에 비유하곤 했다.

12. 어떤 여자가 부셜에 담겨 옮겨졌는가?

스라갸로부터 악 또는 죄라는이름으로 불리운 여자, 스가랴 5:5-11(Moffatt의 번역).—"내게 말하던 천사가 나아와서 내게 이르되 '너는 눈을 들어 나오는 이것이 무엇인가 보라' 하기로 내가 묻되 '이것이 무엇이니이까?' 그가 가로되 '나오는 이것이 배럴이라. 온 땅에서 그들의 모양이 이러하니라.' 이 배럴 한가운데에는 한 여인이 앉았느니라 하는 동시에 둥근 납 한 조각이 들리더라! 그가 가로되 '이는 악이라' 하고; 그 여인을 배럴 속으로 던져 넣고 납 조각을 에바 아구리 위에 던져 덮더라. 내가 또 눈을 들어 본즉 두 여인이 나왔는데—학의 것과 같은 날개가 있고—그 날개에 바람이 있더라. 그들이 그 배럴을 천지 사이에 들었기로 내가 내게 말하는 천사에게 묻되 '그들이 배럴을 어디로 옮겨 가나이까?' 하매 내게 이르되 '그들이 시날 땅으로 가서 그를 위하여 집을 지으려 함이니라; 준공되면 그가 제 처소에 머물게 되리라' 하더라."

13. 성경에 나이가 기록되어 있는 최초의 여자는?

사라, 127세, 창세기 23:1.—"사라가 일백이십칠 세를 살았으니:이것이 곧 사라의 향년이라."

14. 자신의 동생이 흑인 여자와 결혼한 것을 비난한 여인은?

미리암, 민수기 12:1.—"모세가 이디오피아 여자와 결혼했더니 미리암과 아론이 모세를 비방하니라 :…"

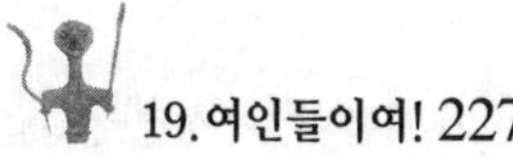

15. 남편을 구하기 위해 아버지에게 거짓말을 한 여인은?

미갈, 사무엘상 19:12, 14, 17.—"미갈이 다윗을 창에서 달아 내리우매:그가 피하니라…사울이 사자(使者)들을 보내어 다윗을 잡으려 하매 미갈이 가로되 그가 병들었느니라…사울이 미갈에게 이르되 너는 어찌하여 이처럼 나를 속여 내 대적을 놓아 피하게 하였느냐?…"

16. 여자들이 거리에서 가루를 반죽했던 곳은?

예루살렘, 예레미야 7:17-18.—"너는 그들이 유다 성읍들과 예루살렘 거리에서 행하는 일을 보지 못하느냐? 자식들은 나무를 줍고 아비들은 불을 피우며 부녀들은 가루를 반죽하여 하늘 황후를 위하여 과자를 만들며,…"

하늘의 황후는 바벨론의 아쉬타르 여신을 뜻하는데 여인들이 만든 과자는 그녀의 모습대로 빚어졌다. 이에 해당하는 현대적인 비유로는 뜨거운 십자 롤 빵(hot cross buns)을 들 수 있다.

17. 집에서 칠 일 동안 운 여자는?

삼손의 아내 딤나 여인, 사사기 14:17.—"칠 일 잔치할 동안에 그 아내가 앞에서 울며:…"

18. 여자가 배우기를 원한다면 집에서 남편에게 물어보라고 말한 사람은?

바울, 고린도전서 14:34-35.—"모든 성도의 교회에서 함과 같이 여자는 교회에서 잠잠하라:저희의 말하는 것을 허락함이 없나니; 율법에 이른 것같이 오직 복종할 것이요. 만일 무엇을 배우려거든 집에서 자기 남편에게 물을지니:…"

이 구절은 충분한 자질을 갖고 있음에도 불구하고 지위를 얻기 어려운 여자 설교가들이 겪는 어려움의 원인을 밝히는 구절이다.

19. 너무나 악해서 이세벨이라 불리운 여자가 있었던 초기의 교회는?

두아디라 교회, 계시록 2:18, 20.—"두아디라 교회의 사자에게 편지하기를;…그러나 네게 책망할 일이 있노라 자칭 선지자라 하는 여자 이세벨을 네가 용납함이니 그가 내 종들을 가르쳐 꾀어 행음하게 하고 우상의 제물을 먹게 하는도다."

20. 바울의 첫 개종자였던 여자 사업가는?

루디아, 자주 장사, 사도행전 16:14-15.—"두아디라 성의 자주 장사로서 하나님을 공경하는 루디아라 하는 한 여자가 들었는데:주께서 그 마음을 열어 바울의 말을 청종하게 하신지라. 저와 그 집이 다 세례를 받고 우리에게 청하여 가로되 만일 나를 주 믿는 자로 알거든 내 집에 들어와 유하라 하고 강권하여 있게 하니라." 자주는 조개에서 추출한 염료였다.

21. 다투는 여자와 사는 것보다 지붕에서 사는 것이 낫다고 말한 사람은?

솔로몬, 잠언 21:9 RV.—"다투는 여인과 함께 큰 집에서 사는 것 보다 지붕에서 혼자 사는 것이 나으니라." AV에는 '잔소리 하는 여인' 으로 나와 있다. 잠언 21:19는 같은 뜻인데 '지붕' 대신 '광야' 로 표현해 놓았다.

22. 결혼식 들러리에게 아내를 빼앗긴 사람은?

삼손, 사사기 14:20(Moffatt의 역).—"삼손의 아내는 삼손의 친구되었던 그 들러리에게 준바 되었더라." AV에는 '그의 친구 되었던 동무' 라고

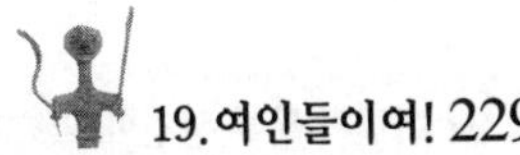

했는데 이 또한 들러리를 의미한다. 요한복음 3:29의 '신랑의 친구' 도 결혼식 들러리임이 분명하다.

23. 양치기인 일곱 딸을 두었던 사람은?

미디안의 제사장 르우엘, 출애굽기 2:16.—"미디안 제사장(18절에 보면 르우엘)에게 일곱 딸이 있더니 그들이 와서 물을 길어 구유에 채우고 그 아비의 양 무리에게 먹이려 하는데."

24. 말없이 기도하던 중에 제사장에게 취한 것으로 오해받은 여자는?

한나, 사무엘상 1:12-15.—"그가 여호와 앞에 오래 기도하는 동안에 엘리가 그의 입을 주목한 즉 한나가 속으로 말하매; 입술만 동하고 음성은 들리지 아니하므로:엘리는 그가 취한 줄로 생각한지라. 엘리가 그에게 이르되 네가 언제까지 취하여 있겠느냐? 포도주를 끊으라. 한나가 대답하여 가로되 나의 주여 그렇지 아니하니이다. 나는 마음이 슬픈 여자라: 포도주나 독주를 마신 것이 아니요 여호와 앞에 나의 심정을 통한 것 뿐이오니."

25. 여러 명의 아내들을 두고 있었지만 그보다 한 남자를 훨씬 더 사랑했던 히브리인은?

다윗, 미갈과 아비가일과 아히노암과 결혼한 후 사무엘하 5:13에 보면 "그가 처첩들을 더 취하였으므로"라고 기록되어 있다. 그러나 그의 친구 요나단이 죽은 후에 그는 사무엘하 1:26에서 이렇게 애통해 한다:"내 형 요나단이여 내가 그대를 애통함은:그대는 내게 심히 아름다움이라: 그대가 나를 사랑함이 기이하여 여인의 사랑보다 승하였도다."

26. 화장품 상자 속에서 나온 것으로 이름이 지어진 아름다운 소녀는?

욥의 셋째 딸, 욥기 42:14-15.—"그가 첫째 딸은 여미마라 이름하였고; 둘째 딸은 긋시아라 이름하였고; 셋째 딸은 게렌합북이라 이름하였으며 전국에서 욥의 딸들처럼 아리따운 여자가 없었더라:…" 게렌합북은 히브리어로 '안티몬의 뿔'에 해당하는 말로 오늘날 마스카라에 해당하는 안티몬 염료로 속눈썹을 칠하는 것은 그때의 관습이었다.

27. 노아라는 이름의 딸을 두었던 사람은?

슬로브핫, 민수기 27:1.—"슬로브핫의 딸들이 나왔으니,…그 딸들의 이름은; 밀라와 노아와 호글라와 밀가와 디르사라."

28. 어떤 여자가 광물이 되었는가?

롯의 아내, 창세기 19:26.—"롯의 아내는 뒤를 돌아본고로 소금기둥이 되었더라." 이 지역에는 이러한 전설을 쉽게 설명해 주는 이상한 모양의 소금기둥이 서 있다.

29. 아버지의 우상을 훔쳐서 깔고 앉았던 여자는?

라헬, 창세기 31:19, 34.—"때에 라반이 양털을 깎으러 갔으므로 라헬은 그 아비의 우상을 도적질하고…라헬이 그 우상을 가져 낙타 안장 아래 넣고 그 위에 앉은지라. 라반이 그 장막에서 찾다가 얻지 못하매."

30. 자신의 침상에 계피향을 뿌린 여자는?

잠언 7:6-23에 나오는 창녀. 17절을 보라.—"내 침상에는 몰약과 침향과 계피를 뿌렸노라."

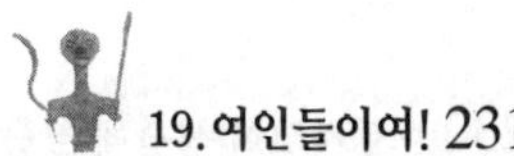

31. 시동생을 가까이 했다가 후에는 시아버지에게서 쌍둥이를 낳은 여인은?

다말, 유다에게는 엘, 오난, 셀라가 있었다. 엘은 다말과 결혼했는데 그가 죽자, 유다가 오난에게 다말에게 가서 죽은 형을 위해 아들을 낳아주라고 말했다. 오난은 이것을 회피했다가 죽임을 당했다. 유다는 다말에게 셀라를 주겠다고 했으나 약속을 지키지 않자 다말은 창녀로 변장하여 유다를 꾀었다. 그리하여 다말에게서 쌍둥이가 태어났다. 이 이야기는 창세기 38장에 기록되어 있다.

32. 다섯 남편을 두었던 여인은?

사마리아의 여인, 요한복음 4:17-18.—"여자가 대답하여 가로되 나는 남편이 없나이다. 예수께서 가라사대 네가 남편이 없다 하는 말이 옳도다: 네가 남편 다섯이 있었으나; 지금 있는 자는 네 남편이 아니니: …"

33. 여자가 던진 돌에 맞아 두골이 깨어진 사람은?

아비멜렉, 사사기 9:53 RV.—"한 여인이 맷돌 위짝을 아비멜렉의 머리 위에 내려 던져 그 두골을 깨뜨리니."

34. 해머를 효과적으로 사용한 여자는?

야엘이 시스라에게, 사사기 4:21.—"헤벨의 아내 야엘이 장막 못을 취하고 손에 해머를 들고 그에게로 가만히 가서 못을 그 살쩍에 박으매 못이 꿰뚫고 땅에 박히니 시스라가 기절하여 죽으니라."

35. 들릴라는 삼손의 아내였는가?

분명히 아니다. 사사기 14장부터 16장까지의 내용을 보면 그는 세 명의 블레셋 여인과 관계했지만 그중 딤나의 이름없는 여인과만 결혼했다. 두 번째의 여인은 가사의 한 창녀였고 세 번째 관계한 여자가 들릴라였다.

36. 여종으로 86세 된 주인에게 아들을 낳아 주었는데 아이를 낳기 전에 안주인으로부터 도망친 여자는?

하갈, 창세기 16:1, 2, 5, 6, 15, 16.—"아브라함의 아내 사래는 생산치 못하였고:그에게 한 여종이 있으니 애굽 사람이요 이름은 하갈이라. 사래가 아브라함에게 이르되 여호와께서 나의 생산을 허락지 아니하셨으니: 원컨대 나의 여종과 동침하라; 내가 혹 그로 말미암아 자녀를 얻을까 하노라 하매 아브라함이 사래의 말을 들으니라…사래가 아브라함에게 이르되 나의 받는 욕은 당신이 받아야 옳도다:내가 나의 여종을 당신의 품에 두었거늘; 그가 자기의 잉태함을 깨닫고 나를 멸시하니:당신과 나 사이에 여호와께서 판단하시기를 원하노라. 아브라함이 사래에게 이르되 그대의 여종은 그대의 수중에 있으니; 그대의 눈에 좋은 대로 그에게 행하라 하매 사래가 하갈을 학대하였더니 하갈이 사래의 앞에서 도망하였더라…하갈이 아브라함의 아들을 낳으매:아브라함이 하갈의 낳은 그 아들을 이름하여 이스마엘이라 하였더라. 하갈이 아브라함에게 이스마엘을 낳을 때에 아브라함이 팔십육 세이었더라."

37. 하와의 또 다른 이름은?

아담, 창세기 5:1-2.—"…하나님이 사람을 창조하실 때에 하나님의 형상대로 지으시되; 남자와 여자를 창조하셨고; 그들이 창조되던 날에 하나님이 그들에게 복을 주시고 그들의 이름을 아담(사람)이라 일컬으셨더라."

38. 어떤 여자에게 다섯 명의 남자들이 자문을 구하러 갔는가?

훌다, 열왕기하 22:14.—"이에 제사장 힐기야와 또 아히감과 악볼과 사반과 아사야가 여선지 훌다에게로 나아가니 저는 할하스의 손자 디과의 아들 예복을 주관하는 살룸의 아내라;(예루살렘의 대학에 거하였더라;) 저희가 더불어 말하매."

39. 반은 자신의 형제들인 자들의 어머니였던 여자들은?

롯의 딸들, 창세기 19:36.—"롯의 두 딸이 아비로 말미암아 잉태하고."

40. 자신의 아름다운 누이의 이름을 따서 딸의 이름을 지은 사람은?

압살롬, 다말의 이름을 따서, 사무엘하 13:1, 14.—"…다윗의 아들 압살롬에게 아름다운 누이가 있으니 이름은 다말이라;…압살롬이 아들 셋과 딸 하나를 낳았는데 딸의 이름은 다말이라:얼굴이 아름다운 여자더라."

41. 450인의 남자를 죽인 후 성난 여자로부터 도망친 사람은?

엘리야, 열왕기상 18:22, 40; 19:2-3.—"…바알의 선지자는 사백오십 인이로다…엘리야가 저희를 기손 시내로 내려다가 거기서 죽이니라…이세벨이 사자를 엘리야에게 보내어 이르되 내가 내일 이맘 때에는 정녕 네 생명으로 저 사람들 중 한 사람의 생명같게 하리라 아니 하면 신들이 내게 벌 위에 벌을 내림이 마땅하니라 한지라. 저가 이 형편을 보고 일어나 그 생명을 위하여 도망하여,"

42. '아름다우나 어리석은 여자'를 솔로몬은 무엇에 비유했는가?

잠언 11:22.—"아름다운 여인이 무분별하게 행동하는 것은 마치 돼지코에 금고리 같으니라."

43. 어떤 여자들이 벽돌공이 되었는가?

살룸의 딸들, 느헤미야 3:12.―"그다음은 예루살렘 지방 절반을 다스리는 자 할로헤스의 아들 살룸과 그 딸들이 중수하였고." 이것은 성벽의 재건과 관계된 이야기이다.

44. 살인을 유발시킨, 춤추던 소녀는 누구였는가?

헤로디아의 딸, 마태복음 14:6-10.―"마침 헤롯의 생일을 당하여 헤로디아의 딸이 연석 가운데서 춤을 추어 헤롯을 기쁘게 하니 헤롯이 맹세로 그에게 무엇이든지 달라는 대로 주겠다 허락하거늘 그가 제 어미의 시킴을 듣고 가로되 세례 요한의 머리를 소반에 담아 여기서 내게 주소서 하니 왕이 근심하나:자기의 맹세한 것과 그 함께 앉은 사람들을 인하여 주라 명하고 사람을 보내어 요한을 옥에서 목 베어."

45. 살로메는 무슨 일을 했는가?

예수가 십자가에 못박히는 것을 보았고 또 무덤을 방문했다. 마가복음 15:40, 16:1-2.―"멀리서 바라보는 여자들도 있는데 그 중에 막달라 마리아와 또 작은 야고보와 요셉의 어머니 마리아와 또 살로메가 있었으니;…안식일이 지나매 막달라 마리아와 야고보의 어머니 마리아와 또 살로메가 가서 예수께 바르기 위하여 향품을 사다 두었다가 안식 후 첫날 매우 일찍이 해 돋은 때에 그 무덤으로 가며." 이 살로메는 성경에 그 이름이 기록되지 않았지만 마태복음 14:1-12과 6:14-29에 나오는 헤로디아의 딸 살로메와 혼돈하지 말아야 한다.

46. 아비가 딸의 얼굴에 침을 뱉으면 그녀가 칠일간 부끄러워할 것이라고 말한 이는?

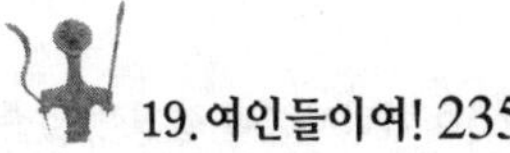

하나님이 모세에게, 민수기 12:14.―"여호와께서 모세에게 이르시되 그녀의 아비가 그녀의 얼굴에 침을 뱉았을지라도 그녀가 칠 일 간 부끄러워하지 않겠느냐…"

20. 천사와 마귀

1. 천사에게 발을 씻으라고 말한 사람은?

롯, 창세기 19:1-2.—“날이 저물 때에 그 두 천사가 소돔에 이르니;…롯이 그들을 영접하고;…가로되 내 주여 돌이켜 종의 집에 들어와 발을 씻고 주무시고…”

2. 천사의 음식이 언급되어 있는 부분은?

시편 78:24-25.—“저희에게 만나를 비같이 내려 먹이시며 하늘 양식으로 주셨나니 사람이 천사의 음식을 먹음이여:하나님이 식물을 충족히 주셨도다.”

3. 예수는 개인적으로 마귀의 존재를 믿었는가?

분명히 그렇다. 마태복음 25:41.—“또 왼편에 떠나 마귀와 그 사자들을 위하여 예비된 영영한 불에 들어가라.” 마태복음 4:1-11과 요한복음 8:44 또한 참조해 보라.

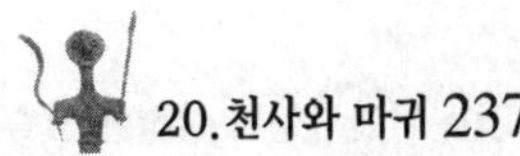

4. 춤추는 사티로스가 언급된 부분은?

이사야 13:21.—"…타조가 거기 깃들이며 사티로스가 거기서 춤출 것이요." 이사야 34:14에는 울부짖는 사티로스가 언급되어 있는데 사티로스는 염소같이 생긴 마귀이다.

5. 아사셀은 누구인가?

악한 영 또는 광야로 쫓겨난 타락한 천사, 유대인들은 속죄일이면 그에게 속죄 염소를 바쳤다. 레위기 16:8 RV.—"두 염소를 위하여 제비뽑되 한 제비는 여호와를 위하고 한 제비는 아사셀을 위하여 할지며." 10절과 26절 또한 찾아 보라. 에녹의 성경(이것도 한 때는 성경이었다)에 보면 아사셀은 천사의 우두머리 또는 창세기 6:2의 사람의 딸들과 결혼하여 거인들을 낳았던 '하나님의 아들들' 이라고 나와 있다.

6. 마귀와 다툰 천사장은?

미가엘, 유다서 1:9.—"천사장 미가엘이 모세의 시체에 대하여 마귀와 다투어 변론할 때에…"

7. 마귀와 싸워서 쳐부순 천사장은?

미가엘, 계시록 12:7-9.—"하늘에 전쟁이 있으니:미가엘과 그의사자들이 용으로 더불어 싸울새; 용과 그의 사자들도 싸우나 이기지 못하여; 다시 하늘에서 저희의 있을 곳을 얻지 못한지라. 큰 용이 내어 쫓기니 옛 뱀 곧 마귀라고도 하고 사단이라고도 하는 온 천하를 꾀는 자라:땅으로 내어 쫓기니 그의 사자들도 저와 함께 내어 쫓기니라."

8. 예수로부터 '사탄'이라고 불리운 제자는?

베드로, 마태복음 16:23. ―"예수께서 돌이키시며 베드로에게 이르시되 사탄아 내 뒤로 물러가라: 너는 나를 넘어지게 하는 자로다:…"

9. 궁전에서 용이 울 것이라고 예언한 선지자는?

이사야, 이사야 13:22. ―"그 화려한 전에는 들개가 울 것이요 그 궁성에는 용이 부르짖을 것이라: …"

10. 어떤 군인들이 천사들에게 놀랐는가?

예수의 무덤을 지키던 보초병들, 마태복음 28:2-4. ―"…주의 천사가 하늘로서 내려와,…지키던 자들이 무서워하여 떨며 죽은 사람과 같이 되었더라." 사도행전 10:1-4를 보면 고넬료도 그러했다. ―"가이사랴에 고넬료라 하는 사람이 있으니 백부장이라…하루는 제 구시쯤 되어 환상 중에 밝히 보매 하나님의 사자가 들어와 가로되 고넬료야 하니 고넬료가 주목하여 보고 두려워하되,…"

11. 부지 중에 천사를 영접한 삼촌과 조카는?

아브라함과 롯, 창세기 18:1-22와 19:1-26을 보면 더 자세히 언급되어 있고 히브리서 13:2에는 이렇게 나와 있다. ―"손님 대접하기를 잊지 마라: 이로써 부지 중에 천사들을 대접한 이들이 있었느니라."

12. 어떤 동물이 천사를 보았는가?

발람의 나귀, 민수기 22:23. ―"나귀가 여호와의 천사가 칼을 빼어 손에 들고 길에 선 것을 보고:길에서 떠나 밭으로 들어간지라:발람이 나귀를 길로 돌이키려고 채찍질하니"

이것은 어떤 동물들이 사람이 볼 수 없는 영이나 유령, 요정 등을 볼 수

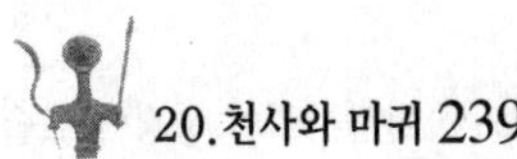

있다고 생각하는 관습적인 믿음에 해당되는 이야기이다.

13. 사람에게 있는 귀신을 동물에게 쫓아보낸 이는?

예수, 마태복음 8:31-32. —"귀신들이 예수께 간구하여 가로되 만일 우리를 쫓아내실진대 돼지떼에 들여 보내소서 한 대 저희더러 가라 하시니."

14. 공산주의자들의 묶인 결박을 천사가 풀어준 때는?

사도행전 4:32, 5:17-19. —"믿는 무리가 한마음과 한뜻이 되어 모든 물건을 서로 통용하고 제 재물을 조금이라도 제 것이라 하는 이가 하나도 없더라…대제사장과 그와 함께 있는 사람들이,…사도들을 잡아다가 옥에 가두었더니 주의 사자가 밤에 옥문을 열고 끌어내어 가로되,…"

15. '하나님께서 견고하고 크고 강한 칼로 바다용을 죽이신다'하고 예언한 사람은?

이사야, 이사야 27:1. —"그날에 여호와께서 그 견고하고 크고 강한 칼로 리워야단 곧 꼬불꼬불한 뱀 리워야단을 벌하시며; 바다에 있는 용을 죽이시리라."

16. 사단이 하늘에서 떨어지는 것을 보았다고 말한 이는?

예수, 누가복음 10:17-18. —"칠십 인이 돌아와 가로되 주여 주의 이름으로 귀신들도 우리에게 항복하더이다. 예수께서 이르시되 사단이 하늘로서 번개같이 떨어지는 것을 내가 보았노라." 계시록 12:7-9 또한 참조해 보라.

21. 이름

1. 성경에는 예수 그리스도와 동명이인(同名異人)인 사람이 몇 명 등장하는가?

신약성경에는 네 사람:

1. 사도행전 7:45과 히브리서 4:8에서 예수로 불리운 눈의 아들 여호수아, RV에는 여호수아로 나온다.
2. 예수의 조상, 누가복음 3:29 RV, AV에서는 요세로 나온다.
3. 예수 그리스도, 마태복음 1:1과 여러 곳에서.
4. 유스도라 불리운 예수, 골로새서 4:11.

외경에는 예수라는 이름의 다른 사람이 세 사람 더 언급되어 있다:

1. 스룹바벨 시대의 대제사장 예수, 에스드라상 5:5.
2. 레위인 예수, 에스드라상 5:26
3. 에클레시아스티쿠스의 저자 시라의 아들 예수.

구약에는 예수(Jesus)라는 이름의 사람이 최소한 열세 명이 등장하는데 이 이름은 Joshua, Jeshua, Jeshuah, Jehoshua, Jehoshuah, Oshea 등으로 나타난다. 예수(Jesus)는 단순히 그리스어의 표기 형태인데 히브리어

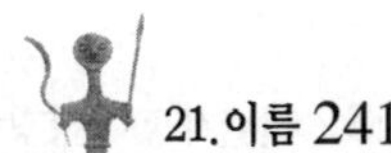

구약성경의 그리스어 번역에서 여호수아서(the book of Joshua)는 예수의 서(the book of Jesus)였다. 구약성경에는 네 명의 다른 여호수아와 아홉 명의 다른 예수가 등장한다.

2. 예수의 직계 조상 중 요셉이라는 이름을 가진 사람은 몇 명이나 되는가?

누가복음 3:23, 24, 30에 따르면 세 명, 성경에는 열두 명의 다른 요셉이 언급되어 있고 외경에는 세 명이 등장한다.

3. 성경에는 몇 명의 마리아가 나타나는가?

이것은 분명히 알 수 없는데 그들을 정확히 정의하는데 어려움이 따르기 때문이다. 구약성경에서는 두 명의 미리암(출애굽기 15:20과 역대상 4:17)을 제외하고도 여섯 명이 등장하는데, 미리암은 마리아의 원형에 해당하는 이름이었다. 신약성경에서는 여덟 명의 마리아가 등장한다: 야고보의 어머니 마리아, 다른 마리아, 글로바의 마리아, 마르다의 동생 마리아, 막달라 마리아, 마가의 어머니 마리아, 바울로부터 문안받은 마리아, 예수의 어머니 마리아. 그러나 처음에 나오는 세 사람은 동일인으로 인정된다.

4. 성경에는 몇 명의 헤롯이 등장하는가?

세 명:

1. 헤롯왕, 마태복음 2장.
2. 헤롯 안티파스, 마태복음 14, 마가복음 6, 누가복음 3장.
3. 헤롯 아그립바 1세, 사도행전 12장.

5. 아볼루온은 누구의 이름인가?

무저갱의 천사로 황충들의 왕, 계시록 9:11.—"저희(황충)에게 임금이 있으니 무저갱의 천사라 히브리음으로 이름은 아바돈이요 헬라음으로 이름은 아볼루온이더라." Margin은 아볼루온(Apollyon)을 '파괴자'로 번역했다. 그리고 아바돈(Abaddon)은 구약성경에서 일반적으로 '파괴'로 번역되었다. 이 파괴가 파괴의 천사로 인격화된 것으로 볼 수 있고, 황충은 너무나 파괴적이었으므로 파괴의 천사를 황충의 왕으로 정의하는 것은 매우 자연스러운 일이다.

6. 솔로몬의 또 다른 이름은 무엇이었는가?

여디다, 사무엘하 12:24-25.—"다윗이 그 처 밧세바를 위로하고 저에게 들어가 동침하였더니:저가 아들을 낳으매 그 이름을 솔로몬이라 하니라:여호와께서 그를 사랑하사 선지자 나단을 보내사; 그 이름을 여디다라 하시니 이는 여호와께서 사랑하심을 인함이더라." 이것은 여디다라는 이름이 솔로몬에게 사용된 유일한 부분이다.

7. 다니엘의 또 다른 이름은 무엇이었는가?

벨드사살, 다니엘 1:7.—"환관장이 그들의 이름을 고쳐: 다니엘은 벨드사살이라 하고;…"

8. 베드로는 다른 어떤 세 가지 이름으로도 불렸는가?

게바/ 요한복음 1:42;시몬/ 마태복음 10:2; 시므온/ 사도행전 15:14.

9.신약성경에는 시몬 베드로 외에 몇 명의 다른 베드로가 나오는가?

여덟:

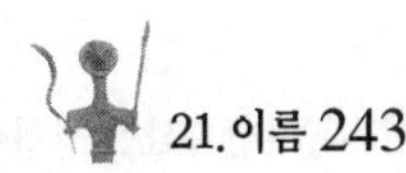

① 가나안 사람 시몬 즉 셀롯인 알리아스 시몬/ 마태복음 10:4, 마가복음 3:18, 누가복음 6:15, 사도행전 1:13.
② 예수의 형제 시몬/마태복음 13:55, 마가복음 6:3.
③ 문둥이 시몬/ 마태복음 26:6, 마가복음 14:3.
④ 구레네 사람 시몬/ 마태복음 27:32, 마가복음 15:21, 누가복음 23:26.
⑤ 바리새인 시몬/ 누가복음 7:40-44.
⑥ 가룟 유다의 아버지 시몬/ 요한복음 6:71, 12:4, 13:2.
⑦ 마술사 시몬(시몬 마구스)/ 사도행전 8:9-24.
⑧ 욥바의 제혁업자 시몬/사도행전 9:43, 10:6-32.

10. 한 지명 이름과 같았던 네 명의 남자와 여섯 명의 여자는?

이 이름은 마아가로, 갈릴리 바다 동편의 작은 아람인 마을인데 사무엘하 10:8과 역대상 19:6-7에 언급되어 있다. 아래에 열거하는 네 명의 남자와 여섯 명의 여자는 모두 이름이 같다.

① 나홀의 아들, 창세기 22:24.
② 아기스의 아버지, 열왕기상 2:39.
③ 하눈의 아버지, 역대상 11:43.
④ 스바댜의 아버지, 역대상 27:16.
① 다윗의 아내이자 압살롬의 어머니, 사무엘하 3:3.
② 르호보암의 아내이며 아비야의 어머니, 열왕기상 15:2.
③ 아사의 어머니, 역대하 15:16. 이 이름은 아사의 선왕의 어머니의 이름과도 같으므로 어떤 학자들은 이 여인을 아사의 할머니라고도 간주한다.
④ 갈렙의 첩, 역대상 2:48.
⑤ 마길의 아내, 역대상 7:15-16.
⑥ 여이엘의 아내, 역대상 8:29, 9:35.

11. 요셉의 애굽 이름은?

사브낫바네아, 창세기 41:45.—"바로가 요셉의 이름을 사브낫바네아라 하고;…"

12. 요셉이 애굽에서 맞은 아내의 이름은?

아스낫, 창세기 41:45.—"…그가 또 온 제사장 보디베라의 딸 아스낫을 그에게 주어 아내를 삼게 하니라."

13. 율리아와 버시와 루포와 나르시수스는 어느 교회에 속해 있었는가?

이들은 로마의 기독교인들로 로마서 16:11-15에 다른 사람들과 함께 기록되어 있다.

14. 어떤 별이 쓴 쑥이라고 불렸는가?

계시록에 나오는 큰 별, 계시록 8:10-11.—"셋째 천사가 나팔을 부니 횃불같이 타는 큰 별이 하늘에서 떨어져 강들의 삼분의 일과 여러 물샘에 떨어지니; 이 별 이름은 쓴 쑥이라; 물들의 삼분의 일이 쑥이 되매 그 물들이 쓰게 됨을 인하여 많은 사람들이 죽더라." 쓴 쑥은 그 쓴 맛 때문에 유대인들로부터 독이 있는 것으로 잘못 생각되어져 왔고 이 때문에 쓴 쑥은 그들에게 무서운 재난을 몰고 오는 것으로 생각되었다(잠언 5:4, 예레미야 애가 3:15, 그리고 아모스 5:7을 보라). 여기에 나오는 파괴의 별의 원래 이름은 쓴 쑥이었다.

15. 십보라는 어떤 사람이었는가?

모세의 아내들 중 한 사람, 출애굽기 2:21.—"모세가 그와 함께 지내기를 기뻐하므로:그가 모세에게 그의 딸 십보라를 아내로 주었더니."

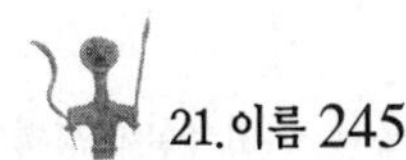

16. 사사라는 이름을 가졌던 사람은?

야다의 아들 요나단의 아들 중 하나, 역대상 2:33.—"요나단의 아들은 벨렛과 사사라."

17. 수스 족속(Zuzim)은 어떤 족속들이었는가?

후에는 암몬족속의 땅으로 분명하게 알려진 함의 땅에 살던 선사시대의 종족이었다. 이 구절에서 AV는 수스 족속(Zuzims)이라고 썼지만 'im'은 히브리어의 복수형이고 's'는 불필요하게 덧붙여졌으므로 RV에서는 생략되었다.

수스 족속(Zuzim)은 신명기 2:20에 나오는 삼숨밈 족속(Zamzummim)과 같은 종족으로 예전에 그 곳에 거주했던 거인 종족으로 언급되었다. 수스 족속(Zuzim)은 창세기 14:5에 한 번 언급되었는데 여기에는 엘람 왕 그돌라오멜이 '르바 족속(Rephaims)' '엠 족속(Emims)'과 함께 '함의 수스 족속(the Zuzims in Ham)'을 쳤다고 기록되어 있다.

18.성경에는 Z로 시작되는 이름을 가진 사람이 몇 명이나 나오는가?

성경에는 첫글자가 Z로 시작되는 이름이 모두 87가지가 등장하는데, 이것을 세분해서 살펴 보면 27인의 스가랴(Zechariah), 12인의 시그리(Zichri), 9인의 세베대(Zebadiah), 9인의 사독(Zadok), 7인의 사밧(Zabad), 7인의 삭굴(Zaccur), 7인의 세라(Zerah), 5인의 시드기야(Zedekiah) 등을 포함해서 모두 188인이 된다.

19. 성경에는 도도(Dodo)라는 이름을 가진 사람이 몇 명이나 나오는가?

셋: 사사 돌라(Tola)의 할아버지 도도, 사사기 10:1.—"아비멜렉의 후에

잇사갈 사람 도도의 손자 부아의 아들 돌라가 일어나서;…"
엘르아살의 아버지 도도, 사무엘하 23:9.—"그 다음은 아호아 사람 도도의 아들 엘르아살이니,…"
엘하난의 아버지 도도, 사무엘하 23:24.—"베들레헴 도도의 아들 엘하난."

22. 비기독교인들이 갖는 평범한 관심

1. 자기 딸을 여호와께 번제물로 바친 이스라엘의 통치자는?

입다, 사사기 11:30-39. – "그가 여호와께 서원하여 가로되 주께서 과연 암몬 자손을 내 손에 붙이시면 내가 암몬 자손에게서 평안히 돌아올 때에 누구든지 내 집 문에서 나와서 나를 영접하는 그는 여호와께 돌릴 것이니 내가 그를 번제로 드리겠나이다 하니라 이에 입다가 암몬 자손에게 이르러 그들과 싸우더니; 여호와께서 그들을 그 손에 붙이시매…입다가 미스바에 돌아와 자기 집에 이를 때에 그 딸이 소고를 잡고 춤추며 나와서 영접하니:이는 그의 무남독녀라…그가 딸을 두 달 간 떠나 보내니:그녀가 그 동무들과 함께 가서 산 위에서 처녀로 죽음을 인하여 애곡하고; 두 달 만에 그 아비에게로 돌아온지라. 아비가 그 서원한 대로 딸에게 행하니; 딸이 남자를 알지 못하고 죽으니라."

2. 어떤 집이 흐르는 물 위에서 잡은 새의 피를 뿌림에 의해 깨끗해 진다고 했는가?

'문둥병 환자' 의 집, 레위기 14:49-54.—"그(제사장)는 그 집을 정결케 하기 위하여 새 두 마리와 백향목과 홍색실과 우슬초를 취하고:그 새 하나를 흐르는 물 위 질그릇 안에서 잡고:백향목과 우슬초와 홍색실과 산 새를 가져다가 잡은 새의 피와 흐르는 물을 찍어 그 집에 일곱 번 뿌릴 것이요:그 산 새는 성밖 들에 놓아 그 집을 위하여 속할 것이라:그리하면 정결하리라. 이는 각종 문둥병 환처에 대한 규례니,…"

3. 교차로에 서서 간을 살펴서 점을 친 왕은?

바벨론왕, 에스겔 21:21.—"바벨론왕이 갈랫길 곧 두 길 머리에 서서 점을 치되:화살들을 흔들어 우상에게 묻고 간을 살펴서." Moffatt는 이렇게 번역했다. "바벨론왕이 갈랫길 곧 두 길 머리에 서서 점을 치되; 두 개의 화살을 흔들어 신탁에게 묻고 짐승의 간을 살펴서."

고대의 많은 종족들은 교차로를 희생 제물을 드리는 장소로 믿고 있었고 동물의 내장이나 기관을 살펴 보는 것으로 점을 쳤다.

4. 점치는 데 쓰는 마술적인 잔을 가지고 있었던 유명한 히브리인은?

요셉, 창세기 44:1-5.—"요셉이 그 청지기에게 명하여 가로되 양식을 각인의 자루에 실을 수 있을 만큼 채우고 각인의 돈을 그 자루에 넣고 또 내 잔 곧 은잔을 그 소년의 자루 아구에 넣고 그 양식값 돈도 함께 넣으라 하매 그가 요셉의 명령대로 하고 아침이 되자 사람들과 그 나귀를 보내니라. 그들이 성에서 나와 멀리 가기 전에 요셉이 청지기에게 이르되 일어나 그 사람들의 뒤를 따라; 미칠 때에 그들에게 이르기를 너희가 어찌하여 악으로 선을 갚느냐? 이것은 내 주인이 가지고 마시며 늘 점치는 데 쓰는 것이 아니냐? 너희가 이같이 하니 악하도다 하라."

5. 무당들을 모두 죽일 것을 명령한 성경 구절은?

출애굽기 22:18.—"너는 무당을 살려두지 말지니라."

6. 점치는 기술을 제거할 것을 예언한 사람은?

미가, 미가 5:12.—"내가 또 점치는 기술을 네게서 끊으리니; 네게 다시는 점쟁이가 없게 될 것 이며:"

7. 비가 오게 해 달라고 기도한 사람은?

엘리야, 열왕기상 18:42-45.—"…엘리야가 갈멜산 꼭대기로 올라가서; 땅에 꿇어 엎드려 그 얼굴을 무릎 사이에 넣고 그 사환에게 이르되 올라가 바다 편을 바라보라. 저가 올라가 바라보고 고하되 아무 것도 없나이다. 가로되 일곱 번까지 다시 가라. 일곱 번째 이르러서는 저가 고하되 바다에서 사람의 손만한 작은 구름이 일어 나나이다. 가로되 올라가 아합에게 고하기를 비에 막히지 아니하도록 마차를 갖추고 내려가소서 하라 하니라 조금 후에 구름과 바람이 일어나서 하늘이 캄캄하여지며 큰 비가 내리는지라…"

8. 비가 오지 않을 것을 예언한 사람은?

엘리야, 열왕기상 17:1.—"디셉사람 엘리야가…아합에게 고하되 나의 섬기는 이스라엘 하나님 여호와의 사심을 가리켜 맹세하노니 내 말이 없으면 수년 동안 우로(雨露)가 있지 아니하리라."

엘리야의 비와 가뭄에 대한 기도의 효력은 신약성경 야고보서 5:16-18에서도 다시 언급되어 나온다: "…의인의 간구는 역사하는 힘이 많으니라. 엘리아스(RV에서는 엘리야)는 우리와 성정이 같은 사람이로되 저가 비오지 않기를 간절히 기도한즉; 삼 년 육 개월 동안 땅에 비가 아니 오고 다시 기도한즉 하늘이 비를 주고 땅이 열매를 내었느니라."

9. 자신의 아이들을 번제로 바친 히브리인 왕은?

아하스, 역대하 28:3.—"그(아하스)가 힌놈의 아들 골짜기에서 분향하고 여호와께서 이스라엘 자손 앞에서 쫓아내신 이방 사람의 가증한 일을 본받아 그 자녀를 불사르고." 므낫세, 열왕기하 21:6.—"그(므낫세)가 또 그 아들을 불 가운데로 지나게 하며,…" Moffatt는 이렇게 번역했다. "그가 살아있는 자기 아들을 불사르며,…"

10. 인간 제물이 동물 제물로 바뀌어진 이야기가 언급되어 있는 부분은?

창세기 22장은 아브라함이 자기 아들 이삭을 제물로 바치기를 시도하는 이야기가 담겨 있는데 특히 13절을 주의해 보라.—"…아브라함이 가서 그 숫양을 가져다가 아들을 대신하여 번제로 드렸더라."

11. 솔로몬이 여호와 외에 섬겼던 신들은?

아스다롯, 밀곰, 그모스, 몰록, 열왕기상 11:5-7.—"…이는 솔로몬이 시돈 사람의 여신 아스다롯을 좇고 암몬 사람의 가증한 밀곰을 좇음이라…모압의 가증한 그모스를 위하여 예루살렘 앞산에 산당을 지었고 또 암몬 사람의 가증한 몰록을 위하여 그와 같이 하였으며." 그런데 밀곰과 몰록은 대부분의 학자들에 의해서 암몬 신으로서, 같은 이름으로 여겨진다.

12. 이스라엘의 아이들은 모세가 만든 놋뱀을 몇 세기 동안이나 섬겼는가?

최소한 5세기, 왜냐하면 모세는 B.C.13세기 말에 살았고 히스기야는 B.C.8세기 말 또는 7세기 말에 살았기 때문이다. 열왕기하 18:4에 이에 대한 이유가 나온다. —"여러 산당을 제하며 주상(柱像)을 깨뜨리며 아세라 목상을 찍으며 모세가 만들었던 놋뱀을 이스라엘 자손이 이때까지

향하여 분향하므로 그것을 부수고:느후스단이라 일컬었더라"(Margin, '놋조각').

13. 별을 섬겼던 히브리 왕은?

므낫세, 역대하 33:3.—"그(므낫세)가 부친 히스기야의 헐어버린 산당을 다시 세우며 바알들을 위하여 단을 쌓으며 아세라 목상을 만들며 하늘의 일월성신을 숭배하여 섬기며." 신명기 17:2-7에 따르면 이것은 주요한 죄목의 하나로 분류된다.

14. 태양에 말을 바친 사람은?

유다의 왕들, 열왕기하 23:11.—"또 유다의 왕들이 태양을 위하여 드린 말들을 제하여 버렸으니 이 말들은 여호와의 전으로 들어가는 곳의 근처 시종 나단멜렉의 집 곁에 있던 것이며 또 태양 수레를 불사르고." Moffatt는 이렇게 번역했다:"그는 태양을 위해 드려진 말 그림들을 제하여 버렸고…"

15. 죽어서 블레셋의 물고기 형상을 한 신의 사원에 목이 매어 달린 히브리 왕은?

사울, 역대상 10:10.—"그(사울)의 갑옷을 그 신전에 두고 그 머리를 다곤의 사원에 단지라." 사무엘상 31:7-10. 또한 살펴 보라. 다곤은 물고기 모양을 한 블레셋의 신으로 그 형상은 사무엘상 5:15에 다소 묘사되어 있는데 4절에 좀 더 자세히 나와 있다. "다곤의 몸뚱이만 남았더라." 이와 같이 Margin에서는 '물고기 부분'이라는 어구 대신 '몸뚱이'라는 표현을 썼다.

16. 우상이 그려진 벽화에 경배하는 칠십 인을 발견한 사람은?

에스겔, 에스겔 8:10-11. — "내가 들어가 보니; 각양 곤충과 가증한 짐승과 이스라엘족속의 모든 우상을 그 사면 벽에 그렸고 이스라엘족속의 장로 중 칠십 인이 그 앞에 섰으며 사반의 아들 야아사냐도 그 가운데 섰고 각기 손에 향로를 들었는데; 향연이 구름같이 오르더라."

17. 점쟁이들을 내어 쫓고 네 가지의 다른 방법으로 자문을 구한 왕은?

사울은 점쟁이들을 그 땅에서 쫓아 내고 달리 자문을 구한 네 가지의 다른 방법은 꿈 해석, 우림, 선지자, 그리고 무당에게 묻기였다. 사무엘상 28:3-7. — "…사울은 신접한 자와 박수를 그 땅에서 쫓아 내었었더라…사울이 블레셋 사람의 군대를 보고 두려워서 그 마음이 크게 떨린지라. 사울이 여호와께 묻자오되 여호와께서 꿈으로도 우림(역주; '빛' 이라는 뜻으로 제사장의 흉패에 부착하는 돌로 추정된다. 제사장은 이를 통해서 국가의 당면한 중대한 문제에 대한 하나님의 뜻을 분별했다)으로도 선지자로도 그에게 대답치 아니하시므로 사울이 그 신하들에게 이르되 나를 위하여 신접한 여인을 찾으라. 내가 그리로 가서 그에게 물으리라…"

18. 태양을 경배하는 이십오 인의 남자를 본 사람은?

에스겔, 에스겔 8:16. — "그가 또 나를 데리고 여호와의 전 안뜰에 들어가시기로 보니 여호와의 전문앞 현관과 제단 사이에서 약 이십오 인이 여호와의 전을 등지고 낯을 동으로 향하여; 동방 태양에 경배하더라."

19. 두 가지 종교의 기도 대회를 연 사람은?

엘리야, 열왕기상 18:20-40. 특히 21절과 24절을 주의하여 보라. — "엘리야가 모든 백성에게 가까이 나아가 이르되 너희가 어느 때까지 두 사이에서 머뭇머뭇 하려느냐? 여호와가 만일 하나님이면 그를 좇고 바알이

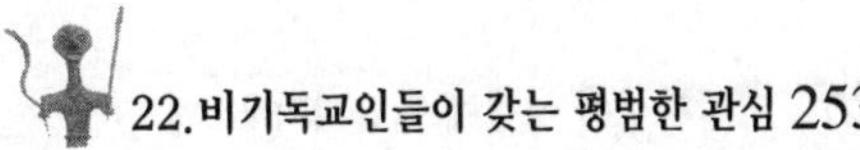

만일 하나님이면 그를 좇을지니라…너희는 너희 신의 이름을 부르라. 나는 여호와의 이름을 부르리니 이에 불로 응답하는 신 그가 하나님이니라 백성이 다 대답하되 그 말이 옳도다."

20. 히브리인들은 왜 피를 먹지 않으려고 애썼는가?

왜냐하면 히브리인들은 피는 생명이고 생명은 신성한 것이라고 믿었기 때문이다: 그러므로 피는 고기를 먹기 전에 고기와 분리해서 땅이나 제단에 뿌려져야 했다. 신명기 12:23, 24, 27.—"오직 크게 삼가서 그 피는 먹지 말라. 피는 그 생명인즉; 네가 그 생명을 고기와 함께 먹지 못하리니 너는 그것을 먹지 말고; 물같이 땅에 쏟으라.…다른 제 희생을 드릴 때에는 그 피를 네 하나님 여호와의 단 위에 붓고 그 고기는 먹을지니라." 피에 대한 경우는 여러 종교에서 나타나는데 위에서와 같이 하나님께 피를 바치는 형태로도 보이고 반대로 피를 마시는 형태로도 보인다.

23. 성(도시)

1. 두 사람의 희생으로 지어진 성은?

여리고, 열왕기상 16:34.—"그 시대에 벧엘 사람 히엘이 여리고를 건축하였는데:저가 그 터를 쌓을 때에 맏아들 아비람을 잃었고 그 문을 세울 때에 말째 아들 스굽을 잃었으니 여호와께서 눈의 아들 여호수아로 하신 말씀과 같이 되었더라." 여호수아 6:26 또한 보라.

2. 어떤 성이 파괴될 때 흑인이 구원받을 것을 약속 받았는가?

예루살렘, 예레미야 39:15-17.—"예레미야가 시위대 뜰에 갇혔을 때에 여호와의 말씀이 그에게 임하니라. 가라사대 너는 가서 이디오피아인 에벳멜렉에게 말하기를 만군의 여호와 이스라엘의 하나님의 말씀에; 내가 이 성(예루살렘)에 재앙을 내리고 복을 내리지 아니하리라; 한 나의 말이 그날에 네 목전에 이루리라. 나 여호와가 말하노라. 내가 그날에 너를 구원하리니:네가 그 두려워하는 사람들의 손에 붙이우지 아니하리라."

3. 상수도 시설을 갖추고 있었던, 구약에 나오는 성은?

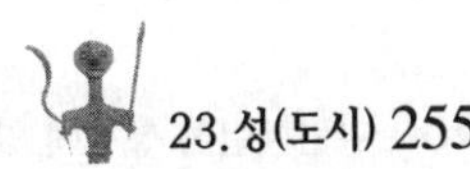

예루살렘, 열왕기하 20:20.—"히스기야의 남은 사적과 그 모든 권력과 못과 수도를 만들어 물을 성(예루살렘) 중으로 인도하여 들인 일은 유다 왕 역대지략에 기록되지 아니하였느냐?"

4. 사냥꾼으로서 성을 다스렸고 또 다섯 개 이상의 성을 건축한 자는?

니므롯, 창세기 10:9-12 RV.—"그가 여호와 앞에서 특이한 사냥꾼이 되었으므로 속담에 이르기를 아무는 여호와 앞에 니므롯같은 특이한 사냥꾼이로다 하더라. 그의 나라는 시날땅의 바벨과 에렉과 악갓과 갈레에서 시작되었으며 그가 그 땅에서 앗수르로 나아가 니느웨와 르호보딜과 갈라와 및 니느웨와 갈라 사이의 레센(이는 큰 성이라)을 건축하였으며."

5. 여호와께서 하늘에서부터 보기 위해 강림했던 성은?

바벨, 창세기 11:5.—"여호와께서 인간들이 쌓는 성(바벨)과 탑을 보시려고 강림하셨더라."

6.처음으로 성을 쌓은 사람은 누구이며 그 성의 이름은 무엇이었는가?

가인, 에녹, 창세기 4:17.—"가인이 아내와 동침하니 그가 잉태하여 에녹을 낳은지라. 가인이 성을 쌓고 그 아들의 이름으로 성을 이름하여 에녹이라 하였더라" ("가인이 어디서 아내를 얻었는가?" 하는 직사주의자들의 오래 된 질문에 대해서와 마찬가지로 "그가 어디서 사람들을 모아서 성을 건축하고 그 곳에 거주하게 하였는가?" 라는 질문에 관해 납득할 수 있는 답을 찾아내기는 곤란하다).

7. 낙타의 우리가 된 성은?

랍바, 에스겔 25:5.—"내가 랍바로 낙타의 우리를 만들며 암몬족속의 땅으로 양무리의 눕는 곳을 삼은즉: …"

8. 바울은 어떤 성의 먼지를 발에서 떨어뜨렸는가?

비시디아 안디옥, 사도행전 13:14, 50, 51. — "그들(바울과 그의 동료)은 버가로부터 지나 비시디아 안디옥에 이르러 안식일에 회당에 들어가 앉으니라…이에 유대인들이 경건한 귀부인들과 그 성내 유력자들을 선동하여 바울과 바나바를 핍박케 하여 그 지경에서 쫓아내니 두 사람이 저희를 향하여 발에 티끌을 떨어 버리고 이고니온으로 가거늘."

마태복음 10:14, 누가복음 9:5, 10:11, 사도행전 22:23 또한 찾아 보라.

9. 하늘에서 성이 내려오는 것을 본 사람은?

요한, 계시록 21:2. — "또 나 요한이 보매 거룩한 성 새 예루살렘이 하나님께로부터 하늘에서 내려오니 그 예비한 것이 신부가 남편을 위하여 단장한 것 같더라."

10. 바울은 어느 성에서 바구니 속으로 피하였는가?

다마스커스, 고린도후서 11:32-33. — "다메섹에서 아레다왕의 방백이 나를 잡으려고 다메섹 성을 지킬새:내가 광주리를 타고 들창문으로 성벽을 내려가 그 손에서 벗어났노라."

11. 벧엘의 원래 이름은?

루스, 사사기 1:23. — "요셉족속이 벧엘을 정탐케 하였는데(그 성읍의 본 이름은 루스더라)."

12. 누가 "나의 성읍들이 넘치도록 풍부할 것이다." 라고 말했는가?

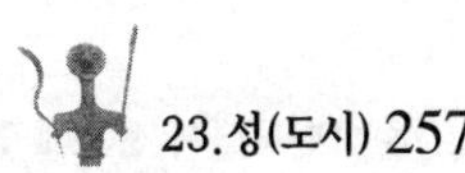

여호와, 스가랴 1:17 RV. — "다시 외쳐 이르기를 만군의 여호와의 말씀에 나의 성읍들이 넘치도록 다시 풍부할 것이라 여호와가 다시 시온을 안위하며 다시 예루살렘을 택하리라 하셨다 하라."

13. '야자나무의 도시'는 어디였는가?

여리고, 신명기 34:3. — "남방과 종려의 성읍 여리고 골짜기 평지를 소알까지 보이시고." 역대하 28:15 또한 찾아 보라.

14. 구약에서는 어떤 성이 '다윗의 성'이었고 신약에서는 어떤 성이 또 그러했는가?

구약시대에는 시온(예루살렘의 일부), 사무엘하 5:7. — "다윗이 시온산성을 빼앗았으니: 이는 다윗 성이더라."

신약시대에는 베들레헴, 누가복음 2:4. — "요셉도 다윗의 집 족속인고로 갈릴리 나사렛 동네에서 유대를 향하여 베들레헴이라 하는 다윗의 동네로; …"

15. 마(馬)시장과 노예시장으로 언급된 도시는?

두로, 에스겔 27, 이 장은 고대 도시의 무역과 상업에 관해 매우 재미있게 설명해 놓았다. 에스겔 27:13-14. — "…그들은 사람과 놋그릇을 가지고 네 상품을 무역하였도다. 도갈마족속은 말과 전마와 노새를 가지고 네 물품을 무역하며."

16. 최초의 마천루는 어디에 있었는가?

시날땅, 창세기 11:2- 4. — "이에 그들이 동방으로 옮기다가 시날 평지를 만나; 거기 거하고 서로 말하되 자 벽돌을 만들어 견고히 굽자 하고 이에 벽돌로 돌을 대신하며 역청으로 진흙을 대신하고 또 말하되 자, 성과 대를 쌓아 대 꼭대기를 하늘에 닿게 하여;…"

24. 과학적인 관심에 대하여

1. 성경에서 점성술을 비난한 세 부분은?

이사야 47:13-14. ─ "네가 많은 모략을 인하여 피곤케 되었도다. 하늘을 살피는 자와 별을 보는 자와 월삭(月朔)에 예고하는 자들로 일어나 네게 임할 그 일에서 너를 구원케 하여 보라. 보라, 그들이 초개 같아서; 불에 타리니; 그 불꽃의 세력에서 스스로 구원치 못할 것이라:…" 예레미야 10:2. ─ "여호와께서 이같이 말씀하시되 열방의 길을 배우지 말라. 열방인은 하늘의 징조를 두려워하거니와; 너희는 그것을 두려워 말라."

다니엘 1:19-20. ─ "왕이 그들과 말하여 보매; 무리 중에 다니엘과 하나냐와 미사엘과 아사랴와 같은 자 없으므로:그들로 왕 앞에 모시게 하고 왕이 그들에게 모든 일을 묻는 중에 그 지혜와 총명이 온 나라 박수와 술객보다 십 배나 나은 줄을 아니라." 또한 다니엘 2:1-30 특히 9절을 주의하여 살펴 보라. 여기서 점성술가들의 예언은 '거짓말과 망령된 말'로 표현되어 있다. 또한 신명기 18:9-12과 열왕기하 21:6 또한 찾아 보라.

2. 솔로몬이 냉동 식품을 좋아했다는 것은 어떤 구절을 보아 알 수 있는가?

잠언 25:1, 13.—"이것도 솔로몬의 잠언이요. 유다왕 히스기야의 신하들의 편집한 것이니라.…충성된 사자(使者)는 그를 보낸 이에게 마치 추수하는 날에 얼음냉수 같아서:능히 그 주인의 마음을 시원케 하느니라."

3. 관개수로에 관해 예언되어 있는 부분은?

이사야 43:19-20.—"보라, 내가 새 일을 행하리니; 이제 나타낼 것이라; 너희가 그것을 알지 못하겠느냐? 정녕히 내가 광야에 길과 사막에 강을 내리니 장차 들짐승 곧 시랑과 및 타조도 나를 존경할 것은 내가 광야에 물들을, 사막에 강들을 내어 내 백성, 나의 택한 자로 마시게 할 것임이라."

4. 지구가 한 때 뒤로 움직인 적이 있었다는 증거가 보이는 구절은?

해시계가 뒤로 움직였을 때, 열왕기하 20:11.—"선지자 이사야가 여호와께 간구하매:아하스의 해시계 위에 나아갔던 해 그림자로 십도를 물러가게 하셨더라." 이 흥미있는 이야기는, 이러한 우주적인 이변이 어떻게 일어날 수 있느냐고 묻는 이들에게 이 이야기를 믿는 이들의 순진한 답변으로 제시된다. 이것은 선행하는 구절의 히스기야가 병을 치료받는 것에 대한 징조로 나타났다.

5. 인도와 스페인이 언급되어 있는 부분은?

에스더 1:1.—"…이 일은 아하수에로왕 때에 된 것이니 아하수에로는 인도에서 이디오피아까지 치리하는 왕이라…" 에스더 8:9 또한 찾아 보라.

로마서 15:23.—"언제든지 서바나로 갈 때에 너희에게 가려는 원이 있

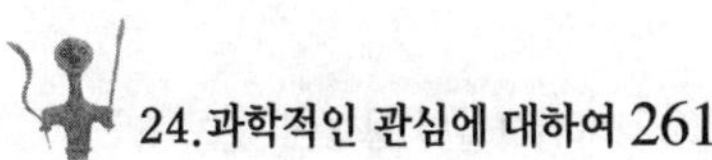

었으니:…" 로마서 15:28 또한 찾아 보라.

6. 구십 세에 자식을 낳은 사람은?

사라, 창세기 17:17; 21:1-2.—"아브라함이 엎드리어 웃으며 심중에 이르되 사라는 구십 세니 어찌 생산하리요? 하고…여호와께서 그 말씀대로 사라를 권고하셨고 여호와께서 그 말씀대로 사라에게 행하셨으므로…사라가 잉태하고 하나님의 말씀하신 기한에 미쳐 늙은 아브라함에게 아들을 낳으니."

7. 뱀은 기어서 다닐 것이라는 저주를 받기 전에는 에덴 동산을 어떻게 돌아 다녔는가?

창세기 3:13-14.—"여호와 하나님이 여자에게 이르시되 네가 어찌하여 이렇게 하였느냐? 여자가 가로되 뱀이 나를 꾀하므로 내가 먹었나이다. 여호와 하나님이 뱀에게 이르시되 네가 이렇게 하였으니 네가 모든 육축과 들의 모든 짐승보다 더욱 저주를 받아 배로 다니고 종신토록 흙을 먹을지니라;"

하와와 뱀(Eve and the serpent)에 관한 이야기의 원형에서 후자 즉 뱀(serpent)은 영혼(spirit)이었고 천사 혹은 인간이나 반인간 형태의 악마였던 것으로 생각된다. 이러한 관념의 자취는 뱀이 높은 지능을 보여주고 이야기 하는 것을 매우 좋아하였다는 사실에 나타나 있다. 초기 기독교도에게 거룩한 경전으로 인식되었던 에녹의 서(the Book of Enoch) 69:6에서 이것은 '하와를 타락시킨' 가드리엘(Gardreel)이라는 이름의 사탄이라고 기록되어 있다. 뱀이 긴 몸의 대부분을 일으킬 수 있다는 사실은 이것이 한 때는 똑바로 서서 걸을 수도 있었을 것이라는 생각을 불러 일으킨다.

8. 설치동물(갉작거리는 동물:쥐, 다람쥐)을 반추동물(새김질하는 동물)로 잘못 기록한 부분은?

레위기 11:6.—"토끼도 새김질은 하되 굽이 갈라지지 아니하였으므로; 너희에게 부정하고." 피상적인 관찰자가 토끼를 새김질하는 동물로 잘못 생각한 것 같다.

9. 어떤 곤충들이 4지 동물로 불렸는가?

레위기 11:21-23.—"오직 날개가 있고 네 발로 기어다니는 모든 곤충 중에 그 발에 뛰는 다리가 있어서 땅에서 뛰는 것은; 너희가 먹을지니; 곧 그 중에 메뚜기 종류와 베짱이 종류와 딱정벌레 종류와 팟종이 종류는 너희가 먹으려니와 오직 날개가 있고 기어다니는 곤충은 다 너희에게 가증하니라." RV에서는 '딱정벌레' 대신 '귀뚜라미'로 나와 있는데 이 곤충들은 모두 여섯 개의 다리를 갖고 있다.

10. 달팽이가 용해된다고 생각한 사람은?

다윗, 시편 58:8.—"녹아서 사라지는 달팽이 같게 하시오며:…" 그런데 달팽이가 지나갈 때 나타나는 끈적끈적한 자취는 다윗이 생각한 것처럼 그 몸의 용해로 인한 것이 아니다.

11. 열두 개의 손가락과 열두 개의 발가락을 가진 거인을 죽인 사람은?

삼마의 아들 요나단, 사무엘하 21:20-21.—"또 가드에서 전쟁할 때에 그 곳에 키 큰 자 하나는 매 손과 매 발에 가락이 여섯 씩 모두 스물네 가락이 있는데 저도 장대한 자의 소생이라. 저가 이스라엘 사람을 능욕하므로 다윗의 형 삼마의 아들 요나단이 저를 죽이니라."

12. 최초의 생물학자는 누구인가?

솔로몬, 열왕기상 4:29, 33.—"하나님이 솔로몬에게 지혜와 총명을 심히 많이 주시고 또 넓은 마음을 주시되 바닷가의 모래같이 하시니…저가 또 초목을 논하되 레바논 백향목으로부터 담에 나는 우슬초까지 하고: 저가 또 짐승과 새와 기어다니는 것과 물고기를 논한지라."

13. 빠르게 나는 사람을 보았다고 말한 사람은?

다니엘, 다니엘 9:21.—"곧 내가 말하여 기도할 때에 이전 이상 중에 본 사람 가브리엘이 빨리 날아서 저녁 제사를 드릴 때 즈음에 내게 이르더니."

14. 일식을 예언한 선지자는?

아모스, 아모스 8:9.—"주 여호와께서 가라사대 그날에 내가 해로 대낮에 지게 하여 백주에 땅을 캄캄케 하며."

예루살렘에서 볼 수 있는 완전한 월식이 아모스의 생애 중이었던 B.C. 763년 6월 15일에 있었다는 것은 우리에게 많은 흥미를 느끼게 하는 사실이다.

15. 어떤 징조들을 보고 일기를 예보하는 것에 관해 말한 이는?

예수, 마태복음 16:2-3.—"그(예수)가 대답하여 가라사대 너희가 저녁에 하늘이 붉으면 날일 좋겠다 하고:아침에 하늘이 붉고 흐리면 오늘은 날이 궂겠다 하나니…"

16. 성경에는 어떤 별자리들이 언급되어 있는가?

북두칠성, 곰자리, 오리온좌, 묘성, 토성, 뱀자리, 쌍둥이좌, 남방의 성좌, 행성, 12궁. 욥기 9:9.—"북두칠성과 오리온좌와 묘성과 남방의 밀실을 만드셨으며.” RV에는 ‘북두칠성’ 자리에 ‘곰자리’를 써 넣었다. 또한 여기서 ‘남방의 밀실(chambers of the south)’은 ‘남방의 성좌(southern constellations)’에 해당한다.

욥기 38:31-32. ― “네가 묘성을 매어 떨기 되게 하겠느냐 오리온좌의 띠를 풀겠느냐? 네가 열두 궁성을 때를 따라 이끌어 내겠느냐? 북두칠성과 그 속한 별들을 인도하겠느냐?” RV는 ‘묘성의 성단’으로 기록하고 있고 또 ‘북두칠성과 그에 속한 별들’ 대신 ‘꼬리를 지닌 곰자리’로 기록하고 있다. 이 꼬리는 물론 곰자리의 꼬리 부분에 있는 세 개의 별 또는 우리가 아는 바와 같이 북두칠성(역주; 국자 모양을 하고 있음)의 손잡이 부분에 나타나 있는 별을 가리킨다. 또 마자로스(Mazzaroth)는 분명히 열두 궁성을 가리킨다. 아모스 5:8. ― “일곱 개의 별과 오리온좌를 만드셨으며,…” 아모스 5:26. ― “너희가 너희 왕 몰렉과 너희 우상 기윤 곧 너희가 너희를 위하여 만들어서 신으로 삼은 별 형상을 지고 가리라.” 몇몇 학자들은 앗시리아의 별신인 새턴(Saturn)과 기윤(Chiun)을 동일시했다.

욥기 26:13. ― “그 신으로 하늘을 단장하시고; 손으로 날랜 뱀을 찌르시나니.” 어떤 학자들은 이 뱀을 드래곤으로 알려진 큰곰과 작은곰자리 사이의 성운과 동일시했다. 이사야 27:1의 바다뱀이 이것과 관계될 것이다. 사도행전 28:11. ― “석 달 후에 그 섬에서 과동한 알렉산드리아 배를 우리가 타고 떠나니 그 배 기호는 카스토르와 폴룩스(Castor and Pollux)였다.” 카스토르와 폴룩스는 제미니 또는 쌍둥이로 알려진 성운의 이름이다. 열왕기하 23:5에는 ‘행성’(margin은 ‘12궁성 또는 성운’)으로 언급되어 있고 이사야 13:10에는 ‘성운’으로 기록되어 있다.

17. 화학적인 처방으로 성의 물을 개선시킨 사람은?

엘리사, 열왕기하 2:19-22. ― “그 성 사람들이 엘리사에게 고하되 우리 주께서 보시는 바와 같이 이 성읍의 터는 아름다우나:물이 좋지 못하므

로 토산이 익지 못하고 떨어지나이다. 엘리사가 가로되 새 그릇에 소금을 담아 내게로 가져오라 하매 곧 가져온지라. 엘리사가 물 근원으로 나아가서 소금을 그 가운데 던지며…그 물이 엘리사의 말과 같이 고쳐져서…" Moffatt는 '물 근원' 을 '급수의 근원' 이라고 했다.

18. 노아의 아들 함은 흑인이었는가?

창세기 10장은 세계의 민족을 인종학적으로 분류해 놓은 장이다. 이 장은 32절에서 이렇게 끝난다: "이들은 노아 자손의 족속들이요 그 세계와 나라 대로라:홍수 후에 이들에게서 땅의 열국 백성이 나뉘었더라." 그리고 1절은 이렇게 시작된다. "노아의 후손 셈과 함과 야벳의 후예는 이러하니라:홍수 후에 그들이 아들을 낳았으니." 6절에서 함의 아들들은 '구스와 미스라임과 붓과 가나안' 이라고 나온다. 여기서 구스와 미스라임은 이디오피아와 이집트에 해당하는 히브리어이다.

국가의 목록을 수집한 사람들의 실제적인 문제는 다음과 같은 것이었다: 노아와 그의 세 아들이 홍수 후에 살아남은 유일한 사람들이었다면 그들 중 누구에게서 흑인이 태어났겠는가? 함(Ham)이 그로 결정되었다면 함(Ham)이라는 단어의 뜻이 '햇빛에 그을린, 또는 어두운 색깔의' 라는 뜻이기 때문일 것이다(그렇지 않다면 편집자에 의해 이 이름이 흑인이라고 생각되었기 때문에 함을 그렇게 인정했을 것이다). 그러나 문제는 백인 부부였던 노아와 그의 아내가 어떻게 흑인 아들을 낳을 수 있었느냐는 것이고 이것은 창세기를 역사적인 기록으로 생각하는 모든 사람들에게 늘 문제거리로 제시되고 있다.

19. 기도자들이 비를 내려 달라고 기도를 하자 효과적인 결과를 보았던 때는?

사무엘서와 열왕기서에 따르면 사무엘과 엘리야의 시대에, 사무엘상

12:18.—"이에 사무엘이 여호와께 아뢰매 여호와께서 그날에 우뢰와 비를 보내시니:모든 백성이 여호와와 사무엘을 크게 두려워하니라." 열왕기상 18:42-45.—"…엘리야가 갈멜산 꼭대기로 올라가서; 땅에 꿇어 엎드려 그 얼굴을 무릎 사이에 넣고 그 사환에게 이르되 올라가 바다 편을 바라보라:…일곱 번째 이르러서는 저가 고하되 바다에서 사람의 손만한 작은 구름이 일어나나이다. 가로되 올라가 아합에게 고하기를 비에 막히지 아니하도록 마차를 갖추고 내려가소서 하라 하니라. 조금 후에 구름과 바람이 일어나서 큰 비가 내리는지라…"

20. 시대착오 속에서 자신의 말이 '책에 기록되었으면'이라고 말한 사람은?

욥, 욥기 19:23.—"나의 말이 곧 기록되었으면! 책에 씌어졌으면!" 인쇄술은 A.D. 9세기에 중국에서 발명되었고 유럽에서는 15세기 중반에 발명되었다.

21. 성경의 어떤 구절이 땅이 평평하다는 사실에 적용되었는가?

이사야 11:12.—"…땅 사방에서 유다의 이산한 자를 모으시리니." 계시록 7:1.—"이 일 후에 내가 네 천사가 땅 네 모퉁이에 선 것을 보니…" 마태복음 4:8.—"마귀가 또 그를 데리고 지극히 높은 산으로 가서 천하 만국과 그 영광을 보여;" 이사야 24:1.—"여호와께서 땅을 공허하게 하시며 황무하게 하시며 뒤집어 엎으시고 그 거민을 흩으시리니."

22.'지구가 움직이지 않는다'라는 뜻을 함축하고 있는 성경 구절은?

사무엘상 2:8.—"…땅의 기둥들은 여호와의 것이라. 여호와께서 세계를 그 위에 세우셨도다." 역대상 16:30 RV.—"…세계가 굳게 서로 흔들리지

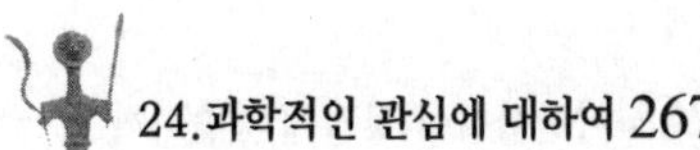

못하는도다." 시편 104:5. — "땅의 기초를 두사 영원히 요동치 않게 하셨나이다." Margin에서는 히브리어로 쓰여진 대로 "그가 땅에 그 기초를 두사"라고 기록했다. 욥기 38:4-6; 시편 24:1-2; 히브리서 1:10 또한 살펴보라.

23. '거짓되게 말하는 지식'에 대해 경고한 사람은?

바울이 디모데에게 경고한 말, 디모데전서 6:20-21. — "디모데야 네게 부탁한 것을 지키고 거짓되이 일컫는 지식의 망령되고 허한 말과 변론을 피하라:이것을 좇는 사람들이 있어 믿음에서 벗어났느니라…"

24. 500세 되었을 때 아들들을 낳은 사람은?

노아, 창세기 5:32. — "노아가 오백 세 된 후에:셈과 함과 야벳을 낳았더라."

25. 열한 살 때 아버지가 된 왕은?

아하스, 열왕기하 16:2, 20; 18:2. — "아하스가 위에 나아갈 때에 나이 이십 세라. 예루살렘에서 십육 년을 치리하였으나,…아하스가 그 열조와 함께 자매,…그의 아들 히스기야가 위(位)에 나아갈 때에 나이 이십오 세라;…" 아하스가 삼십육 세에 죽었고 이십오 세된 아들이 왕위를 계승했다면 아하스는 열한 살 때 아들을 낳은 셈이 된다.

26. 몸이 너무 말라서 뼈의 수를 모두 셀 수 있었던 사람은?

시편의 기자, 시편 22:17. — "내가 내 모든 뼈를 셀 수 있나이다:저희가 나를 주목하여 보고."

27. 자기 자신의 사망 기사를 쓴 사람은?

신명기는 '모세 오경의 다섯 번째 책' 이라는 표제가 붙어있고 그에 의해 기록된 것으로 믿어지지만 34번째 장은 그의 죽음과 장례에 관해 기록해 놓았다. 일부 학자들은 신명기를 6세기 후반 바빌론 포로 시대에 기록된 것으로 보고 있다.

28. 태양이 지구 주위를 돈다고 생각한 사람은?

여호수아 10:12-14의 저자는 이스라엘 사람들이 아모리인들을 끝까지 살육하기에 필요한 빛을 가질 수 있도록 여호수아가 태양을 멈추라고 명령한 기록이다.—"태양이 중천에 머물러서 거의 종일토록 속히 내려가지 아니하였다."

29. 성경의 인물 중 가장 오래 살았던 사람은?

창세기 5:27에 따르면 므두셀라는 969세를 살았으나 멜기세덱은 이 보다 훨씬 오래 살았다. 창세기 14:18-20은 '살렘왕 멜기세덱' 은 '하나님의 대제사장' 으로 아브라함을 만났다고 기록했고 아브라함 시대 이천 년 후에 씌여진 히브리서 7:1-3은 이렇게 기록했다: "이 멜기세덱은 살렘왕이요. 지극히 높으신 하나님의 제사장이라. 여러 임금을 쳐서 죽이고 돌아오는 아브라함을 만나 복을 빈 자라; 아브라함이 일체 십분의 일을 그에게 나눠 주니라; 그 이름을 번역한즉 첫째 의의 왕이요 또 살렘왕이니 곧 평강의 왕이요; 아비도 없고 어미도 없고 족보도 없고 시작한 날도 없고 생명의 끝도 없어; 하나님 아들과 방불하여; 항상 제사장으로 있느니라."

30. 어느 전투에서 승리자들이 별들이 자기 편을 이기도록 도울 것이라고 믿었는가?

기손의 전투에서, 여선지 드보라가 노래할 때 바락이 가나안의 왕 야빈

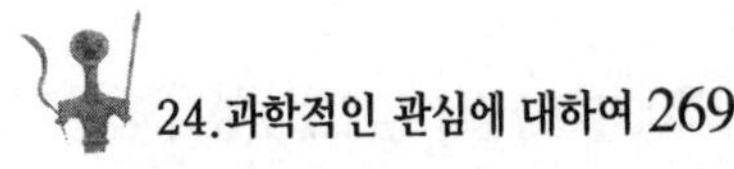

의 군대장 시스라에 대항하여 이스라엘을 지휘할 때. 이 전투는 사사기 4장과 5장에 자세히 묘사되어 있다. 5장 20절은 이렇게 말한다: "별들이 하늘에서부터 싸우되 그 다니는 길에서 시스라와 싸웠도다."

25. 운동경기 · 스포츠 · 무용(武勇)

1. 여호와가 공 던지는 사람으로 비유되어 있는 부분은?

이사야 22:17-18 RV. ― "나 여호와가 단단히 싸서(margin, 단단히 속박하고) 장사같이 맹렬히 던지되; 정녕히 너를 말아싸서 공같이 광막한 지경에 던질 것이라;…" AV는 "그가 너를 맹렬히 던지되 공같이 광막한 지경에 던질 것이라" 로 되어있다.

2. 낚시도구가 숭배된 때는?

하박국 시대에, 하박국 1:15-16. ― "그가 낚시로 모두 취하며 그물로 잡으며 초망으로 모으고:인하여 기뻐하고 즐거워하며 그물에 제사하여 초망 앞에 분향하오니;…"

3. 낚시가 언급되어 있는 부분은?

아모스 4:2. ― "주 여호와께서 자기의 거룩함을 가리켜 맹세하시되 때가 너희에게 임할지라. 사람이 갈고리로 너희를 끌어가며 낚시로 너희의

남은 자들을 그리하리라." 욥기 41:1과 마태복음 17:27 또한 찾아 보라.

4. 153마리의 물고기를 잡은 사람은?

시몬 베드로, 요한복음 21:11. — "시몬 베드로가 올라가서 그물을 육지에 끌어 올리니 가득히 찬 큰 고기가 일백쉰세 마리라:이같이 많으나 그물이 찢어지지 아니하였더라."

5. 물고기가 사람을 물었던 때는?

요나 1:17. — "여호와께서 이미 큰 물고기를 예비하사 요나를 삼키게 하셨으므로 요나가 삼일 삼야를 물고기 배에 있으니라."

6. 고기잡는 다양한 방법이 묘사되어 있는 부분은?

이사야 19:8-10. — "어부들은 탄식하며 무릇 나일강에 물을 던지는 자는 슬퍼하며 물에 그물을 치는 자는 피곤할 것이며 세마포를 만드는 자와 백목을 짜는 자들이 수치를 당할 것이며 기둥(margin에는 '기초')이 부숴지고 품꾼들이 다 마음에 근심하리라. 하박국 1:15-16 또한 살펴 보라."

7. 사자를 죽인 성경 속의 세 인물은?

삼손, 사사기 14:5-6. — "삼손이 내려가서…딤나의 포도원에 이른즉:어린 사자가 그를 맞아 소리 지르는 지라. 삼손이 여호와의 신에게 크게 감동되어 손에 아무것도 없어도 그 사자를 염소새끼를 찢음같이 찢었으나:…"

다윗, 사무엘상 17:34-36. — "다윗이 사울에게 고하되 주의 종이 아비의 양을 지킬 때에 사자나 곰이 와서 양떼에서 새끼를 움키면:내가 따라가서 그것을 치고 그 입에서 새끼를 거져내었고:그것이 일어나 나를 해하고자 하면 내가 그 수염을 잡고 그것을 쳐 죽였었나이다. 주의 종이 사자와 곰도 쳤은즉:…"

브나야, 사무엘하 23:20.—"또 갑스엘 용사의 손자 여호야다의 아들 브나야니 저는 효용한 일을 행한 자라…그가 눈 올 때에 함정에 내려가서 한 사자를 죽였으며:"

8. 화살을 쏘아 사람의 몸을 꿰뚫은 사람은?

예후, 열왕기하 9:24.—"예후가 힘을 다하여 활을 당기어 요람의 두팔 사이를 쏘니 살이 그 염통을 꿰뚫고 나오매 저가 병거 가운데 엎드러진지라."

9. 바울이 스포츠에 많은 관심이 있었다는 것을 보여주는 그의 교훈은?

바울이 쓴 예는 종종 스포츠에서 인용되었다. 고린도전서 9:24-27.—"운동장에서 달음질하는 자들이 달아날지라도 오직 상 얻는 자는 하나인 줄을 너희가 알지 못하느냐? 너희도 얻도록 이와 같이 달음질하라. 이기기를 다투는 자마다 모든 일에 절제하나니 저희는 썩을 면류관을 얻고자 하되; 우리는 썩지 아니할 것을 얻고자 하노라. 그러므로 내가 달음질하기를 향방없는 것 같이 아니하고 싸우기를 허공을 치는 것 같이 아니 하여:내가 내 몸을 쳐 복종하게 함은 내가 남에게 전파한 후에 자기가 도리어 버림이 될까 두려워함이로다."

Moffatt의 번역은 그 요점을 더 분명히 했다: "경주에서 모든 사람들이 다 달릴지라도 오직 상 받는 자는 하나인 줄을 너희가 알지 못하느냐? 너희도 상 받도록 이같이 달음질하라. 경주자는 경기 내내 자제하나니; 저희는 빛바랜 화환을 얻고자 하되; 우리는 퇴색되지 않는 화환을 얻노라. 그러므로 내가 달리기를 방향없이 아니 하고 싸우기를 허공을 치는 것 같이 아니하여 내가 내 몸을 쳐 복종하게 함은 내가 남에게 전파한 후에 나 자신이 도리어 버림이 될까 두려워함이로다."

빌립보서 3:14과 디모데전서 2:5, 4:7-8 또한 살펴 보라.

10. 산에서의 메추라기 사냥이 언급된 부분은?

사무엘상 26:20.—"산에서 메추라기를 사냥하는 자와 같이 이스라엘왕이 한 벼룩을 수색하러 나오셨음이니이다."

11. 자기를 에워싼 메추라기 사냥이 언급된 부분은?

엘리사, 열왕기하 6:8-23. 특히 15, 18, 19절을 주의해 보라.—"하나님의 수종드는 자가 일찍이 일어나서 나가보니 군사와 말과 병거가 성을 에워쌌는지라 그 사환이 엘리사에게 고하되 아아 내 주여! 우리가 어찌 하리이까?…그들이 엘리사에게 내려오매 엘리사가 여호와께 기도하여 가로되 원컨대 저 무리의 눈을 어둡게 하옵소서 하매 엘리사의 말대로 그 눈을 어둡게 하신지라. 엘리사가 저희에게 이르되 이는 그 길이 아니요. 이는 그 성도 아니니:나를 따라오라. 내가 너희를 인도하여 사마리아에 이르니라."

12. 사자같이 생긴 두 명의 사람을 죽인 사람은?

브나야, 사무엘하 23:20.—"브나야는…사자같이 생긴 사람 둘을 죽였으니:…"

13. 나귀의 턱뼈로 1,000명을 죽인 사람은?

삼손, 사사기 15:15.—"그(삼손)가 나귀의 새 턱뼈를 보고 손을 내밀어 취하고 그것으로 일천 명을 죽이고."

14. 소 모는 막대기로 600명을 죽인 사람은?

삼갈, 사사기 3:31. — "아낫의 아들 삼갈이 사사로 있어 소 모는 막대기로 블레셋 사람 육백 명을 죽였고:그도 이스라엘을 구원하였더라."

15. 창으로 800인을 죽인 사람은?

에센 사람 아디노, 사무엘하 23:8. — "…에센 사람 아디노라:저가 창을 들어 한 때에 팔백 인을 쳐 죽였더라."

16. 무모한 운전가로 알려진 사람은?

예후, 열왕기하 9:20. — "…그 병거 모는 것이 님시의 손자 예후의 모든 것 같이; 격렬하게 모나이다." Margin은 '격렬하게' 대신 히브리어의 문자 그대로의 뜻인 '미친듯이'를 써 넣었다.

17. 왼손으로 능숙하게 돌을 던지는 700명의 용사들을 갖고 있었던 부족은?

베냐민 지파, 사사기 20:16. — "이 모든 백성(베냐민의 청년들) 중에서 택한 칠백 명은 다 왼손잡이라; 물매로 돌을 던지면 호리도 틀림이 없는 자더라."

18. 평영(平泳)으로 하는 수영의 형태가 언급된 부분은?

이사야 25:11. — "그가 헤엄치는 자의 헤엄치려고 손을 폄같이 그 속에서 손을 펼 것이나:…" 수영에 관해서는 사도행전 27:42-43과 에스겔 32:6, 47:5에도 언급되어 있다.

19. 하나님이 궁술가(활쏘는 사람)로 묘사된 부분은?

시편 7:11-13. — "하나님은 의로우신 재판장이심이여 매일 분노하시는

하나님이시로다. 사람이 회개치 아니하면 저가 그 칼을 갈으심이여; 그 활을 이미 당기어 예비하셨도다. 죽일 기계를 또한 예비하심이여; 그 만든 화살은 또한 화전이로다." 하박국 3:8-11과 창세기 9:8-17 또한 살펴보라. 하나님의 활과 화살에 대한 관념은 히브리인들에게 있어서는 오늘날 우리들이 생각하는 것처럼 그렇게 상징적이고 공상적인 존재가 아니었다. 그들에게 있어서 번쩍이는 번갯불은 하나님의 화살이었고 폭우 뒤에 하늘에 나타나는 무지개는 하나님의 활이었다. 이와 유사하게 힌두교도들에게 있어서 무지개는 악마와의 전투 후에 하늘에 걸려지는 인드라(Indra:역주; 우뢰나 비를 주관하는 베다교의 주신)의 전투 화살로 여겨졌었다. 웰하우센(Wellhausen) 교수는 아랍인들이 "쿠사(Kuzah)는 활에서 화살을 쏘고 그것이 구름 속에 걸린다"라고 생각한다고 언급했다.

20. 7.5피트 되는 키의 이집트인과 싸워 이긴 사람은?

브나야, 역대상 11:23-24. — "그가 또 장대한 애굽 사람을 죽였는데 그 사람의 키가 다섯 큐빗이요; 그 손에 든 창이 베틀채 같으나; 저가 막대기를 가지고 내려가서 그 애굽 사람의 손에서 창을 빼앗아 그 창으로 죽였더라. 여호야다의 아들 브나야가 이런 일을 행하였으므로 이 세 용사 중에 이름을 얻고." 사무엘하 23:21 또한 찾아 보라. 한 큐빗은 팔꿈치로부터 손가락까지의 길이로 약 18인치쯤 된다.

21. 성경 속의 인물 중 털이 많았던 사냥꾼은?

에서, 창세기 25:25, 27. — "먼저 나온 자는 붉고 전신이 갖옷 같아서 이름을 에서라 하였고…에서는 익숙한 사냥꾼인고로 들사람이 되고;…"

22. 하나님 앞에 특이한 사냥꾼이었던 사람은?

니므롯, 창세기 10:8-9. ─ "구스가 또 니므롯을 낳았으니:그는 세상에 처음 영걸이라. 그가 여호와 앞에서 특이한 사냥꾼이 되었으므로:속담에 이르기를 아무는 여호와 앞에 니므롯같은 특이한 사냥꾼이라 하더라."

23. 유대인을 낚고 사냥하기 위해 어부들과 사냥꾼들을 보내겠다고 말한 이는?

예레미야 16장은 하나님이 유대인들을 심판하실 일에 관한 예언을 담고 있고, 그 16절에서 선지자는 그들이 어떻게 포로가 될 것인지에 관해 말한다. ─ "여호와께서 가라사대 보라 내가 많은 어부를 불러다가 그들을 낚게 하며; 그 후에 많은 포수를 불러다가 그들을 모든 산과 작은 산과 암혈에서 사냥하게 하리니."

24. 밤중에 하나님과 함께 씨름을 한 사람은?

야곱, 창세기 32:24-30. ─ "야곱은 홀로 남았더니; 어떤 사람이 날이 새도록 야곱과 씨름하다가 그 사람이 자기가 이기지 못함을 보고 야곱의 환도뼈를 치매; 야곱의 환도뼈가 그 사람과 씨름할 때에 위골이 되었도다. 그 사람이 가로되 날이 새려 하니 나로 가게 하라. 야곱이 가로되 당신이 내게 축복하지 아니하면 가게 하지 아니하겠나이다. 그 사람이 그에게 이르되 네 이름이 무엇이냐? 그가 가로되 야곱이니이다. 그 사람이 가로되 네 이름을 다시는 야곱이라 부를 것이 아니요 이스라엘이라 부를 것이니:이는 네가 하나님과 사람으로 더불어 겨루어 이기었음이니라. 야곱이 청하여 가로되 당신의 이름을 고하소서. 그 사람이 가로되 어찌 내 이름을 묻느냐 하고 거기서 야곱에게 축복한지라. 그러므로 야곱이 그 곳 이름을 브니엘이라 하였으니:그가 이르기를 내가 하나님과 대면하여 보았으나 내 생명이 보전되었다 함이더라."

이 이야기는 하나님이 사람의 모습을 매우 많이 닮았다는 개념을 포함

하여 초자연적인 인물은 많은 전설에서와 같이 동틀녘에 사라진다는 사실과 하늘에서 온 씨름 선수가 전혀 선수답지 않은 행위를 했음에도 어떤 비난도 하지 않았다는 점 등 여러 면에서 매우 원시적인 기원설을 지니고 있다.

26. 설교가들에게 흥미로운 부분

1. 성경에서 유일하게 강단에 섰던 것으로 언급되어 있는 사람은?

에스라, 느헤미야 8:4-6.—"때에 학사 에스라가 특별히 지은 나무 강단(wooden pulpit)에 서매;…에스라가 모든 백성의 목전에 책을 펴니; (왜냐하면 그가 모든 사람의 위에 서 있었으므로;) 책을 펼 때에 모든 백성이 일어서니라:에스라가 광대하신 하나님 여호와를 송축하매 모든 백성이 손을 들고 아멘 아멘 응답하고 몸을 굽혀 얼굴을 땅에 대고 여호와께 경배하였느니라." Moffatt는 '나무 단상(a wooden platform)' 으로 번역했다.

2. 한 설교가가 다른 설교가의 뺨을 때린 때는?

시드기야가 미가야를 때렸다. 열왕기상 22:24.—"그나아나의 아들 시드기야가 가까이 와서 미가야의 뺨을 치며 이르되 여호와의 영이 나를 떠나 어디로 말미암아 가서 네게 말씀하더냐?" 이 두 사람은 서로 라이벌

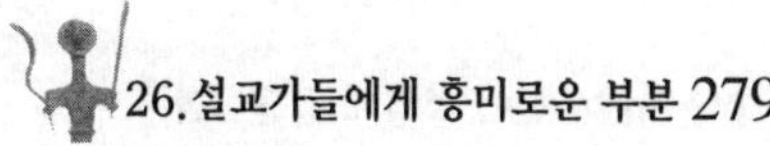

관계였던 선지들이다. 미가야의 대답(25절)은 오히려 재치있는 답변이 된다: "미가야가 가로되 네가 골방에 들어가 숨는 그날에 보리라."

3. 진흙 속에서 선지자를 건져낸 흑인은 누구인가?

에벳멜렉, 예레미야 38:6-13.—"그들이 예레미야를 잡아 구덩이에 던져 넣을 때에…그 구덩이에는 물이 없고 진흙뿐이므로 예레미야가 진흙 중에 빠졌더라. 왕궁환관 이디오피아인 에벳멜렉이 그들의 예레미야를 구덩이에 던져 넣었음을 들으니라…(그)가 예레미야에게 이르되 너는 이 헝겊과 낡은 옷을 네 겨드랑이에 대고 줄을 그 아래 대라 예레미야가 그대로 하매 그들이 줄로 예레미야를 구덩이에서 끌어낸지라:…"

4. 성경시대에 선지자의 방에는 어떤 가구들이 배치되었는가?

침대와 책상과 의자와 촛대, 열왕기하 4:9-10.—"여인(수넴여인)이 그 남편에게 이르되 항상 우리에게로 지나는 이 사람은 하나님의 거룩한 사람인 줄을 내가 아노니 우리가 저를 위하여 작은 방을 담 위에 짓고; 침상과 책상과 의자와 촛대를 진설하사이다:저가 우리에게 이르면 거기 유하리이다 하였더라."

5. 성난 왕에 의해 빵과 물만 먹는 다이어트식을 제공받은 선지자는?

미가야, 열왕기상 22:8, 26-28.—"이스라엘왕이 여호사밧에게 이르되 오히려 이믈라의 아들 미가야 한 사람이 있으니 저로 말미암아 여호와께 물을 수 있으나:저는 내게 대하여 길한 일은 예언하지 아니하고 흉한 일만 예언하기로; 내가 저를 미워하니이다…이스라엘왕이 가로되 미가야를 잡아 부윤 아몬과 왕자 요아스에게로 끌고 돌아가서; 말하기를 왕의 말씀이 이놈을 옥에 가두고 내가 평안히 돌아올 때까지 고생의 떡과 고생의 물로 먹이라 하라." 미가야는 28절에서 이렇게 반박한다: "…왕이 참으로 평안히 돌아오시게 될 것이라면, 여호와께서 나로 말씀하지 아니하셨으리이다…"

6. 최초의 7인의 집사는 누구누구였는가?

스데반, 빌립, 브로고로, 니가노르, 디몬, 바메나, 니골라, 사도행전 6:1-6.

7. 설교를 하기 위해 가마솥에 뼈를 끓인 선지자는?

에스겔, 에스겔 24:1-14. 특히 3-6을 주의해 보라. — "너는 이 패역한 백성에게 비유를 베풀어 이르기를 주 여호와의 말씀에; 한 가마를 걸라. 건 후에 물을 붓고 양떼에서 고른 것을 가지고 각을 뜨고 그 넓적다리와 어깨고기의 모든 좋은 덩이를 그 가운데 모아 넣으며 고른 뼈를 가득히 담고 그 뼈를 위하여 가마 밑에 나무를 쌓아 넣고 잘 삶되 가마 속의 뼈가 무르도록 삶을지어다. 그러므로 나 주 여호와가 말하노라; 피 흘린 성읍, 녹슨 가마 곧 그 속의 녹을 없이 하지 아니한 가마여,…"

8. 다윗이 범한 유일한 죄는 무엇으로 이야기되고 있는가?

'헷 사람 우리아의 일, 열왕기상 15:5. — "이는 다윗이 헷 사람 우리아의 일 외에는 평생에 여호와 보시기에 정직히 행하고 자기에게 명하신 모든 일을 어기지 아니하였음이라."

다윗은 우리아를 죽인 후 그 아내 밧세바를 자기의 아내로 삼았다. 이에 관해서는 사무엘하 11장과 12장에 나온다. 사무엘상 · 하에서 다윗에 관한 이야기를 읽고 나면, 이 문제에 관해 예외를 인정한다는 것은 그를 죄에서 관대하게 풀어주는 것이라는 생각이 들 것이다.

9. 교회에서 가난한 사람들이 오는 것을 환영하지 않는 것에 대해 반박한 사람은?

야고보, 야고보서 2:2-4. · "…만일 너희 회당에 금가락지를 끼고 아름다운 옷을 입은 사람이 들어오고 또 더러운 옷을 입은 가난한 사람이 들어올 때에 너희가 아름다운 옷을 입은 자를 돌아보아 가로되 여기 좋은 자리에 앉으소서 하고 또 가난한 자에게 이르되 너는 거기 섰든지 내 발등상 아래 앉으라 하면:너희끼리 서로 구별하여 악한 생각으로 판단하는 자가 된는 것이 아니냐?

10. 설교하다가 돌에 맞아 죽은 사람은?

스데반, 사도행전 6:8-7:60, 특히 7:57-58. — "저희가 큰 소리를 지르며 귀를 막고 일심으로 그에게 달려들어 성밖에 내치고:…"

11. 예수께서는 지켜야 할 계명으로 십계명 중 몇 가지를 들었는가?

다섯 가지, 마태복음 19:17-19. — "…네가 생명에 들어가려면 계명들을 지키라. 그(젊은 사람)가 묻되 어느 계명이오니까? 예수께서 가라사대 살인하지 말라, 간음하지 말라, 거짓증거하지 말라, 도적질하지 말라, 네 부모를 공경하라, 네 이웃을 네 몸과 같이 사랑하라 하신 것이니라." 여기 내용 중 여섯 번째로 언급된 것은 십계명(출애굽기 20장 또는 신명기 5장)에 포함되어 있지 않지만 레위기 19:18에 나타나 있다.

이 사건에 대한 마가나 누가의 설명은 서로 다르게 나타난다.

마태복음에서의 여섯째 항목 자리에 마가복음 10:19에서는 십계명에서 보이지 않는 새로운 계명으로 "속여 취하지 말라"라는 대목이 나온다.

그리고 누가복음에서는 마태와 마가와 일치하는 다섯 계명만이 나온다. 이에 대해서는 누가복음 18:20을 보라.

이상에서 살펴 본 세 가지의 설명은 예수가 사람이 사람과의 관계에서 행해야 할 유일한 계명으로 인용한 것으로 기록되어 있다.

12. 제사장들이 헌금으로 '부정한 돈벌이'를 했던 때는?

요아스왕 때, 열왕기하 12:4-7(Moffatt의 번역). — "어느날 요아스왕은 제사장들을 모아놓고 이렇게 말하였다. '여러분은 여호와의 성전에 바치는 예물 곧 정규적으로 받아들이는 인두세와 서약으로 바치는 예물과 백성들이 자진해서 바치는 모든 돈을 모아 성전을 수리하는 데 사용하도록 하시오.' 그러나 요아스가 나라를 다스린지 23년이 될 때까지 제사장들은 성전을 수리하지 않았다. 그래서 그는 여호야다와 다른 제사장들을 불러 모았다. "어째서 당신들은 성전을 수리하지 않았소? 이제부터 당신들이 거둬들인 돈을 보관하지 말고 다른 사람에게 넘겨주어 성전을 수리하게 하시오."

13. 제의실에 관해 유일하게 언급되어 있는 곳은?

열왕기하 10:22. — "그가 제의실을 담당하는 자에게 이르되 예복을 내어다가 무릇 바알 섬기는 자에게 주라 하매 저희에게로 예복을 가져온지라."

14. 자신의 설교가 어떤 도시에 전해지는 것에 대해 화를 낸 설교가는?

요나, 요나 3:1-5, 4:1. — "여호와의 말씀이 두 번째 요나에게 임하니라. 이르시되 일어나 저 큰 성읍 니느웨로 가서 내가 네게 명한 바를 그들에게 선포하라 하신지라. 요나가 여호와의 말씀대로 일어나서 니느웨로 가니라…니느웨 백성이 하나님을 믿고 금식을 선포하고 무론 대소하고 굵은 베를 입은지라…요나가 심히 싫어하고 노하여."

15. 긴 설교를 듣다가 잠에 빠져 버린 사람은?

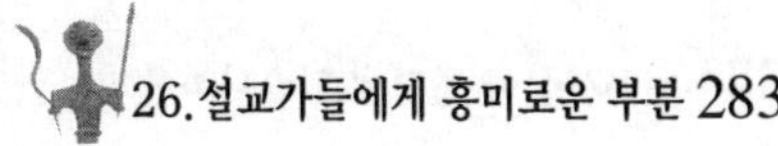

유두고, 사도행전 20:9. — "유두고라 하는 청년이 창에 걸터 앉았다가 깊이 졸더니:바울이 강론하기를 더 오래 하매 졸음을 이기지 못하여 삼층누에서 떨어지거늘 일으켜 보니 죽었는지라."

16. 자신의 설교가 절정에 이르렀을 때 병을 깨뜨린 사람은?

예레미야, 예레미야 19장 특히 1, 2, 10, 11절. — "여호와께서 이같이 말씀하시되 가서 토기장이의 오지병을 사고 백성의 어른들과 제사장의 어른 몇 사람을 데리고; 하시드문 어귀 곁에 있는 힌놈의 아들의 골짜기로 가서 거기서 내가 네게 이른 말을 선포하여…너는 함께 가는 자의 목전에서 그 오지병을 깨뜨리고 그들에게 이르기를 만군의 여호와께서 이같이 말씀하시되; 사람이 토기장이의 그릇을 한 번 깨뜨리면 다시 완전하게 할 수 없나니 이와 같이 내가 이 백성과 이 성을 파하리니 그들을 매장할 자리가 없도록 도벳에 장사하리라."

17. 최초로 술에 취한 설교가는?

노아, 창세기 9:20-21. — "노아가 농업을 시작하여 포도나무를 심었더니: 포도주를 마시고 취하여:…" 베드로후서 2:5. — "옛 세상을 용서치 아니하시고 오직 의를 전파하는 노아와 그 일곱 식구를 보존하시고 경건치 아니한 자들의 세상에 홍수를 내리셨으며;"

18. 교회의 성도들이 매주일 헌금하는 제도를 처음으로 정한 설교가는?

바울, 고린도전서 16:1-2. — "성도를 위하는 연보에 대하여는 내가 갈라디아 교회들에게 명한 것 같이 너희도 그렇게 하라. 매주일 첫 날엘 너희 각 사람이 이(利)를 얻은 대로 저축하여 두어서 내가 갈 때에 연보를 하지 않게 하라;"

19. 교회에서 최초로 사례비를 받은 설교자는?

바울, 고린도후서 11:8. — "내가 너희를 섬기기 위하여 다른 여러 교회에서 사례를 받은 것이 탈취한 것이라."

20. 집에 들이는 것이 금해진 그리스도인에 관한 내용이 있는 부분은?

요한2서 1:9-11. — "그리스도의 교훈 안에 거하는 이 사람이 아버지와 아들을 모시느니라. 누구든지 이 교훈을 가지지 않고 너희에게 나아가거든 그를 집에 들이지도 말고 인사도 말라:그에게 인사하는 자는 그 악한 일에 참예하는 자임이니라."

21. 음행하는 한 쌍의 남녀를 죽인 일로 제사장이 된 사람은?

비느하스, 시므리와 고스비를 죽인 일로, 민수기 25. — "이스라엘이 싯딤에 머물러 있더니 그 백성이 모압 여자들과 음행하기 시작하니라…이스라엘 자손 한 사람이 모세와 온 회중의 목전에 미디안의 한 여인을 데리고 그 형제에게로 온지라. 제사장 아론의 손자 엘르아살의 아들 비느하스가 보고 회중의 가운데서 일어나 손에 창을 들고; 그 이스라엘 남자를 따라 그의 장막에 들어가서 이스라엘 남자와 그 여인의 배를 꿰뚫어서 두 사람을 죽이니 염병이 이스라엘 자손에게서 그쳤더라. 그 염병으로 죽은 자가 이만 사천 명이었더라. 여호와께서 모세에게 일러 가라사대 제사장 아론의 손자 엘르아살의 아들 비느하스가 나의 질투심으로 질투하여 이스라엘 자손 중에서 나의 노를 돌이켜서 나의 질투심으로 그들을 진멸하지 않게 하였도다. 그러므로 말하라. 내가 그에게 나의 평화의 언약을 주리니:그와 그 후손에서 영원한 제사장 직분의 언약이라; 그가 그 하나님을 위하여 질투하여 이스라엘 자손을 속죄하였음이니라. 죽임을 당한 이스라엘 남자 곧, 미디안 여인과 함께 죽임을 당한 자의 이름은…시므리니,…죽임을 당한 미디안 여인의 이름은 고스비니…"

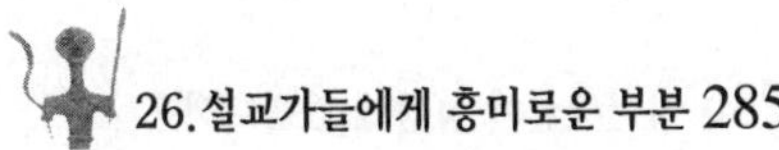

27. 의사들에게 흥미로운 부분

1. 인공호흡에 관해 기록된 최초의 세 가지 예는?

하나님과 아담, 창세기 2:7.—"여호와 하나님이 흙으로 사람을 지으시고 생기를 그 코에 불어 넣으시니; 사람이 생령이 된지라."

엘리야와 사르밧 과부의 아들, 열왕기상 17:17, 21, 22.—"이 일 후에 그 집 주부되는 여인(사르밧의)의 아들이 병들어;증세가 심히 위중하다가 숨이 끊어진지라…그(엘리야)가 그 아이 위에 몸을 세 번 펴서 엎드리고 여호와께 부르짖어 가로되 나의 하나님 여호와여 원컨대 이 아이의 혼으로 그 몸에 돌아오게 하옵소서 하니 여호와께서 엘리야의 소리를 들으시므로; 그 아이의 혼이 몸으로 돌아오고 살아난지라."

엘리사와 수넴여인의 아들, 열왕기하 4:32-35.—"엘리사가 집에 들어가 보니 아이가 죽었는데 자기의 침상에 눕혔는지라. 들어가서는 문을 닫으니 두 사람뿐이라. 엘리사가 여호와께 기도하고 아이의 위에 올라 엎드려 자기 입을 그 입에 자기 눈을 그 눈에 자기 손을 그 손에 대고:그 몸에 엎드리니; 아이의 살이 차차 따뜻하더라. 엘리사가 내려서 집안에서 한 번 이리저리 다니고; 다시 아이 위에 올라 엎드리니:아이가 일곱 번 재치기 하고 눈을 뜨는지라."

2. 예수가 예방 의학을 반대한 말이 언급되어 있는 부분은?

마태복음 9:12.—"예수께서 들으시고 이르시되 건강한 자에게는 의원이 쓸데없고 병든 자에게라야 쓸데 있느니라." 마가복음 2:17도 참고해 보라.

3. 탈골된 팔을 맞추는 고대의 방법이 묘사되어 있는 부분은?

에스겔 30:21.—"인자야, 내가 애굽왕 바로의 팔을 꺾었더니 칼을 잡을 힘이 있도록 그것을 그저 싸매지도 못하였고 약을 붙여 싸매지도 못하였느라." RV는 이렇게 말한다:"…그것을 약을 발라 싸매지도 그저 싸매지도 못하였느냐…"

4. 선천적인 기형에 언급되어 있는 부분은?

사무엘하 21:20.—"또 가드에서 전쟁할 때에 그 곳에 키 큰 자 하나는 매 손과 매 발에 가락이 여섯씩 모두 스물네 가락이 있는데;…"(역대상 20:6 또한 참조하라). 레위기 21:18-21.—"무릇 흠이 있는 자는 가까이 못할지니:곧 소경이나 절뚝발이나 코가 불완전한 자나 지체가 더한 자나 발 부러진 자나 손 부러진 자나 곱사등이나 난쟁이나 눈에 백막이 있는 자나 괴혈병이나 버짐이 있는 자나 불알 상한 자나; 제사장 아론의 자손 중에 흠이 있는 자는 나아와 여호와의 화제를 드리지 못할지니:…" Moffatt의 번역은 이러하다:"…그들은 소경, 절뚝발이, 코가 비뚤어진 자, 손가락과 발가락이 더 붙은 자, 손발이 부러진 자, 곱추, 난쟁이, 눈에 결함이 있는 자, 각종 피부병이 있는 자, 그리고 고자이다…"

5. 최초로 마취제를 사용한 수술을 받은 성경적 인물은?

아담, 창세기 2:21. —"여호와 하나님이 아담을 깊이 잠들게 하시니:잠들매 그가 그 갈빗대 하나를 취하고 살로 대신 채우시고;"

6. 부싯돌로 만든 칼로 행해진 외과적 수술은 어떤 것이었는가?

할례, 여호수아 5:2-3. RV. —"그때에 여호와께서 여호수아에게 이르시되 너는 부싯돌로 칼을 만들어 이스라엘 자손들에게 다시 할례를 행하라 하시매 여호수아가 부싯돌로 칼을 만들어 할례산에서 이스라엘 자손들에게 할례를 행하니라." AV는 '예리한 칼' 로 적었으나 Margin은 '부싯돌 칼' 로 쓰고 있다.

출애굽기 4:25, RV 또한 참조 하라. —"십보라가 차돌을 취하여 그 아들의 양피를 베어,…" AV는 이에 대해 '예리한 돌' 로 적고 있다.

70인역 성경은 여호수아 24:30에서 후에 이 부싯돌 칼이 여호수아와 함께 매장되었다고 적고 있다. 그런데 이 부싯돌 칼은 석기시대의 생활상을 보여 주고 있다.

7. 성병의 확산을 막기 위해 특별히 권장되었던 위생적인 방법은?

레위기 15장은 '몸에서 불결한 것이 흘러나오는' 사람과 접촉을 가진 사람이나 사물의 부정을 벗기는 규례들을 상세하게 제시하고 있다. AV Margin은 이에 대해 '신장으로부터의 유출' 이라는 뜻이 엇갈리는 해석을 해 놓았지만 Moffatt은 이것을 '은밀한 부위에서의 유출' 이라고 했다. 이것에 사용된 히브리어 단어는 '임질' 을 뜻하는 말이다. 이 단어는 레위기 22:4; 민수기 5:2; 그리고 사무엘하 3:29에서도 보인다.

8. 거세하는 것에 대한 두 가지 방법이 언급된 부분은?

신명기 23:1.—“돌로 성기가 상한 자나 베인 자는 여호와의 총회에 들어오지 못하리라.” Moffatt는 이것을 이렇게 번역하였다: “환관도, 성적으로 거세당한 남자도,…”

9. 남자가 해산하는 고통을 보인 때는?

예레미야의 시대에, 예레미야 30:6.—“…너희는 자식을 해산하는 남자가 있는가 물어보라. 남자마다 해산하는 여인같이 손으로 각기 허리를 짚고 그 얼굴 빛이 창백하여 보임은 어찜이뇨?”

10. 고대의 조산술을 묘사해 놓은 부분은?

에스겔 16:4.—“너의 난 것을 말하건대 네가 날 때에 네 배꼽줄을 자르지 아니하였고 너를 물로 씻어 정결케 하지 아니하였고 네게 소금을 뿌리지 아니하였고 너를 강보로 싸지도 아니하였나니.”

11. 해산용 침상이 묘사된 부분은?

출애굽기 1:16.—“가로되 너희는 히브리 여인을 위하여 조산할 때에 그 해산 침상에서 살펴서; 남자여든 죽이고 여자여든 살게 두라.”

12. 물이 좋지 않아서 유산을 유발케 한 도시는?

여리고, 열왕기하 2:19, Moffatt의 번역.—“그 성 사람들이 엘리사에게 고하되 우리 주께서 보시는 바와 같이 이 성읍의 터는 아름다우나 물이 좋지 못하므로 유산되는 일들이 일어나는도다.” AV는 이것을 ‘물이 좋지 못하므로 땅이 황폐하였도다.’ 라고 번역했으나 Margin은 이것을 히브리어의 ‘유산을 일으키는’ 이라는 뜻을 의미한다고 적고 있다.

13. 태아가 소리를 듣는 현상이 기록되어 있는 성경 구절은?

엘리사벳이 후에 세례 요한으로 알려진 아이를 임신하고 있었을 때 이 아기는 후에 예수의 어머니가 된 마리아의 음성을 듣고 자궁 속에서 뛰놀았다. 누가복음 1:41.—"엘리사벳이 마리아의 문안함을 들으매 아이가 복 중에서 뛰노는지라; 엘리사벳이 성령의 충만함을 입어:" 44절의 내용은 이 태아가 자신이 전파할 예수의 어머니를 알아차렸다는 뜻을 함축하고 있는데 이 사건은 후에 세례 요한이 된 이 아이가 자신의 미래의 사역을 너무나도 일찍 알아차렸다는 신비한 이야기를 이룬다.

14. 자신이 태 속에서 유산되었더라면 좋았을 것이라고 말한 사람은?

욥, 욥기 3:2, 3, 11, 16.—"욥이 말을 내어 가로되 나의 난 날이 멸망하였었더라면, 남아를 배었다 하던 그 밤도 그러하였었더라면…어찌하여 내가 태어서 죽어 나오지 아니하였었던가? 어찌하여 내 어미가 낳을 때에 내가 숨기지 아니하였었던가?…또 부지 중에 낙태한 아이 같아서 세상에 있지 않았겠고; 빛을 보지 못한 아이들 같았을 것이라." Moffatt는 16절을 이렇게 번역했다: "내가 그때 죽었더라면 죽어서 나와 세상 빛을 보지 못한 아이처럼 땅 속에 묻혀 있을 것이 아니겠는가?"

15. 성경에 '약'에 관해 언급한 네 부분은?

잠언 17:22.—"마음의 즐거움은 양약이라도: 예레미야 30:13.—"…네 상처를 싸맬 약이 없도다."

예레미야 46:11.—"처녀 딸 애굽이여, 길르앗으로 올라가서 유향을 취하라: 네가 많은 의약을 쓸지라도 무효하여; 낫지 못하리라."

에스겔 47:12.—"강 좌우 가에는…각종 실과나무가 자라서…그 실과는 먹을 만하고 그 잎사귀는 약 재료가 되리라."

16. 성경에 등장하는 최초의 의사는?

이스라엘(야곱)을 방향 처리한 애굽인, 창세기 50:2.—"요셉이 그 수종 의사에게 명하여 향 재료로 아비의 몸에 넣게 하매 의사가 이스라엘에게 그대로 하되." Moffatt는 의사(physician)라는 단어 대신 '방향사(embalmer)' 라는 단어를 썼지만 여기에 사용된 히브리어의 rapha는 역대하 16:21에 사용된 것과 마찬가지로 분명히 질병을 치료하는 사람을 뜻한다.

17. 미친 시늉을 성공적으로 잘 해낸 사람은?

다윗, 사무엘상 21:12-15.—"다윗이 가드왕 아기스를 심히 두려워하고 그들의 앞에서 그 행동을 변화시켜 미친 체 하고 대문짝에 그적거리며 침을 수염에 흘리매 아기스가 신하에게 이르되 너희도 보거니와 이 사람이 미치광이로다:어찌하여 그를 내게로 데려 왔느냐? 내게 미치광이가 부족하여서 너희가 이 자를 데려다가 내 앞에서 미친짓을 하게 하느냐?…"

18. "길르앗에는 유향도 없고; 의사도 없는가"라고 말한 사람은?

예레미야, 예레미야 8:22.—"길르앗에는 유향도 없고 의사도 없는가? 딸 내 백성이 치료를 받지 못함은 어찜인고?"

19. '많은 의사들로부터 고통을 받은' 사람은?

'혈루병을 앓았던' 마가복음 5:25-34의 여인, 특히 25-26을 보면:"열두 해를 혈루증을 앓는 한 여자가 있어 많은 의원에게 많은 괴로움을 받았고 있던 것도 다 허비하였으되 아무 효험이 없고 도리어 더 중하여졌던 차에." Moffatt는 이것을 '출혈' 과 같은 '혈루증' 으로 번역했다. 누가복음 8:43 또한 찾아 보라.

20. "의원아, 너 자신을 치료하라."라고 말한 이는?

예수, 잠언을 인용하여, 누가복음 4:23-24. — "그(예수)께서 저희에게 이르시되 너희가 반드시 의원아 너 자신을 고치라 하는 속담을 인증하여 내게 말하기를:우리의 들은 바 가버나움에서 행한 일을 내 고향 여기서도 행하라 하리라. 또 가라사대 내가 진실로 너희에게 이르노니 선지자가 고향에서 환영을 받는 자가 없느니라." 알프레드 플루머 박사(Dr. Alfred Plummer)는 이 구절에 관한 주석을 달면서 이와 유사한 잠언이 Euripides, Sulspicius, Galen, Aeschylus, Ovid의 글에서도 보인다고 말했다.

21. '사랑 받은 의원'은?

누가, 골로새서 4:14. — "사랑을 받는 의원 누가와 또 데마가 너희에게 문안하느니라."

22. 유대인들이 순종치 않을 때, 어떤 병에 걸리게 된다고 했는가?

폐병, 열병, 상한(傷寒), 학질, 한재, 풍재, 썩는 병, 애굽의 종기, 치질, 괴혈병, 개창, 미침, 눈멂, 경심증, 신명기 28:15, 22, 27, 28. — "네가 만일 네 하나님 여호와의 말을 순종치 아니하여 내가 오늘날 네게 명하는 그 모든 명령과 규례를 지켜 행하지 아니하면; 이 모든 저주가 네게 임하고 네게 미칠 것이니:…여호와께서 폐병과 열병과 상한과 학질과 한재와 풍재와 썩는 재앙으로 너를 치시리니,…여호와께서 애굽의 종기와 치질과 괴혈병과 개창으로 너를 치시리니 네가 치료함을 얻지 못할 것이며 여호와께서도 또 너를 미침과 눈멂과 경심증으로 치시리니." Moffatt는 이 질병들을 이렇게 번역했다. '이집트의 종기, 궤양, 괴혈병, 옴, 미침, 눈멂, 두려움과 공포심.'

23. 발생학에 대한 성경적 이론이 후성설이라는 증거가 되는 구절은?

후성설로 알려진 '발생이론'은 웹스터(Webster)에 따르면 배 또는 배아는 단순히 생식세포가 확장되는 것이 아니라 전적으로 새로이 창조된다는 이론이다. 시편 139:13-16.—"…주께서 나의 모태에서 나를 조직하셨나이다. 내가 주께 감사하옴은; 나를 지으심이 신묘막측하심이라:주의 행사가 기이함을 내 영혼이 잘 아나이다; 내가 은밀한대서 지음을 받고 땅의 깊은 곳에서 기이하게 지음을 받은 때에 나의 형체가 주의 앞에 숨기우지 못하였나이다. 내 형질(形質)이 이루기 전에 주의 눈이 보셨으며 나를 위하여 정한 날이 하나도 되기 전에 주의 책에 다 기록되었나이다." 욥기 10:8-11 또한 찾아 보라.

24. 질병을 가장 길게 묘사해 놓은 두 장(章)은?

레위기 13장과 14장, 나병에 대해.

25. 팔 년 간 침상에 누워있다가 일어나 자리를 정돈한 사람은?

애니아, 사도행전 9:33-34.—"거기서 그(베드로)가 애니아라 하는 사람을 만나매 그가 중풍병으로 자리에 누운 지 팔 년이라. 베드로가 가로되 애니아야 예수 그리스도께서 너를 낫게 하시니; 일어나 네 자리를 정돈하라 한대 곧 일어나니."

26. 파프 찜질로 종기를 치료한 사람은?

이사야, 열왕기하 20:7.—"이사야가 가로되 무화과 반죽을 가져오라 하매 무리가 가져다가 그 종처에 놓으니 나으니라."

같은 사건이 이사야 38:21에도 나와 있다. "이사야는 이르기를 한 뭉치 무화과를 취하여 종처에 붙이면 왕이 나으리라 하였었고."

27. 누가, 어떻게 간질을 치료했는가?

예수가 귀신을 쫓아냄으로써, 마태복음 17:14-18.—"…한 사람이 예수께 와서 꿇어 엎드리어 가로되 주여 내 아들을 불쌍히 여기소서 저가 정신병(RV. 간질)으로 심히 고생하여 자주 불에도 넘어지며 물에도 넘어지는지라. 내가 주의 제자들에게 데리고 왔으나 능히 고치지 못하더이다. 예수께서 대답하여 가라사대 믿음이 없고 패역한 세대여 내가 얼마나 너희와 함께 있으며 얼마나 너희를 참으리요 그를 이리로 데려오라 하시다 이에 예수께서 꾸짖으시니 귀신이 나가고; 아이가 그때부터 나으니라."

28.유대인들이 달과 해의 타격을 두려워했다는 것을 알려주는 구절은?

시편 121:6.—"낮의 해가 너를 상치 아니하며 밤의 달도 너를 해치 아니하리로다."

29. 동시대에 살았던 최대의 세대는?

9대(代), 창세기 5장에 따르면 아담은 라멕의 할아버지의- 할아버지의-할아버지의-할아버지의-할아버지의-할아버지였고, 아담이 930세로 죽었을 때 라멕은 56세였다. 아담과 셋과 에노스와 게난과 마할랄렐과 야렛과 에녹과 므두셀라와 라멕은 동시대를 살았던 같은 혈통의 사람들이었다.

30. 암살자들이 가장 즐겨 찌른 인체의 부위는?

다섯 번째 늑골 아래쪽이었을 것이다. 아사헬은 아브넬에 의해(사무엘하 2:23), 아브넬은 요압에 의해(사무엘하 3:27), 이스보셋은 레갑과 바아나에 의해(사무엘하 4:6), 아마사는 요압에 의해(사무엘하 20:10).

31. 귀가 칼에 절단된 사람은?

말고, 요한복음 18:10.―"이에 시몬 베드로가 검을 가졌는데 이것을 빼어 대제사장의 종을 쳐서 오른편 귀를 베어버리니 그 종의 이름은 말고라." 마가복음 14:47 또한 보라.

32. 발에 병이 들었는데 하나님께 도움을 구하지 않고 의원들에게 도움을 청한 사람은 누구인가?

아사, 역대하 16:12.―"아사가 왕이 된 지 삼십구 년에 그 발이 병들어 심히 중하나 병이 있을 때에 저가 여호와께 구하지 아니하고 의원들에게 구하였더라." 열왕기상 15:23 또한 찾아 보라.

28. 하나님에 관한 새로운 사실들

1. 어떤 거인들이 하나님의 손자들이었는가?

하나님의 아들들과 사람의 딸들의 아이들, 창세기 6:1, 2, 4. — "사람이 땅 위에 번성하기 시작할 때에 그들에게서 딸들이 나니 하나님의 아들들이 사람의 딸들의 아름다움을 보고 자기들의 좋아하는 모든 자로 아내를 삼는지라…당시에 땅에 거인들이 있었고; 그 후에도 하나님의 아들들이 사람의 딸들을 취하여 자식을 낳았으니 그들이 용사라. 고대에 유명한 사람이었더라." 원시인들이 거인이었다는 이야기와 신 또는 초자연적인 존재가 인간과 결혼했다는 이야기는 많은 민속과 신화에 나타나 있고 또한 많은 처녀 탄생 설화에도 반영되어 있다.

2. 하나님께 버터와 우유와 송아지고기를 대접한 사람은?

아브라함, 창세기 18:1, 2, 7, 8. — "여호와께서 마므레 상수리 근처에서 그(아브라함)에게 나타나시니라:오정 즈음에 그가 장막 문에 앉았다가;

눈을 들어 본즉 사람 셋이 맞은편에 섰는지라:그가 그들을 보자 곧 장막 문에서 달려나가 영접하며 몸을 땅에 굽혀…아브라함이 또 짐승떼에 달려가서 기름지고 좋은 송아지를 취하여 하인에게 주니 그가 급히 요리한지라. 아브라함이 버터와 우유와 하인이 요리한 송아지를 가져다가 그들의 앞에 진설하고; 나무 아래 모셔 서매 그들이 먹으니라." 이 장의 내용은 빌레몬과 바우키스(Philemon and Baucis) 그리고 그들이 영접한 신들의 이야기와 유사하다.

3. 하나님은 무엇에 대하여 너그러우셨는가?

무지에 대하여, 사도행전 17:30.—"알지 못하던 시대에는 하나님이 허물치 아니하셨거니와; 이제는 어디든지 사람을 다 명하사 회개하라 하셨으니."

4. 하나님의 마음을 바꾸신 때는?

창세기 6:5-7.—"여호와께서 사람의 죄악이 세상에 관영함과 그 마음의 생각의 모든 계획이 항상 악할 뿐임을 보시고 땅 위에 사람 지으셨음을 한탄하사 마음에 근심하시고 가라사대 나의 창조한 사람을 내가 지면에서 쓸어 버리되; 사람으로부터 육축과 기는 것과 공중의 새까지 그리하리니; 이는 내가 그것을 지었음을 한탄함이니라 하시니라." 출애굽기 32:14 또한 찾아 보라.

5. 하나님께서 파리와 벌을 불러서 꾸짖을 것이라고 말한 이는?

이사야, 이사야 7:18.—"그날에는 여호와께서 애굽 하수(河水)에서 먼 지경의 파리와 앗수르 땅의 벌을 부르시리니."

6. 하나님의 머리카락은 무슨 색이었는가?

흰색, 다니엘 7:9-14, 특히 9절. ─ "…옛적부터 항상 계신 이가 좌정하셨는데 그 옷은 희기가 눈같고 그 머리털은 깨끗한 양의 털같고:그 보좌는 불꽃이요,…" 요한계시록 1:10-20, 특히 14절을 주의해서 보라: "그 머리와 털의 희기가 흰 양털 같고 눈같으며; 그의 눈은 불꽃같고;"

7. 하나님이 피곤을 느꼈던 때는?

창조의 일을 마치신 후에, 창세기 2:2. ─ "하나님의 지으시던 일이 일곱째 날이 이를 때에 마치니; 그 지으시던 일이 다하므로 일곱째 날에 안식하시니라."

8. 하나님이 정원을 거닐었던 때는?

창세기 3:8. ─ "그들이 날이 서늘할 때에 동산에 거니시는 여호와 하나님의 음성을 듣고:…"

9. 하나님의 얼굴이 언급된 부분은?

시편 17편은 하나님에 대한 다윗의 기도문으로 이렇게 끝난다: "나는 의로운 중에 주의 얼굴을 보리니:깰 때에 주의 형상으로 만족하리이다."

10. 누가 하나님의 입술에 대해 말하였는가?

시편 17:4. ─ "…나는 주의 입술의 말씀을 좇아 스스로 삼가서 강포한 자의 길에 행치 아니하였사오며." 이사야 30:27. ─ "보라, 여호와의 이름이 원방(遠方)에서부터 오되 그의 진노가 불붙듯 하며 빽빽한 연기가 일어나듯 하며:그 입술에는 분노가 찼으며,…"

11. 하나님의 눈꺼풀에 대해 언급한 사람은?

시편의 기자, 시편 11:4.—"여호와께서 그 성전에 계시니 여호와의 보좌는 하늘에 있음이여:그 눈이 인생을 통촉하시고 그 눈꺼풀이 저희를 감찰하시도다."

12. 하나님의 코에서 연기가 피었다고 말한 사람은?

시편의 기자, 시편 18:8.—"그(하나님)의 코에서 연기가 오르고 입에서 불이 나와 사름이여:…"

13. 하나님의 혀를 묘사한 사람은?

이사야, 이사야 30:27.—"보라, 여호와의 이름이 원방(遠方)에서부터 오되,…그 혀는 맹렬한 불같도다."

14. 하나님의 혀에 관해 말한 사람은?

이사야, 이사야 1:20.—"…여호와의 입의 말씀이니라." 이와 같은 말은 다른 여러 곳에서도 많이 나온다.

15. 하나님의 손가락에 관한 묘사가 있는 부분은?

시편 8:3.—"주의 손가락으로 만드신 주의 하늘과 주의 베풀어 두신 달과 별들을 내가 보오니;"

16. 하나님이 날개를 가졌다고 생각한 사람은?

시편의 기자, 시편 18:10.—"주(하나님)는 그룹을 타고 날으심이여: 바람 날개로 높이 뜨셨도다."

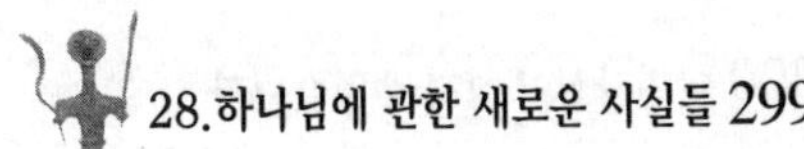

17. 하나님께서 빌려온 면도기로 머리털과 발털을 깎으시리라고 말한 이는?

이사야 7:20.—"그날에는 주께서 하수 저편에서 세내어 온 면도기 곧 앗시리아왕으로 네 백성의 머리털과 발털을 미실 것이요:수염도 깎으시리라." 여기서 앗시리아는 면도기로 유다는 희생자가 된다.

18. 하나님께서 이혼 증서를 주는 것이 언급된 부분은?

예레미야 3:6-8.—"요시야왕 때에 여호와께서 또 내게 이르시되 네가 배역한 이스라엘의 행한 바를 보았느냐? 그가 모든 높은 산에 오르며 모든 푸른 나무 아래로 가서 거기서 행음 하였도다. 그가 이 모든 일을 행한 후에 내가 말하기를 그가 내게로 돌아 오리라 하였으나 오히려 내게로 돌아오지 아니하였고 그 패역한 자매 유다는 그것을 보았느니라. 내게 배역한 이스라엘이 간음을 행하였으므로 내가 그를 내어쫓고 이혼서까지 주었으되; 그 패역한 자매 유다가 두려워 아니 하고 자기도 가서 행음함을 보았노라."

19. 하나님은 하늘에서 어떻게 여행하셨는가?

그는 날개 달린 생물인 그룹들을 타고 다니셨다. 에스겔 10장 특히 18-21절.—"여호와의 영광이 성전 문지방을 떠나서 그룹들 위에 머무르니 그룹들이 날개를 들고 내 목전에 땅에서 올라가는데:그들이 나갈 때에 바퀴도 그 곁에서 함께 하더라.…이스라엘 하나님의 영광이 그 위에 덮였더라. 그것은 내가 그발강가에서 본바 이스라엘 하나님의 아래 있던 생물이라. 그들이 그룹들인 줄을 내가 아니라. 각기 네 얼굴과 네 날개가 있으며; 날개 밑에는 사람의 손 형상이 있으니."

20. 하나님의 등은 보았으나 얼굴을 보지 못한 사람은?

모세, 출애굽기 33:17-23.—"여호와께서 모세에게 이르시되 너의 말하는 이 일도 내가 하리니; 너는 내 목전에 은총을 입었고 내가 이름으로도 너를 앎이니라. 모세가 가로되 원컨대 주의 영광을 내게 보이소서…또 가라사대 네가 내 얼굴을 보지 못하리니:나를 보고 살 자가 없음이니라. 여호와께서 가라사대 보라 내 곁에 한 곳이 있으니 너는 그 반석 위에 섰으라: 내 영광이 지날 때에 내가 너를 반석 틈에 두고 내가 지나도록 내 손으로 너를 덮었다가:손을 거두리니 네가 내 등을 볼 것이요:얼굴은 보지 못하리라."

21. 하나님께서 달콤한 향기를 냄새 맡으셨던 때는?

노아가 짐승과 새를 잡아서 번제로 바쳤을 때에, 창세기 8:20-21.—"노아가 여호와를 위하여 단을 쌓고; 모든 정결한 짐승 중에서와 모든 정결한 새 중에서 취하여 번제로 단에 드렸더니 여호와께서 그 향기를 흠향하시고; 그 중심에 이르시되 내가 다시는 사람으로 인하여 땅을 저주하지 아니하리니;…"

22. 하나님은 장엄한 목소리를 내신다고 말한 이는?

이사야, 이사야 30:30.—"여호와께서 그 장엄한 목소리를 듣게 하시며…" 요한계시록 1:15 또한 찾아보라:"…그의 음성은 많은 물소리와 같으며."

23. 기회는 하나님이 다스린다는 말이 언급되어 있는 부분은?

잠언 16:33.—"사람이 제비는 뽑으나; 일을 작정하기는 여호와께 있느니라." 여호수아 18:6-10, 요엘 3:3, 오바댜 1:11, 요나 1:7, 나훔 3:10 또한 찾

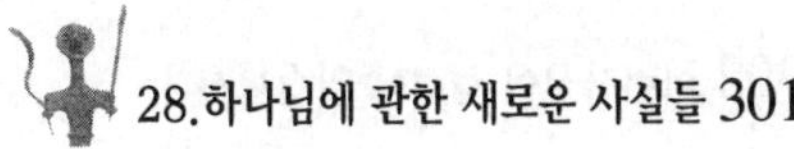

아 보라.

24. 하나님의 호흡이 불을 살랐던 때는?

이사야 30:33.—"대저 도벳은 이미 설립되었고; 또 왕을 위하여 예비된 것이라; 깊고 넓게 하였고 거기 불과 많은 나무가 있은즉; 여호와의 호흡이 유황 개천같아서 이를 사르시리라." 시편 18:8 또한 찾아 보라.

25. 하나님의 숨결은 뜨거웠다는 뜻을 함축하고 있는 구절은?

이사야 40:7.—"풀은 마르고 꽃은 시듦은:여호와의 기운(RV. 숨결)이 그 위에 붊이라:…"

26. 하나님이 재단사가 되었던 때는?

하나님이 아담과 하와를 위해 옷을 지었던 때, 창세기 3:21.—"여호와 하나님이 아담과 그 아내를 위하여 가죽옷을 지어 입히시니라."

27. 하나님께서 무엇인가를 보러 내려오셨다는 말이 기록되어 있는 부분은?

창세기 11:5.—"여호와께서 인생들의 쌓는 성과 대를 보시려고 강림하셨더라."

28. 하나님 자신이 질투하는 하나님이라고 말씀하시고 있는 부분은?

십계명에서, 출애굽기 20:5.—"그들에게 절하지 말며 그것들을 섬기지 말라:나 여호와 너의 하나님은 질투하는 하나님인즉 나를 미워하는 자의 죄를 갚되 아비로부터 아들에게로 삼사대까지 이르게 하거니와…" 출애굽기 34:14, 신명기 4:24, 5:9, 6:15, 여호수아 24:19, 나훔1:2 또한 찾아 보라.

29. 하나님께서 화를 낸 사람은?

솔로몬, 열왕기상 11:19.—"솔로몬이 마음을 돌이켜 이스라엘 하나님 여호와를 떠나므로 여호와께서 저에게 진노하시니라…" 출애굽기 22:24, 민수기 11:1, 10, 33, 12:9, 25:3 또한 찾아 보라.

30. 하나님을 용사라고 말한 사람은?

모세, 출애굽기 15:3.—"여호와는 용사시니:여호와는 그의 이름이시로다."

31. 하나님께서 팔을 나타내 보이신 때는?

이사야 52:10.—"여호와께서 열방의 목전에서 그 거룩한 팔을 나타내셨으므로;…"

32. 하나님이 들소같이 힘세다고 말한 사람은?

발람, 민수기 23:22.—"하나님이 그들을 애굽에서 인도하여 내셨으니; 그 힘이 들소와 같았도다." 출애굽기 24:8 또한 찾아 보라.

29. 평신도들이 갖고 있는 평범한 질문들

1. 전설적인 아담의 첫 아내인 릴리스(Lilith)는 성경의 어느 부분에 언급되어 있는가?

이사야 34:14 RV Margin에만 기록됨. – "들짐승이 이리와 만나며 숫염소가 그 동류를 부르며; 밤괴물(Margin; 히브리의 Lilith)이 거기 거하여 쉬는 처소를 삼으며." AV에는 이와 유사하지 않은 '올빼미' 로 번역되어 있다. 히브리어에는 이것이 '릴리스(Lilith)' 로 되어 있는데 릴리스는 히브리의 전설 속에 잘 나타나는 여자 악마로 아이들을 미워하는 성질을 가지고 있다고 한다. "이 릴리스는 아담의 첫 번째 아내였다가 그에게서 달아난 뒤 악마가 되었다고 한다." 허스팅(Hasting)의 성경 사전 권 3:122의 내용.

그런데 이 단어는 '밤' 에 해당하는 히브리어와 관계되어 있고 흡혈귀와 같이 밤에만 다니는 것으로 알려졌었다.

2. 불쾌한 입냄새를 풍긴 성경 속의 인물은?

욥, 욥기 19:17-20. 특히 Moffatt의 번역.—"내 숨을 내 아내가 싫어하며 내 동포들도 혐의하는구나; 어린 아이들이라도 나를 업신여기고 내가 일어나면 나를 조롱하는구나; 나의 가까운 친구들이 나를 미워하며 나의 사랑하는 사람들이 돌이켜 나의 대적이 되었구나. 내 피부와 살이 뼈에 붙었고 남은 것은 겨우 잇꺼풀뿐이구나."

3. 백만 명의 군대를 거느렸던 흑인은?

이디오피아인 세라, 역대하 14:9.—"이디오피아인 세라가 군사 백만과 병거 삼백승을 거느리고,…"

4. 예수에게는 몇 명의 아우들이 있었는가?

네 명의 남동생과 두 명의 여동생, 마가복음 6:3.—"이 사람이 마리아의 아들 목수가 아니냐 야고보와 요셉과 유다와 시몬의 형제가 아니냐 그 누이들이 우리와 함께 여기 있지 아니하냐?…"

5. 어떤 전투에서 히브리인들이 적의 성의 나무를 잘랐고 우물을 메웠는가?

모압과의 전투에서, 열왕기하 3:24-25.—"…이스라엘 사람이 일어나 모압 사람을 쳐서…그 성읍을 쳐서 헐고 각기 돌을 던져 모든 좋은 밭에 가득하게 하고; 모든 샘을 메우고 좋은 나무를 베고:…"

6. 말 발의 힘줄은 끊은 히브리인은?

다윗, 역대상 18:3-4.—"다윗이 소바왕 하닷에셀을 쳐서…그 병거 일천 승과 기병 칠천과 보병 이만을 빼앗고 그 병거 일백 승의 말만 남기고:그

외의 병거의 말은 다 발의 힘줄을 끊었더니." '힘줄을 끊다' 에 해당되는 단어를 RV에서는 'hough' 대신 'hock' 를 사용했고, Moffatt는 'hamstring' 을 사용했다.

7. 남녀간의 사랑보다 더 서로를 사랑한 구약시대의 두 남자는?

다윗과 요나단, 사무엘하 1:26.—"내 형 요나단이여:내가 그대를 애통함은 그대는 내게 심히 아름다움이라. 그대가 나를 사랑함이 기이하여 여인의 사랑보다 승하였도다." 사무엘상 20:17 또한 보라.

8. 그리스도인들에게 서로 입맞추라고 말한 사람은?

바울, 로마서 16:16.—"너희가 거룩하게 입맞춤으로 서로 문안하라…" 고린도전서 16:20, 고린도후서 13:12, 데살로니가전서 5:26 또한 찾아 보라. 베드로전서 기자도 5:14에서 이와 유사한 충고를 하고 있다:"너희는 경애의 입맞춤으로 피차 문안하라." RV에서는 '사랑의 입맞춤' 이라고 했다.

9. 우물 속에 숨었던 두 남자는?

요나단과 아히마아스, 사무엘하 17:17-19.—"그때에 요나단과 아히마아스가 사람이 볼까 두려워하여 감히 성에 들어가지 못하고; 에느로겔가에 머물고 어떤 계집종은 저희에게 나와서 고하고; 저희는 가서 다윗에게 고하더니 한 소년이 저희를 보고 압살롬에게 고한지라.:그 두 사람이 빨리 달려서 바후림 어떤 사람의 집으로 들어가서 그 뜰에 있는 우물 속으로 내려 가니; 그 집 여인이 덮을 것을 가져다가 우물 아구를 덮고 찧은 곡식을 그 위에 널매; 도무지 알지 못할러라."

10. 성문을 떼내어 훔쳐간 통치자는?

가사의 삼손, 사사기 16:1-3. — "삼손이 가사에 가서 거기서 한 기생을 보고 그녀에게 들어갔더니…그들(가사 사람들)이 삼손을 에워싸고 밤새도록 성문에 매복하고…삼손이 밤중까지 누웠다가 그 밤중에 일어나 성문짝들과 두 설주와 빗장을 빼어 그것을 모두 어깨에 메고 헤브론 앞산 꼭대기로 가니라."

11. 수염이 자랄 때까지 집에 오지 못했던 사람들은?

다윗의 하인들, 역대상 19:4-5. — "하눈이 이에 다윗의 신복들을 잡아 그 수염을 깎고 그 의복의 중동 볼기까지 자르고 돌려 보내매 혹이 다윗에게 가서 그 사람들의 당한 일을 고하니라:그 사람들이 심히 부끄러워하므로 다윗이 저희를 맞으러 보내어 이르기를 너희는 수염이 자라기까지 여리고에 머물다가 돌아오라 하니라."

12. 무신론자를 어리석은 자로 표현해 놓은 부분은?

시편 14:1. — "어리석은 자는 그 마음에 이르기를 하나님이 없다 하도다…"

13. 돈을 빌려주고 이자를 받는 것을 비난한 부분은?

이에 관한 언급은 여러 곳에 나오는데 특히 시편 15:5을 보라. — "변리로 대금치 아니하며 뇌물을 받고 무죄한 자를 해치 아니하는 자니 이런 일을 행하는 자는 영영히 요동치 아니하리이다."

14. 성경에 저당에 관해 언급되어 있는 유일한 부분은?

느헤미야 5:3. — "혹은 말하기를 우리의 밭과 포도원과 집이라도 전당 잡

히고 이 흉년을 위하여 곡식을 언자 하고."

15. 어머니의 돈을 훔친 사람은?

미가, 사사기 17:1-2.—"에브라임 산지에 미가라 이름하는 사람이 있더니 그 어미에게 이르되 어머니께서 은 일천 일백을 잃어버리셨으므로 저주하시고 내 귀에도 말씀하셨더니 보소서 그 은이 내게 있나이다; 내가 그것을 취하였나이다. 어미가 가로되 내 아들이 여호와께 복받기를 원하노라 하니라."

16. 어떤 아들이 아버지의 목을 끌어 안았으며 어떤 아버지가 아들의 목을 안았는가?

요셉이 그 아버지의 목을 안았다. 창세기 46:29.—"요셉이 수레를 갖추고 고센으로 올라가서 그 아비 이스라엘을 맞으며 그에게 보이고; 그 목을 어긋맞겨 안고 얼마동안 울매."

탕자의 아버지가 그 아들의 입을 맞추었다. 누가복음 15:20.—"이에 일어나서 아버지께로 돌아가니라. 아직도 상거가 먼데 아버지가 저를 보고 측은히 여겨 달려가 목을 안고 입을 맞추니."

17. '표적'을 보이기 위해 삼 년 동안 벗은 채 맨발로 다닌 사람은?

이사야, 이사야 20:3.—"여호와께서 가라사대 나의 종 이사야가 삼 년 동안 벗은 몸과 벗은 발로 행하며 애굽과 이디오피아에 대하여 예표와 기적이 되게 되었느니라;"

18.성경 중에 벤허(Ben-Her)라는 이름이 언급되어 있는 부분은?

벤허(Ben-Hur)는 솔로몬 궁의 관리였다. 열왕기상 4:7-8. RV.—"솔로몬이 온 이스라엘 위에 열두 관장을 두매 그 사람들이 왕과 왕실을 위하여 식물을 예비하되 각기 일 년에 한 달씩 식물을 예비하였으되 그 이름은 이러하니라 에브라임 산지에는 벤허(Ben-Hur)요;…"

19. 용서받을 수 없는 죄는 어떤 것인가?

예수의 말에 따르면 성령에 대한 불경죄이다. 마가복음 3:28-29.—"내가 진실로 너희에게 이르노니 사람의 모든 죄와 무릇 훼방하는 훼방은 사하심을 얻되:누구든지 성령을 훼방하는 자는 사하심을 영원히 얻지 못하고 영원한 죄에 처하느니라 하시니:"

20. 솔로몬이 지은 성전의 규모는?

길이는 구십 피트, 넓이는 삼십 피트, 높이는 사십오 피트. 열왕기상 6:2.—"솔로몬이 여호와를 위하여 건축한 전은 길이가 육십 큐빗이요 넓이가 이십 큐빗이요. 높이가 삼십 큐빗이며." 일 큐빗은 약 십팔 인치에 해당한다. 역대기의 기자는 이 사원을 '놀랄 정도로 거대한' 규모(역대상 22:5)라고 말했지만 오늘날의 우리의 눈에는 그렇게 보이지 않는다.

21. 솔로몬이 살던 궁전의 규모는?

일백오십 피트의 길이, 칠십오 피트의 넓이, 사십오 피트의 높이, 열왕기상 7:1-2.—"솔로몬이 자기의 궁을 삼십 년 동안 준공하며…그 길이는 일백 큐빗이요, 넓이는 오십 큐빗이요, 높이가 삼십 큐빗이라…" 여기서 이 큐빗의 총량을 따져 볼 때 솔로몬의 궁이 궁전의 다섯 배에 해당한다는 것은 흥미로운 사실이다. 사실 솔로몬의 칠백 명이나 되는 아내들과 삼백 명의 후궁들을 수용하기 위해서는 이렇게 커야 했을 것이다. 그리고 이 많은 여인들이 성전에 동시에 들어간다면 다른 사람은 어느 누구

라도 더 이상 받아들여질 여지가 없을 것이다.

22. 불핀 숯에 입술이 닿았던 사람은?

이사야, 이사야 6:6-7.—"그때에 그 스랍의 하나가 화저로 단에서 취한 바 핀 숯을 손에 가지고 내게로 날아와서:그것을 내 입에 대며 가로되 보라 이것이 네 입에 닿았으니 네 악이 제하여졌고 네 죄가 사하여졌느니라 하더라."

23. 송아지에 입을 맞춘 사람은?

호세아 13:2에 나오는 우상 숭배자들.—"이제도 저희가 더욱 범죄하여 그 은으로 자기를 위하여 우상을 부어 만들되 자기의 공교함을 따라 우상을 만들었으며 그것은 다 장색이 만든 것이어늘 저희가 그것에 대하여 말하기를 제사를 드리는 자는 송아지의 입을 맞출 것이라 하도다."

24. 회오리 바람을 타고 올라간 사람은?

엘리야, 열왕기하 2:11.—"두 사람이 행하여 말하더니 홀연히 불수레와 불말들이 두 사람을 격하고; 엘리야가 회오리 바람을 타고 승천하더라."

25. 빌려온 도끼를 잃어 버린 사람은?

선지자의 아들, 열왕기하 6:5.—"한 사람(선지자들의 아들들 중 한 사람, 1절을 보라) 이 나무를 벨 때에 도끼가 자루에서 빠져 물에 떨어진지라: 이에 외쳐 가로되 아아 내 주여! 이는 빌어온 것이니이다."

26.450명이 이루어지지 않은 기도를 한 때는?

열왕기상 18:26, 29.—"저희(450명의 바알 숭배자들)가 그 받은 송아지를 취하여 잡고 아침부터 낮까지 바알의 이름을 불러 가로되 바알이여 우리에게 응답하소서 하나 아무 소리도 없고 아무 응답하는 자도 없으므로 저희가 그 쌓은 단 주위에서 뛰놀더라. 이같이 하여 오정이 지났으나 저희가 오히려 진언을 하여 저녁 소제 드릴 때까지 이를지라도 아무 소리도 없고 아무 응답하는 자도 없고 아무 돌아보는 자도 없더라."

27. 일주일 간 친구 곁에 조용히 앉아 그를 위로하고자 했던 사람들은?

욥의 친구들, 욥기 2:11, 13. — "때에 욥의 친구 세 사람이 그에게 이 모든 재앙이 임하였다 함을 듣고 각기 자기 처소에서부터 이르렀으니;…그들이 욥을 조문하고 위로하려 하여 서로 약속하고 오더니…칠 일 칠야를 그와 함께 땅에 앉았으나 욥의 곤고함이 상함을 보는고로 그에게 한 말도 하는 자가 없었더라."

28. 홍수 때의 노아의 나이는?

육백 세, 창세기 7:6. — "홍수가 땅에 있을 때에 노아가 육백 세라."

29. 홍수 후에 노아는 몇 년을 살았는가?

삼백오십 년, 창세기 9:28. — "홍수 후에 노아가 삼백오십 년을 지내었고."

30. '삶는 부엌'은 무엇에 사용되었는가?

희생제물, 에스겔 46:23-24. — "그 작은 네 뜰 사면으로 돌아가며 부엌이 있고 그 사면 부엌에 삶는 기구가 설비되었는데 그가 내게 이르시되 이는 삶는 부엌이니 전에 수종드는 자가 백성의 제물을 여기서 삶을 것이니라 하시더라." RV에서는 '삶는 집'으로 번역했다.

31. 눈썹을 밀어야 했던 사람은?

문둥병자, 레위기 14:9. — "칠 일 만에 그(문둥병자)는 모든 털을 밀되 머리털과 수염과 눈썹을 다 밀고 그 옷을 빨고:…"

32. 우물물 마시기를 갈망했으나 그것을 가져왔을 때 거절한 사람은?

다윗, 사무엘하 23:15-17. — "다윗이 사모하여 가로되 베들레헴 성문 곁 우물물을 누가 나로 마시게 할꼬 하매 세 용사가 블레셋 사람의 군대를 충돌하고 지나가서 베들레헴 성문 곁 우물물을 가지고 다윗에게로 왔으나 다윗이 마시기를 기뻐 아니 하고 그 물을 여호와께 부어 드리고 가로되 여호와여 내가 결단코 이런 일을 하지 아니하리이다:이는 생명을 돌아보지 아니하고 갔던 사람들의 피니이다 하고 마시기를 즐겨 아니하니라…"

33. 히브리인들이 사공이 되었던 때는?

솔로몬의 시대에, 열왕기상 9:26. — "솔로몬왕이 에돔 땅 홍해 물가 엘롯 근처 에시온게벨에서 배들을 지은지라."

34, 종이 부족이 예언되어 있는 부분은?

이사야 19장, 이 장은 애굽의 무서운 재난에 대해 예언한 부분이다. 이 재난 중에는 종이의 원료가 되는 파피루스의 멸종도 포함되어 있다. 이사야 9:7. — "강가의 종이나무, 강 언덕의 초장과 나일강 가까운 곡식 밭이 다 말라서 날아 없어질 것이며."

35. 다니엘이 사자굴에 던져진 이유는?

다니엘을 모함했던 이들에 의해 '고소되어서', 그들은 다니엘의 신앙이 왕의 법을 어겼다고 고소했다. 다니엘 6장을 보라.

36. 사람의 평균 수명이 일백이십 년으로 정해졌던 때는?

대홍수 이전 시대에, 창세기 6:3.—"여호와께서 가라사대 나의 신이 영원히 사람과 함께 하지 아니하리니 이는 그들이 육체가 됨이라:그러나 그들의 날은 일백이십 년이 되리라 하시니라." 시편 90:10과 비교해 보라.

37. 자신의 형들이 몰라볼 정도로 변장에 성공한 사람은?

요셉, 창세기 42:7-8.—"요셉이 보고 형들인 줄 아나 모르는 체 하고 엄한 소리로 그들에게 말하여; 가로되 너희가 어디서 왔느냐? 그들이 가로되 곡물을 사려고 가나안에서 왔나이다. 요셉은 그 형들을 아나 그들은 요셉을 알지 못하더라."

38. 성경에 나타난 가장 유명한 세 사람의 머리카락은?

삼손, 사사기 16:17.—"그(삼손)가 진정을 토하여 그녀(들릴라)에게 이르되 내 머리에는 삭도를 대지 아니하였나니; 이는 내가 모태에서 하나님의 나실인이 되었음이라:만일 내 머리가 밀리우면 내 힘이 내게서 떠나고 나는 약하여져서 다른 사람과 같으리라."

압살롬, 사무엘하 14:25-26.—"온 이스라엘 가운데 압살롬같이 아름다움으로 크게 칭찬받는 자가 없었으니 저는 발바닥부터 정수리까지 흠이 없음이라. 그 머리털이 무거우므로(연말마다 깎았으며:) 그 머리털을 깎을 때에 달아본즉 왕의 저울로 200세겔이었더라."

예수님의 발을 씻은 여인, 누가복음 7:44.—"여자를 돌아 보시며 시몬에게 이르시되 이 여자를 보느냐? 내가 네 집에 들어오매 너는 내게 발 씻을 물도 주지 않았으되:이 여자는 눈물로 내 발을 적시고 그 머리털로 씻었으며."

39. 목욕하러 강에 간 공주는?

바로의 딸, 출애굽기 2:5.—"바로의 딸이 목욕하러 강으로 내려가고;…"

40. 누가 완강한 암소에 비유되었는가?

이스라엘(의인화된 히브리인), 호세아 4:16 RV.—"이스라엘은 완강한 암소처럼 완강하니:…" AV에서는 '뒷걸음질치는' 암소에 비유했다.

41.이웃이나 친구 심지어는 아내까지도 믿지 말라고 충고한 사람은?

미가, 미가 7:5 RV.—"너희는 이웃을 믿지 말며; 친구를 의지하지 말며; 네 품에 누운 여인에게라도 네 입의 문을 지킬지어다."

42. 누구의 지갑에 구멍이 뚫렸는가?

근로자의 지갑, 학개 1:6.—"…일꾼이 삯을 받아도 그것을 구멍 뚫어진 전대에 넣음이 되느니라."

43. 열 나라의 열 백성이 유대인 한 사람의 옷자락을 잡을 것이라고 예언한 사람은?

스가랴, 스가랴 8:23.—"…그날에는 방언이 다른 열국 백성 열 명이 유다 사람 하나의 옷자락을 잡을 것이라. 곧 잡고 말하기를 하나님이 너희와 함께 하심을 들었나니:우리가 너희와 함께 가려 하노라 하시니라."

44. 하늘에 자신들의 자리를 예비해 줄 것을 요청한 사람들은?

야고보와 요한, 마가복음 10:35, 37.—"세베대의 아들 야고보와 요한이 주께 나아와 여짜오되…주의 영광 중에서 우리를 하나는 주의 우편에 하나는 좌편에 앉게 하여 주옵소서." 마태복음 20:20-23에는 이에 관해 그의 어머니가 요청한 것으로 나와 있다.

45. 예수는 유대인이 아닌 다른 사람들에게도 사도를 보냈는가?

처음에는 없었다. 마태복음 10:5-6.—"예수께서 이 열둘을 내어 보내시며 명하여 가라사대 이방인의 길로도 가지말고 사마리아인의 고을에도 들어가지 말고:차라리 이스라엘 집의 잃어버린 양에게로 가라."

그러나 후에는 있었다. 마태복음 28:19.—"그러므로 너희는 가서 모든 족속으로 제자를 삼아 아버지와 아들과 성령의 이름으로 세례를 주고:" 이 구절의 신빙성은 의심의 여지가 약간 있는데 왜냐하면 삼위일체의 세례 형식은 그보다 더 후에 정해졌기 때문이다. 그러나 마가복음 13:10은 예수가 이렇게 말했다는 것을 보여 주고 있다.:"또 복음이 먼저 만국에 전파되어야 할 것이라."

46. 처음으로 침묵의 증거를 세운 사람은?

야곱과 라반, 창세기 31:43-55. 특히 45, 48, 49, 52.—"이에 야곱이 돌을 가져 기둥을 세우고…라반의 말에 오늘날 이 무더기가 너와 나 사이에 증거가 된다 하였으므로 그 이름을 갈르엣이라 칭하였으며; 또 미스바라 하였으니; 이는 그의말에 우리 피차 떠나 있을 때에 여호와께서 나와 나 사이에 감찰하옵소서 함이라…이 무더기가 증거가 되고 이 기둥이 증거가 되나니 내가 이 무더기를 넘어 네게로 가서 해하지 않을 것이요. 네가 이 무더기 이 기둥을 넘어 내게로 와서 해하지 않을 것이라."

47. 어머니는 유대인이고, 아버지는 그리스인이었던 제자는?

디모데, 사도행전 16:1.—"디모데라 하는 제자가 있으니 그 모친은 믿는 유대인이요; 부친은 헬라인이라:"

48. 다른 사람에게 어리석은 자라고 말하는 사람은 모두 지옥불에 던져질 것이라고 한 사람은?

예수, 마태복음 5:22.—"…누구든지 이웃에게 어리석은 자라 말하는 자는 지옥불에 들어가게 되리라."

49. 공산주의를 실행하지 않아서 죽게 되었던 사람들은?

아나니아와 삽비라, 사도행전 4:32부터 5:11.—"믿는 무리가 한마음과 한뜻이 되어 모든 물건을 서로 통용하고 제 물건을 조금이라도 제 것이라 하는 이가 하나도 없더라…그러나 아나니아라 하는 사람이 그 아내 삽비라와 더불어 소유를 팔아 그 값에서 얼마를 감추매 그 아내도 알더라. 얼마를 가져다가 사도들의 발 앞에 두니 베드로가 가로되 아나니아야 어찌하여 사단이 네 마음에 가득하여 네가 성령을 속이고 땅 값 얼마를 감추었느냐?…아나니아가 이 말을 듣고 엎드러져 혼이 떠나니." 7-11절 에서는 그의 아내도 동일한 운명으로 죽은 것에 관해 기록하고 있다.

50. 다마스커스에서 바구니에 담겨 피신한 사람은?

사울(바울), 사도행전 9:23-25—"여러 날이 지나매 유대인들이 사울 죽이기를 공모하더니:그 계교가 사울에게 알려지니라. 저희가 그를 죽이려고 밤낮으로 성문을 지키거늘 그의 제자들이 밤에 광주리에 사울을 담아 성에서 달아 내리니라."

51. 성경에 나오는 살찐 두 사람은?

여수룬과, 신명기 32:15.—"그러한데 여수룬이 살찌매 발로 찼도다. 네가 살찌고 부대(富大)하고 윤택하매 자기를 지으신 하나님을 버리며 자기를 구원하신 반석을 경홀히 여겼도다." 사사기 3:17.—"공물을 모압왕 에글론에게 바쳤는데 에글론은 심히 비둔한 자이었더라."

52. 연기가 너무 자욱해서 그로 인해 해가 어두워졌던 곳은?

요한계시록 9:2의 끝없는 무저갱. — "저가 무저갱을 여니 그 구멍에서 큰 풀무의 연기같은 연기가 올라오매; 해와 공기가 그 구멍의 연기로 인하여 어두워지며."

53. 예수는 자기가 얼마나 빨리 지상으로 돌아오겠다고 했는가?

그의 제자들이 살아있는 동안, 마태복음 16:28. — "진실로 너희에게 이르노니 여기 섰는 사람 중에 죽기 전에 인자가 그 왕권을 가지고 오는 것을 볼 자들도 있느니라." 마태복음 10:23, 24:34, 마가복음 8:38-9:1, 13:30 그리고 누가복음 21:32도 보아라.

54. 예수를 죽었다가 살아난 세례 요한으로 생각한 사람은?

헤롯, 마태복음 14:1-2. — "그때에 분봉왕 헤롯이 예수의 소문을 듣고 그 신하들에게 이르되 이는 세례 요한이라; 저가 죽은 자 가운데서 살아났으니; 그러므로 이런 권능이 그 속에서 운동하는도다 하더라."

55. 성경에 언급된 이탈리아군의 대장은?

고넬료, 사도행전 10:1. — "가이사랴에 고넬료라 하는 사람이 있으니 이탈리아 군대의 백부장이라."

56. 바울이 항상 거짓말하는 사람들이라고 꾸짖은 민족은?

그레데인, 디도서 1:12-13. — "그레데인 중에 어떤 선지자가 말하되 그레데인들은 항상 거짓말쟁이며 악한 짐승이며 배만 위하는 게으름뱅이라

하니…"

57. 유다는 은 30세겔을 어디에 썼는가?

토기장이의 밭을 사는 데 썼다. 마태복음 27:7.—"그들이 의논한 후 이것으로 토기장이의 밭을 사서 나그네의 묘지를 삼았으니."

58. '마라나타(Marana tha)'의 뜻은?

"오 주님, 오시옵소서!" 고린도전서 16:22 RV margin.—"만일 누구든지 주를 사랑하지 아니하거든 저주를 받을지어다. 오 주님 어서 오시옵소서(Marana tha)" Marana tha의 원뜻은 "오(또는 우리) 주님 어서 오시옵소서"이다.

59. 세 번이나 풍랑을 만나 배의 파선을 겪은 사도는?

바울, 고린도후서 11:25.—"세 번 태장을 맞고 한 번 돌로 맞고 세 번 파산 당하고,…"

60. 최초의 기독교 종파에는 어떤 것들이 있었는가?

바울, 아볼로, 게바, 그리스도파, 고린도전서 1:10-15.—"형제들아 내가 우리 주 예수 그리스도의 이름으로 너희를 권하노니 다 같은 말을 하고 너희 가운데 분쟁이 없이 같은 마음과 같은 뜻으로 온전히 합하라;…이는 다름이 아니라 너희가 각각 이르되 나는 바울에게; 나는 아볼로에게; 나는 게바에게; 나는 그리스도에게 속한 자라 하는 것이니."

61. 당대(當代)의 대표적인 두 종파에게 독사의 자식들이라고 말한 사람은?

세례 요한, 마태복음 3:7. — "그(세례 요한)가 많은 바리새인과 사두개인이 세례 베푸는데 오는 것을 보고 이르되 독사의 자식들아 누가 너희를 가르쳐 임박한 진노를 피하라 하더냐?"

예수, 마태복음 23:27, 33. — "화 있을진저, 외식하는 서기관들과 바리새인들이여!…뱀들아, 독사의 후손들아, 너희가 어떻게 지옥의 판결을 피하겠느냐?"

RV에서는 이 구절을 "독사의 새끼들아"라고 했다.

62. 거룩한 향료를 냄새맡는 자들이 받아야 했던 벌은?

추방, 출애굽기 30:34-38, 특히 37-38. — "네가 만들 향은 여호와를 위하여 거룩한 것이니 그 방법대로 너희를 위하여 만들지 마라. 무릇 맡으려고 이같은 것을 만드는 자는 그 백성 중에서 끊쳐지리라."

63. 젊은 과부들이 쓸데없는 말을 만들어 한다고 말한 사람은?

바울, 디모데전서 5:11-13. — "젊은 과부는 게으름을 익혀 집집에 돌아다니고; 게으를 뿐만 아니라 망령된 폄론을 하며 일을 만들어 마땅히 아니 할 말을 하나니."

64. 로뎀나무 아래에 앉아서 죽기를 기도한 사람은?

엘리야, 열왕기상 19:4. — "스스로(엘리야) 광야로 들어가 행하고 한 로뎀나무 아래 앉아서; 죽기를 구하여 가로되; 여호와여 넉넉하오니; 지금 내 생명을 취하옵소서; 나는 내 열조보다 낫지 못하나이다 하고."

65. 자신을 솔로몬보다 더 크다고 말한 유대인은?

예수, 마태복음 12:42. — "보라, 솔로몬 보다 더 큰 이가 여기 있느니라."

66. 예수는 누구를 보고 세상에서 그보다 큰 자가 없다고 했는가?

세례 요한, 마태복음 11:11. — "내가 진실로 너희에게 말하노니 세례 요한보다 큰 이가 일어남이 없도다;…" 예수는 여기에 이어서 이렇게 말했다. "그러나 천국에는 극히 작은 자라도 저보다 크니라."

67. 세례 요한은 예수보다 몇 살이나 더 많았는가?

누가복음 1:24-26, 36과 56-57에서 보면 세례 요한은 예수보다 육 개월 먼저 태어났다.

68. 어떤 자들이 적그리스도인가?

이 문제에 관해서는 약간의 혼돈이 있을 수 있다. 요한1서 2:22에서는 이렇게 말한다: "…아버지와 아들을 부인하는 그가 적그리스도니." 그러나 요한1서 4:3과 요한2서 1:7에서는 "예수 그리스도가 육체로 오심을 부인하는 자마다 적그리스도라 " 하고 있다.

69. 예수는 소송을 옹호하는 생각을 가졌었는가?

분명히 아니다. 마태복음 5:40. — "또 너를 송사하여 속옷을 가지고자 하는 자에게 겉옷까지도 가지게 하며."

70. 대가를 치르고 밭과 아내를 산 사람은?

보아스, 룻기 4장. 특히 9-10절. — "보아스가 장로들과 모든 백성에게 이르되 내가 엘리멜렉과 기룐과 말론에게 있던 모든 것을 나오미의 손에서 산 일에 너희가 오늘날 증인이 되었고 또 말론의 아내 모압 여인 룻을 사서 나의 아내로 취하고 그 죽은 자의 기업을 그 이름으로 잇게 하며…"

71. 베드로가 하늘의 문지기라는 이념의 성경적 기원은?

마태복음 16:17-19.—"예수께서 대답하여 가라사대 바요나 시몬아 네가 복이 있도다:이를 네게 알게 한 이는 혈육이 아니요, 하늘에 계신 내 아버지시니라. 또 내가 네게 이르노니 너는 베드로라. 내가 이 반석 위에 내 교회를 세우리니; 음부의 권세가 이기지 못하리라. 내가 천국 열쇠를 네게 주리니 네가 땅에서 무엇이든지 매면 하늘에서도 매일 것이요, 네가 땅에서 무엇이든지 풀면 하늘에서도 풀리리라 하시고."

72. 성경에 기록된 두 가지 생일 파티는?

바로의 생일, 창세기 40:20.—"제 삼일은 바로의 탄일이라. 바로가 모든 신하를 위하여 잔치할 때에:…"

헤롯의 생일, 마태복음 15:6.—"마침 헤롯의 생일을 당하여 헤로디아의 딸이 연석 가운데서 춤을 추어 헤롯을 기쁘게 하니."

73. 예수는 사람들에게 자신에게 죄를 범한 다른 사람을 몇 번이나 용서해 주어야 한다고 말했는가?

사백구십 번, 마태복음 18:21-22.—"그때에 베드로가 나아와 가로되 주여 형제가 내게 죄를 범하면 몇 번이나 용서하여 주리이까? 일곱 번까지 하오리까? 예수께서 가라사대 네게 이르노니 일곱 번 뿐 아니라:일흔 번씩 일곱 번이라도 할지니라."

74.자신이 항상 십자가를 몸에 지니고 다닌다는 것을 암시해 준 사도는?

바울, 고린도후서 4:10.—"우리가 항상 예수 죽인 것을 몸에 짊어짐은 예수의 생명도 우리 몸에 나타나게 하려 함이라…"

갈라디아서 6:17.—"…내가 내 몸에 예수의 흔적을 가졌노라."

75. 상수리나무 아래에 귀고리를 묻은 사람은?

야곱, 창세기 35:4.―"그들이 자기 손에 있는 모든 이방 신상과 자기 귀에 있는 고리를 야곱에게 주는지라. 야곱이 그것들을 세겜 근처 상수리나무 아래 묻고."

76. 자신의 생일을 저주한 사람은?

욥, 욥기 3:1-3.―"그 후에 욥이 입을 열어 자기의 생일을 저주하니라. 욥이 말을 내어 가로되 나의 난 날이 멸망하였었더라면 남아를 배었다 하던 그 밤도 그러하였었더라면." 예레미야, 예레미야 20:14-15.―"내 생일이 저주를 받았더면, 나의 어미가 나를 생산하던 날이 복이 없었더면, 나의 아비에게 소식을 전하여 이르기를 네가 아들을 낳았다 하여; 아비를 즐겁게 하던 자가 저주를 받았더면."

77. 예수의 제자로 부자였던 사람은?

아리마대 요셉, 마태복음 27:57.―"저물었을 때에 아리마대 부자 요셉이라 하는 자가 왔으니 그도 예수의 제자라."

78. 성경에 흡혈귀에 관해 유일하게 언급된 부분은?

잠언 30:15, RV margin에만.―"거머리(margin, '또는 흡혈귀')에게는 두 딸이 있었다고 하느니라.…" 거머리라는 뜻의 아라비아어 alakah와 흡혈귀라는 뜻의 아라비아어 aluk에 해당하는 히브리어 alukah의 바른 뜻을 정확하게 밝히기는 어려운 일이다.

79. 자신의 옷을 던진 사람은?

느헤미야, 느헤미야 5:13.―"내가 옷자락을 떨치며 이르기를 이 말대로 행치 아니하는 자는 하나님이 또한 이와 같이 그 집과 산업에서 떨치실 지니 저는 곧 이렇게 떨쳐져 빌지로다….”

80. 나무가 하늘에 닿는 꿈을 꾼 사람은?

느부갓네살, 다니엘 4:4, 5. 10, 11.—“나 느부갓네살이 내 집에 편히 있으며 내 궁에서 평강할 때에:한 꿈을 꾸고 그로 인하여 두려워하였으되,…내가 침상에서 나의 뇌 속으로 받은 이상(異象)이 이러하니라. 내가 본즉 땅의 중앙에 한 나무가 있는데 고(高)가 높더니 그 나무가 자라서 견고하여지고 그 고는 하늘에 닿았으니 땅 끝에서도 보이겠고:”

81. 하나님이 꿈과 이상으로 자신을 놀라게 했다고 말한 사람은?

욥, 욥기 7:14-15. 특히 Moffatt의 번역.—“주께서 꿈으로 나를 놀래시고 이상으로 나를 두렵게 하시나이다. 이러므로 내 마음에 숨이 막히기를 원하오니 뼈보다도 죽는 것이 나으니이다.”

82. 많은 사람을 죽이라는 꿈은 어떤 꿈이었는가?

여호와를 배반한 자들을 향한 꿈, 신명기 13:1-5 RV.—”너희 중에 선지자나 꿈꾸는 자가 일어나서 이적과 기사를 네게 보이고 네게 말하기를 네가 본래 알지 못하던 다른 신들을 우리가 좇아 섬기자 하며 이적과 기사가 그 말대로 이룰지라도…그 선지자나 꿈꾸는 자는 죽이라. 이는 그가 여호와를 배반하는 말을 했기 때문이다.“

83. 사람들이 걸어가는 것을 나무가 걸어가는 것으로 본 사람은?

벳새다의 소경, 마가복음 8:22-24.—“벳새다에 이르매; 사람들이 소경 하나를 데리고 예수께 나아와 손대시기를 구하거늘 예수께서 소경의 손을

붙드시고 마을 밖으로 데리고 나가사; 눈에 침을 뱉으시며 그에게 안수하시고 무엇이 보이느냐 물으시니 우러러 보며 가로되 사람들이 보이나이다. 나무같은 것들의 걸어가는 것을 보나이다 하거늘."

84. 수풀에서 죽은 자가 칼에 죽은 자보다 더 많았던 전투는?

에브라임의 전투에서, 사무엘하 18:6-8. —"…에브라임 산지에서 싸우더니 거기서 이스라엘 무리가 다윗의 신복들에게 패하매 그날 그 곳에서 살육이 커서 이만에 이르렀고 그 땅에서 사면으로 퍼져 싸웠으므로 그 날에 수풀에서 죽은 자가 칼에 죽은 자보다 많았더라."

85. 처음으로 히브리인들을 사회적으로 배척했던 민족은?

애굽(이집트)인들, 창세기 43:32. —"…애굽인들은 히브리인들과 따로 배식했으니; 이는 그들이 히브리인들과 같이 먹으면 부정을 입는다고 생각했음이라."

86.가시와 엉겅퀴 사이에서 벌거벗은 족장들을 짓밟아 버린 사람은?

기드온, 사사기 8:4-16. 특히 Moffatt의 번역. —"기드온은 그의 용사 300명을 거느리고 요단강을 건너갔다. 그들은 몹시 지치고 피곤했지만 계속 적군을 추격하였다. 그들이 숙곳에 도착했을 때 기드온이 그 곳 주민들에게 말하였다. '내 부하들에게 빵을 좀 주시오. 그들은 몹시 치쳐 있소; 우리는 지금 미디안왕 세바와 살문나를 뒤쫓고 있는 중이요.' 그러나 숙곳 지도자들은 '당신이 아직 세바와 살문나를 잡지도 못했는데 어째서 우리가 당신의 부하들에게 음식을 주어야 합니까?' 하고 대답하였다. '여호와께서 세바와 살문나를 내 손에 넘겨주신 후에 내가 돌아와서 들가시와 찔레로 당신들의 살을 찢어버리겠소!' …요아스의 아들 기드온은 전쟁을 끝내고 헤레스 고갯길로 돌아오다가…그리고서 그는 그 성의 지도자들을 잡아들여 들가시와 찔레로 그들을 쳐서 벌하고 숙곳 사람들에게 본때를 보여 주었다."

30. 사람들이 알고자 하는 질문들에 관하여

◆작가의 변: 본서의 내용들은 미국의 여러 지역에서 수집한 것으로 이러한 부류의 책으로는 최초의 것이다. 이 중 어떤 것은 심한 말의 유희라 할 수 있는 것도 있을 것이고 견강부회식의 이야기라 할 수 있는 것도 있을 것이다. 이것들은 부정확하고 반사회적인 이야기들이지만 놀랄 만큼 인기있고 널리 보급된 것들이다. 나 자신도 이러한 이야기들의 권위를 추적해 볼 수 없었다. 이것들 중의 일부는 미국인들 사이에서 구전으로 전해 내려온 것이기 때문이었다. 이 이야기들은 농촌의 민속과 주일학교 교사들과 정오클럽의 회원들과 대학 교수들과 미국 국회의원 부인들의 입에서 나온 것들이다. 만일 독자들이 다른 흥미로운 이야기들을 내게 보내준다면 다음 번의 판(版)에 그것들도 실을 용의가 있다. 그러나 아무리 흥미있는 것이라 할지라도 구전되어 오는 이야기 다음에 실려야 할 것이다.

1. 성경에서 가장 작은(또는 가장 가난한:short) 사람은 누구였는가?

이 질문에 대한 답은 세 가지이다. 매사추세츠에서는 '무릎높이의 미아(Knee-high Migh:Nehemiah)' ; 뉴욕에서는 '수아 사람 빌닷(Bildad the Shuhite:구두 높이)' 이라고 한다. 그런데 오하이오의 키와니스(역주; 1915년에 처음으로 디트로이트에서 결성된 아래와 같은 규약 아래 미국 · 캐나다 각지에서 결성된 단체. 봉사와 공정의 이상을 사회에 실현하는 것을 목적으로 삼는다) 오찬에서 이것을 인용했을 때 그들은 자신들의 해석이 다른 것보다 더 낫다고 말했다. 왜냐하면 시몬 베드로가 분명히 가장 가난한 사람이었기 때문이다. 그 이유는 시몬 베드로가 "나는 금도 은도 갖지 않았다."라고 말했기 때문이다. 그러니 그보다 더 가난한 사람은 있을 수 없는 것이다.

참조, 느헤미야 1:1. — "하가랴의 아들 느헤미야의 말이라…" 수아 사람 빌닷은 욥의 세 친구 중 한 사람이었다. 욥기 2:11. — "때에 욥의 친구 세 사람이 그에게 이 모든 재앙이 임하였다 함을 듣고 각기 자기 처소에서부터 이르렀으니; 곧 데만 사람 엘리비스와 수아 사람 빌닷과 나아마 사람 소발이라:그들이 욥을 조문하고 위로하려 하여 서로 약속하고 오더니." 시몬 베드로에 관해서는 사도행전 3:6에 나온다.

2. 성경 속의 인물로 가장 심한 부끄러움을 겪은 사람은?

주님 앞에서 자는 모습을 보인 베드로, 마태복음 26:40. — "제자들에게 오사 그 자는 것을 보시고 베드로에게 말씀하시되 너희가 나와 함께 한 시 동안도 이렇게 깨어있을 수 없더냐?"

3. 성경에서 가장 신뢰할만한 인물로 나타난 사람은?

요셉, 바로가 그를 총리로 삼은 것으로 볼 때, 창세기 41:42-43. — "바로가 자기의 인장 반지를 빼어 요셉의 손에 끼우고…바로가 그를 애굽 전국을 총리하게 하였더라."

4. 최초의 전기 기술자는?

노아, 그가 가족과 동물들을 데리고 방주에 들어가서 불을 켰을 때(방주의 등불), 창세기 8:18-19. — "노아가 그 아들들과 그 아내와 그 자부들과 함께 나왔고:땅 위의 동물 곧 모든 짐승과 모든 기는 것과 모든 새도 그 종류대로 방주에서 나왔더라."

5. 구약 또는 신약에 히스기야서가 있는가?

없다. 성경에 그런 책은 없다.

6. 사자들이 다니엘을 먹지 않았던 이유는?

그가 매우 기개가 있고 기골이 장대했으므로, 다니엘 1, 2, 4, 5와 6장을 보라.

7. 성경에 기록된 최초의 여성은

창세기 (제니의 언니라는 뜻).

8. 성경에 기록된 최초의 사람은?

제1장(Chap 1; Chapter *One이므로).

9. 성경에 나오는 최초의 왕은?

제임스왕(King James), 만일 당신이 킹 제임스판 성경이나 AV역 성경을 갖고 있다면 다음과 같은 헌정문이 쓰여 있는 것을 볼 수 있을 것이다.:

"가장 위대하고 권위있는 대영제국의 왕 제임스에게 하나님의 영광을 위하여."

10. 성경에서 테니스 경기가 있었던 때는?

요셉이 바로의 궁에서 봉사하고 있었을 때, 성경에는 이에 관해 분명하게 언급하고 있지 않지만 창세기 41:38-46과 그 다음 장에 이런 내용이 함축되어 있다.

11. 바울이 말과 같았던 이유는?

그가 디모데(헬라명으로 디모디:Timothy)를 좋아했기 때문이다['디모디(timothy)' 는 18세기 초 뉴잉글랜드에서 메릴랜드로 씨앗을 가져온 디모디 한슨의 이름을 따서 붙인 풀의 일종이다.] 디모데후서 1:2에서 바울은 "내 가장 사랑하는 아들 디모데에게:…"라는 문장으로 시작되는 편지를 쓴다. 이러한 소박한 농담은 아메리카의 시골 지방에서 많이 들을 수 있고 시골 교회에서 성도들이 새로 부임한 목사를 테스트할 때 사용되기도 한다.

12. 곰의 젖을 짰던 여덟 사람은?

우스, 부스, 그므엘, 게셋, 하소, 빌다스, 이들랍, 브두엘, 이들은 아브라함의 동생 나홀이 자기 아내에게서 낳은 여덟 명의 아들이다. 창세기 22:23 RV에는 이렇게 언급되어 있다. "…이 여덟 사람은 아브라함의 동생 나홀의 처 밀가의 소생이며."

13. 성경에서 아이들을 두렵게 하는 구절은?

시편 69:9.—"주의 집을 위하는 열성(zeal)이 나를 삼키고;…" 아이들은 이 '열성(zeal)' 을 '바다 표범(seal)' 으로 생각해서 교회 가기를 두려워할 수도 있을 것이다.

14. 성경에서 야구와 관계되는 구절은?

풍자가들에 의하면 여러 곳에 관계된 구절이 있다고 한다:

창세기 1:1.—"태초(beginning)…"[빅 이닝(big inning) 안에.]

창세기 3:6.—"여자가 그 나무를 본즉 먹음직도 하고 보암직도 하고 지혜롭게 할만큼 탐스럽기도 한 나무인지라. 여자가 그 실과를 따먹고 자기와 함께 한 남편에게도 주매; 그도 먹은지라." 이것은 하와가 '첫 번째로 도루했다(stole first)' 는 것이고 아담이 '두 번째로 도루했다(stole second)' 라고 해석할 수 있다.

창세기 22:1-18의 내용에서 아담이 아들을 죽여서 제물로 바쳐 화를 면하려 한 것으로 아브라함이 '희생 번터(sacrifice hit)' 를 치려 한 것이라 말할 수 있다. 창세기 24:15-16.—"…리브가가 나오니…그녀가 우물에 내려가서 물을 그 물항아리(pitcher)에 채워 가지고 올라오는지라." 여기서 리브가는 피처(pitcher)를 가지고 우물로 갔다고 할 수 있다.

누가복음 15:11-32에 나오는 탕아의 귀환(the return of the prodigal son)에 관한 이야기는 탕아(prodigal son)가 '홈런(homerun)' 한 것이라 할 수 있다.

누가복음 17:17.—"…그 아홉은 어디 있느냐?"

아래의 것들은 야구 게임을 아는 사람들에게 특별한 것으로 종종 들을 수 있는 것들이다.

창세기 4:8.—"그들(가인과 아벨)이 들(필드:field)에 있을 때…"

창세기 43:26.—"요셉이 집(home)으로 돌아왔을 때…"

출애굽기 4:4.—"…그가 손을 내밀어 그것을 잡으니(and he put forth his hand, and caught it),…"

민수기 11:32. — "십 호멜(the homers)."

열왕기하 16:17. — "아하스왕이 받침의 옆판(the borders of bases)을 떼어내고…"

열왕기하 25:16. — "…솔로몬이 만든 받침(bases)…"

시편 19:12. — "누가 그의 실수(error)를 이해할 수 있겠느냐?…"

시편 26:1. — "내가 나의 완전함에 행하였사오며:미끄러지고(slide) 아니하고; 여호와를 의지하였사오니."

잠언 18:10. — "…의인은 그 곳으로 달려가서 안전함(safe)을 얻느니라."

이사야 41:16. — "너희가 그것을 까부르겠고(fan)(너희가 그것을 삼진시키겠고)…"

예레미야 15:7. — "내가 그들을 까부르겠고(fan)(내가 그들은 삼진시키겠고)…"

에스겔 36:12. — "내가 사람들로 걷게(walk)하리니…"

사도행전 14:14. — "…바나바와 바울이…뛰어 들어가서(run in)…"

갈라디아서 5:7. — "너희가 달음질을 잘 하더니(run well):…"

15. 모세는 왜 방주에 벌을 데려가지 않았는가?

노아가 아직 태어나지 않은 때였으므로:방주에 온갖 생물을 데리고 간 사람은 모세가 아니라 노아였다.

16. 성경에서 카드 게임이 처음으로 언급된 부분은?

느부갓네살(Nebuchadnezzar)왕의 이름을 분석해 볼 때 Neb euchred(유커에서 이겼다) Nezzar. 다니엘 1:1.

17. 최초로 골프 게임을 한 성경 속의 인물은?

아나니아와 삽비라, 사도행전 5:1-11. 아나니아가 먼저 거짓말을 했고 다음에 삽비라가 이어서 거짓말을 한 후 둘 다 같은 무덤에 묻히게 된다는 이 유명한 성경의 이야기는 골프 용어로 다음과 같이 해석될 수 있다: 그는 나쁜 거짓말을 했다. 그리고 그녀도 그를 따라 거짓말 했다. 그래서 둘 다 한 구멍에 처넣어졌다(hold out).

18. 침대에서 다섯 시간 동안 잠을 잔 사람은?

다윗, 그가 그의 열조(forefathers)와 함께 잠을 잤을 때. 열왕기상 2:10.— "다윗이 그의 아버지들(fathers)과 함께 잠을 잤을 때." 여기서 '아버지들' 로 번역된 히브리어의 'aboth' 는 이 구절에서 '열조(forefathers)' 로 번역하는 것이 훨씬 좋을 듯하다.

19. 돈이 처음으로 나오는 부분은?

창세기 8:10-11.—"그(노아)가 다시 비둘기를 방주에서 내어놓으매; 저녁에 비둘기가 그에게로 돌아왔는데; 그 입에 감람 새 잎사귀가 있는지라:…" 이것은 노아의 새가 돈을 가지고 나가서 초록빛 아채를 가져왔다고도 할 수 있다.

20. 멜리세덱 외에 부모가 없었던 사람은?

히브리서 7:3에서 멜기세덱은 "아버지도 없고 어머니도 없었다" 고 기록되어 있다. 출애굽기 33:1에는 '눈(Nun: 영어에서의 이 뜻은 수녀라는 뜻)의 아들 여호수아' 가 나온다.

21. 아담은 어떤 시대에 창조되었는가?

하와가 창조되기 얼마 전, 창세기 2:7, 21, 22.

22. 지팡이를 가지고 나타난 사람은?

아담, 하와가 그에게 가인을 낳았을 때, 창세기 4:1.

23. 누가 아담과 하와에게 노름을 그만 두게 했는가?

하나님, 하나님이 그들을 낙원(Paradise:pair o' dice)에서 내쫓았을 때, 창세기 3:23.

24. 아담과 하와가 에덴에서 나와서 한 일은?

가인을 낳았다. 창세기 3:23; 4:1.

25. 아담의 생애 중 가장 시간이 많았던 때는?

하와가 태어나지 않았을 때, 창세기 2:18.

26. 하나님이 하와를 창조한 이유는?

아담을 돕는 배필로 삼기 위해, 창세기 2:18-24. 이 이야기는 돕는 자의 역할을 말할 때 자주 거론된다.

27. 훈연한 고기를 배 안으로 들여간 사람은?

노아, 그가 방주 안으로 함(Ham)을 데리고 들어 갔을 때, 창세기 7:13.

28. 노아가 굶주린 고양이 같았던 이유는?

그가 150일 간 아라랏(Ararat : e'er a rat)을 발견하지 못했기 때문에, 창세기 8:3-4.

29. 지상의 모든 생물들이 수탉의 울음 소리를 들은 곳은?

노아의 방주에서, 창세기 7:13-23.

30. 최초로 통조림 제조업을 한 사람은?

노아, 그가 사람들과 동물들을 데리고 방주에 들어가기 전에, 창세기 7:7-9.

31. 인생의 무대에서 뒤바뀐 자리에 앉았던 사람은?

요셉, 그는 가정에서 옮겨져 구덩이에 던져졌다. 창세기 37:3-24.

32. 모세가 가장 악한 사람이었던 이유는?

그가 십계명을 단번에 깨뜨렸으므로, 출애굽기 32:15-19.

33. 가장 큰 소리를 냈던 웅변가는?

삼손, 그가 적들로 가득 차 있는 건물을 쓰러뜨렸으므로, 사사기 16:27-30.

34. 가장 야심이 컸던 사람은?

요나, 큰 물고기 조차도 쓰러뜨릴 수 없었으므로, 요나 2:10.

35. 성경에 언급되어 있는 가장 작은 곤충 두 종류는?

과부의 동전 한 닢과 사악한 벼룩, 이것들은 한 단어로 두 가지 의미를 나타낸다. 마가복음 12:42에 나오는 과부의 '동전(mite)' 은 렙돈 또는 4분의 1페니에 해당하는 half-farthing의 뜻도 되지만 가장 작은 곤충의 한 종류인 진드기도 이 단어로 쓴다. 외에 잠언 28:1에 나오는 도망하는 악인은 벼룩(flea)에 비유되는 단어이다: "악인은 좇아오는 자가 없어도 도망하나니:…"

이런사실이 성경에 있습니까?

펴낸일 • 2007년 6월 20일 초판 발행
지은이 • 찰스 프란시스 포터
옮긴이 • 폴 · 임
펴낸이 • 김 수 곤
펴낸곳 • 도서출판 선교횃불
등록일 • 1999년 9월 21일/제54호
등록주소 • 서울시 송파구 삼전동 103번지

총 판 • 선 교 횃 불
전 화 : 02)2203-2739
팩 스 : 02)2203-2738
홈페이지 : www.ccm2u.com